「うちらも行くんよ！」

14都道府県の取り組み

# 障害児の高校進学・ガイド

増補改訂版

北村小夜 編

現代書館

# 増補改訂にあたって

## 高校はみんなが行くところ

一九九三年、全国各地で、障害があっても点数が取れなくても高校に行こうという子どもたちを支援する取り組みの実践を本書にまとめ、出版した。収載した各地の取り組みは、新たに挑戦する人たちを先達として励まし、それなりに役割を果たしてきた。

それから二七年、いまだに需要があり再販に至ったということは、その間の日本の教育のありようが、障害児者にとって地域の高校を目指すことが、より厳しくなっている証拠ではないだろうか。

二〇〇六年、第一次安倍内閣は国民の強い批判を無視して一九四七年制定の「教育基本法」を改訂して、第一条教育の目的を「教育は、人格の完成を目指し、平和で民主的な国家及び社会の形成者として必要な資質を備えた心身とともに健康な国民の育成を期して行わなければならない」とした。受けて、学校教育法、学習指導要領改訂と学力向上へと進み、具体的には政治・経済界にも翻弄されて高校は多様化、学校間格差が広まり、統廃合も盛んである。「インクルーシブ教育システム」と称して障害児の分離も速度を増している。

こんな情勢の中であるからこそひるむことなく、誇りを持って先達に倣って高校を目指してほしいのであるが、いまだに、「支援学級在籍ですが行けますか?」「障害がありますが……」「オール1ですが……」などという声が聞こえる。高校の厚い壁に立ち向かうには配慮を求める前に、まず支援者を含めて当該が主権者としての自覚を持たなければならない。

日本国憲法は、

第二十六条　すべて、国民は法律の定めるところにより、その能力に応じて、ひとしく教育を受ける権利を有する。

とし、それを受けて学校教育法は、

（小学校の目的）

第二十条　小学校は、心身の発達に応じて、義務教育として行われる普通教育のうち基礎的なものを施すことを目的とする。

（中学校の目的）

第四十五条　中学校は、小学校における教育の基礎の上に、心身の発達に応じて、義務教育として行われる普通教育を施すことを目的とする。

（高等学校の目的）

第五十条　高等学校は、小学校における教育の基礎の上に、心身の発達及び進路に応じて、高度な普通教育及び専門教育を施すことを目的とする。

とあり、高等学校は中学校を終えたものの行くところであることを示している。すなわち中学校を卒業した者は、(特別支援学級であっても特別支援学校中等部であっても、不登校であっても) 総て高校生候補者である。

さらに、学校教育法施行規則「第四章　小学校」では、

第五十四条　児童が心身の状況によって履修することが困難な各教科は、その児童の心身の状況に適合するように課されなければならない。

と示し、「第六章　高等学校」の第一〇四条で、この規定を「高等学校に準用する」と示している。

以上で、障害があっても高校進学が可能なことが明らかであるが、それを妨げているのが同規則の、

第二節　入学、退学、転学、留学、休学及び卒業等

第九十条　高等学校の入学は、第七十八条の規定により送付された調査書その他必要な書類、選抜のための学力検査の成績等を資料として行う入学者の選抜に基づいて、校長が許可する

である。この条項は、人道にも反する定員内不合格や、障害者排除に機能しているので選抜制度に反対する立場から改めなければならないが、校長が受け入れるつもりさえあれば許可すればよいのである。現時点での闘いの焦点でもあり、事例も多々ある。

本書に収載した取り組みの多くは、選抜制度に反対し、希望するものは全て高校進学が保障されるという希望者全員入学（全入）の実現を目指しているが、日々成長する子どもが座して待つわけにはいかない。待っていても学校は変わらない。入ることによってしか学校は変わらない。とりあえず入らなければならない。

一人でも多く挑戦することによって選抜制の問題を提起し、一人でも多く入学して共に学ぶことの大切さを広く示していかなければならない。入るためには望まない選抜制度を突破しなければならない。それにはこのような方法があるという提起であるということである。

冒頭に取り組みの先端のように金井康治さんの事例を掲げたりしたこともあって、学力テストを突破する手段としての特別措置を勝ち取ることが唯一の手段のようになる傾向があり、それに多くの知恵とエネルギーが費やされてきたが、一義的には高校進学は中学校の進路指導の一環であり、あくまでも希望者全員入学を心して取り組まなければならない。

ちなみに、連帯する日本教職員組合（日教組）は「政策制度　要求と提言　二〇一七〜二〇一八年度」のなかの「高校入試改革」で、次のように提言している。

〈政策目的〉高校入学者選抜を廃し、高校進学希望者全員の入学を実現する。
〈具体策〉・選抜による入学を規定した学校教育法施行規則第九十条を改めること。
・高校入試において、定員内不合格を出さず、高校を実質的な義務教育へとすすめる方途を講ずること。
・点数学力によらない入試選考を拡充すること。
・全ての高校進学希望者が入学できるよう入学定員計画を作成すること。

各県地域でも連帯を進めなければならない。

## 障害児の高校進学を実現する全国交流集会

一九九三年に本書を出版するや、全国各地から「高校などとても考えられないと思っていたが、希望が持てた」「もっと詳しく知りたい」などの連絡や問い合わせが届くなか、「一堂に会して交流しよう」「各地の知恵を集めよう」という声が上がり、一九九四年十月八~九日、東京早稲田セミナーハウスで「障害児の高校進学を実現する全国交流集会」が開かれた。実行委員会では運動を担っている人たちの戦術的な連携のためというつもりであったが、新聞報道などもあって高校進学を希望する親子を含め予想を上回る三五〇人の参加で、会場はすし詰め、資料は足りない、で大童《おおわらわ》であった。短い日程で十分な討議はできなかったが、たくさんの課題を抱え、当初は連続した集会を考えていたわけではなかったが、第二回の埼玉集会につながった。

以後隔年に、第三回を大阪で、次いで第四回千葉、第五回神奈川、第六回広島、第七回佐賀、第八回三重、第九回新潟、第十回埼玉、第十一回北海道、第十二回大阪、第十三回愛知と続いている。今年（二〇二〇）の第十四回は、福岡の予定。たくさんの集結を期待している。

二〇二〇年一月　北村小夜

※本文中に出てくる制度や学校・団体名、障害についての表現は、当時の記録として基本的に旧版のママとしています。ご了承ください。

# はじめに

冒頭から唐突だが、まず次の図をご覧いただきたい。

〔1987年金井康治君の淵江高校受検の場合〕

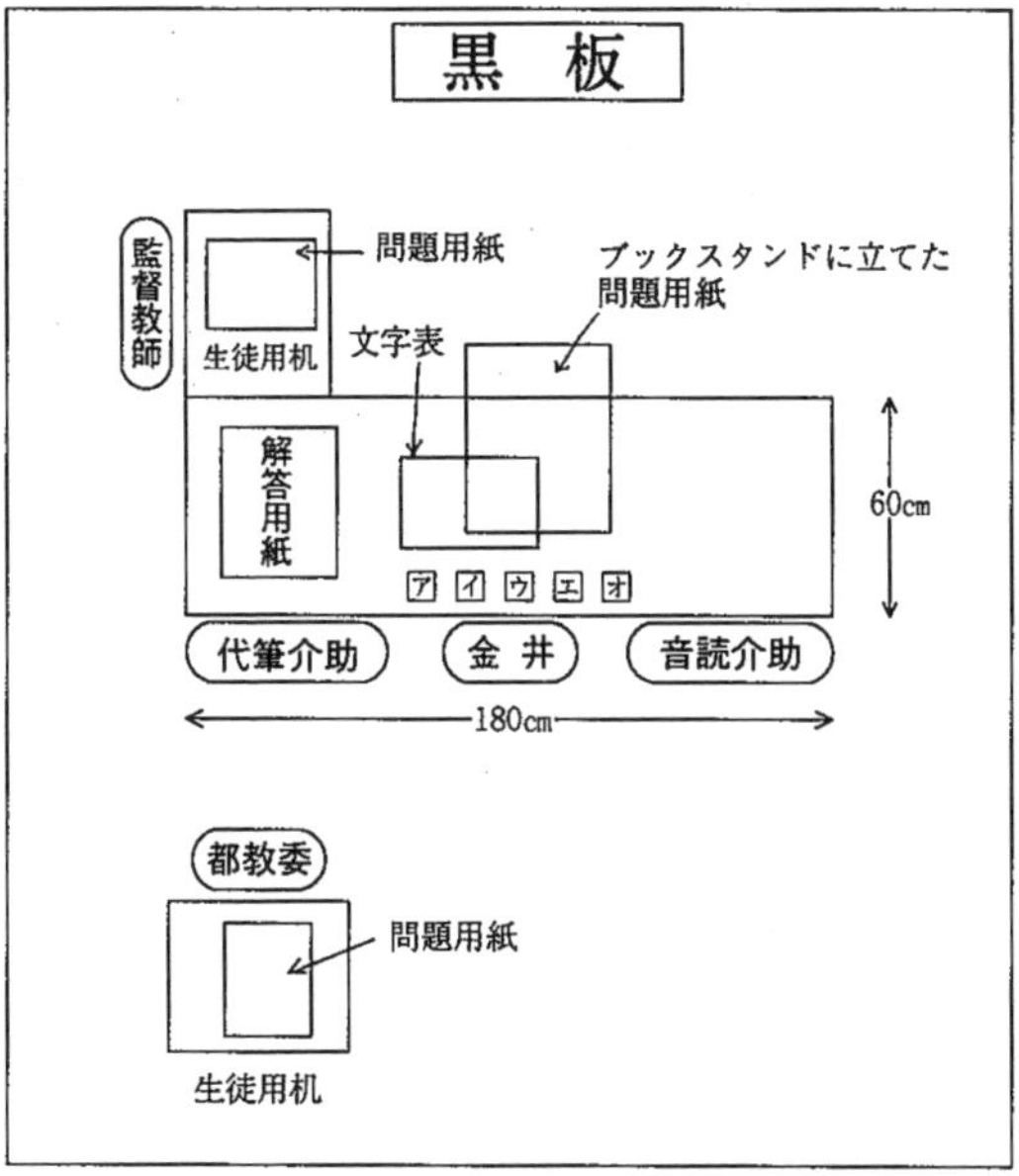


(当時の介助者 小鍛治茂子　記)

・時間延長（一・五倍）。
・拡大コピー（B5→B4）。
・本人が了承した介助者（介助者は三名、交替で一教科に二名ずつ）。
・記述式問題は選択肢問題に差し替え（数学、漢字の読み書き、英作文もすべて選択肢。全問四～五択）。
・介助者による問題文の音読。
・五～六㎝四方の五枚のカード（ア～オ）を机にセロテープで貼り、本人がそれを指差して解答。
・介助者が解答用紙に代筆。
・解答以外のコミュニケーションは本人が日常的に使っている文字表（「みなおす」「もう一度読んで」等）使用。
・数学の試験では、本人が文字表を使って立式し、「本人が手が使えないので」と監督教師にことわって介助者が計算（解答は選択肢から本人がカードで解答）。
・介助者音読用問題用紙も準備されたが、本人が目で文字を追うのは困難なので、本人用を指差しながら音読したため使用せず。しかし、漢字の読み・英単語の発音に関わる部分に「音読禁止部分」と赤く囲った指示あり。
・解答用紙も拡大コピー。記述式解答はないので、すべてア～オを記入する欄のみ（後年この解答欄はマルをつける方式に変わった）。
・試験会場は普通教室。高校教師一名（二名の高校もあり）が本人の斜め前で試験監督。都教委からの派遣職員一名が教室一番後ろから監視。
・時間延長で他の受検生と時間のズレが生じるため、他の生徒との情報交換を不可能にするためか、校舎内で一切他の受検生と接触できない場所にある教室・トイレ・休憩室を使用。
・八七、八八年度都教委は介助者に一人約五千円の手当を支給した。連絡協では引き続き要求しているが、その後は支給されていない。

一九八七年三月、脳性麻痺で全面介助を要する金井康治君がこんな形で二度目の都立高校入学者選抜試験受検をし、都立淵江高校に合格したとき「あんなだったら誰だって受かる」とか「ずるい」と言った子がいた。確かに漢字を書くというような問題で、用意された四つから選ぶのは確率は二五％である。自分で書いて、はねているとかいないとか言われるより得のようにみえる。

しかしこのような受検の仕方は、ハンディのない人に適用すれば、得だったり、ずるいかもしれないが、ハンディを補うものとして配慮されているのであることを考えると、こんなことで補い切れるものでないことを痛感する。私たちは見て読んで書いて字を覚えてきたが、視点が定まらない、言葉が出ない、手が使えない障害者にとっては容易なことではない。

それでも身体障害については、一定の配慮がなされてきた。問題はちえ遅れといわれる人たちに対する配慮である。本人の責任でない不利益を差別という。差別はしてはならない。にもかかわらず漢字が苦手な梅村涼さんの拡大した問題にふりがなを振るという要求はついに通らなかった。辛うじて介助者による音読が認められた。

こうして一人ひとりの障害児についてハンディを補う措置を少しずつ拡大していくことだけでは、すべての希望する障害児の高校進学の実現にはつながらない。佐野雄介君は選抜制度そのものが問題だとして、受験によらない進学を要求して都立明生高校に六年におよぶ自主登校を続けたが、実現せず自主卒業を宣言している。進学は実現しなかったが高校や高校をめざす人びとに与えた衝撃は大きかった。

東京の「『障害児・者』の高校進学を実現する連絡協議会」（以下、「連絡協」）では一九八八年から、学力選抜制を抜本的に見直し、障害児をはじめ希望者全員の進学実現を要求してきて、一定の進展は得ているが、東京都の高校改革はこのような要求に逆行する形で、養護学校高等部（高等養護学校）増設と並行して進んでいる。

一九四八年四月、新制高等学校は、後期中等教育とよばれ、新たに義務制になった新制中学校との一貫性を前提に出発した。義務制ではないものの、できるだけ多くの生徒を受け入れ、希望するすべての者が入学できることを理想として、学校間格差がない、男女共学・総合制・小学区制が志向された。

ところが財政難で学校間格差をなくす政策が進まない上、実質的に多くが旧制中学を前身にしているため、伝統校などに対する学校間格差を求める地域社会の要望が強くあった。一方、戦後の復興が急速に進み、産業界からは職業教育の要請がさかんになってくるなか、小学区制は一九五二年をピークに激減し、学区制は解体に向かった。

一九五四年文部省は、進学希望者の増加と高校側の不満に応える形で「高等学校教育を受ける能力のある者」のみを入学させる方向に転換することを決断し、初中局長通達で、選抜の主体が高等学校長にあることを明示した。さらに、いくどかの変遷を経て一九六三年、学校教育法施行規則第五九条が改訂され、中学校からの調査書と学力検査の成績で入学者を選抜する法的制度が定着した。

この改訂は制度の上では大きな転換であるが、新制高校発足当時の高校進学率は四二・五％（全国平均、以下同じ）、高度成長に向かう一九五九年でも五七・七％であったことを考え併わせると、この時期までの高校教育は、選抜が行われなくても「エリート型」であったといえる。

従って希望する者すべてを受け入れようという初期の文部省の方針は、いま共に学ぶことをめざして各地で取り組まれている障害児や点数のとれない子を念頭においてのことではなかった。その意味ではいま全国的に盛り上がっている、障害があっても、点数がとれなくても高校に行こうという運動は、高校教育の本質、ひいては日本の教育の本質を問うという重要な運動である。すなわち一人ひとりの障害児がどううまく入試をクリアするか、どう要領よく進級するか、という課題にとどまってはならないのである。が、しかし子どもは日々成長する。長い時間をかけるわけにいかない。それ故の苦悩が本文の各地の取り組みの中にもみられる。

高度成長期といわれる十年間に高校進学率は急上昇した。一九六〇年は五九・八％であったが、一九七〇年には八二・一％になった。しかも、一九六三年から一九六六年までは生徒の急増期で全国各地で高校全入運動が起こった。詰め込み教育の時代であった。高校紛争も多発した。この時期、中学校では高校に進学できない子を就職希望者として扱い、企業からは〝金の卵〟と珍重された（特殊学級卒業生も同様の扱いを受けたが、実は不況になると真っ先に首を切られる景気の安全弁であった）。

一九七一年、中央教育審議会は社会的需要と個人的特性に即応する高校の多様化の方向を答申した。進学率はオイルショックにもめげず上がり続け、一九七九年には九四％に達し、以来横ばい状態が続いている。九四％ということは、多様なタイプの生徒が、さまざまな動機や問題をもって入学してくるということである。それに対して、教師や高校の教育体制は、選ばれた者のみを教えるという意識から抜け切れず、生徒の興味や期待とかけはなれた授業や指導を行い、そのギャップから登校拒否や反抗的行動や中途退学者の増加を招いてきた。

一九八四年、当時の総理中曽根康弘は、問題になっていた「落ちこぼれ」や「校内暴力」や「非行」などと、それらを生み出す受験競争をなくすためと称して、文部省を押さえて内閣直属の臨時教育審議会（略称・臨教審）を発足させた。臨教審は一九八七年の終了までに四次にわたって教育改革に関する答申を行っているが、戦後教育の総決算という意図で、「生涯学習体系への移行」が基本構想で、現行の教育を画一的と批判し、個性の重視を力説した。一九九一年にはこれを受けて政策化する第一四期中央教育審議会答申が出された。

いま高等学校段階の生徒の減少期を迎え、新学習指導要領の実施（高校は一九九四年度から）と相俟って、特色ある学校づくり――コース制、単位制高校の拡大、総合学科の新設など全国的に答申を受けた高校改革――が進められている。このような改革は、高校進学を希望するすべての人びとの期待に添うものでなく、競争の激化は明らかである。とくに遅れているからこそ高校に行きたい、障害があるからこそ同世代の仲間と一緒に高校に行きたい、という親子の願いを踏みにじるものである。

例えば、単位制高校は「多様なニーズに応えるもの。自主的で本人の学習意欲が決め手」といえばよさそうにきこえるが、ホームルームや学校行事が少なく、一人ひとりが違った時間割を持ち、教師との関係も友達との関係も希薄で、これらの子どもたちにはとりつく島もない。

東京都では一九九四年から、希望する一校だけを受ける単独選抜制が始まる。単独選抜制（一九四八―五一年）、学区合同選抜制（一九五二―六六年）、学校群制（一九六七―八一年）、グループ合同選抜制（一九八二―九三年）と変遷を経てきた東京の高校入試制度であるが、都教委は今次を最大の改革だとし、意欲的な生徒が都立高校に来ると言っているが、隣接区からの越境入学もできるので、有名校に人気が集中して受験競争が激化するのは明らかであり、「低学力」の子や障害児の進学は一層困難になる（都教委は連絡協に対して、障害児に対する特別措置をいままで以下にしないことを口約束はしているが）。

高校が新規労働力の最も大きな供給源である今日、手に負えない生徒を排除という手段でしか対応してこなかった教師、意欲のない子や遅れた子を抱えて困惑している高校の教師たちは、臨教審や中教審が産業界の要請をうけて矢継ぎ早に出す高校改革が、高校を希望するすべての子どもにとって居心地のよい場所を保障するものでないことを承知しながら、その対応はまことに心もとない。そのような教師たちにとって、点数のとれない子も含め、心身に障害をもつ子を受け入れるということは思いも及ばないことであろう。まして、地域によっては親・教師が一体になって養護学校高等部・高等養護学校の増設要求運動が行われているのだから。

それでも出会いの中で真摯につきあい、すてきな取り組みをする教師や学校は確実に増えている。しかもそのような取り組みは最近に始まったことではなく、かなりの歴史のあることであるが、なかなか大きなうねりには至っていない。ある定時制高校の教師が進学を希望する障害児の訴えをきいて、「私たちは最も教育を必要とする子から排除していたのですね」と言ったのは二〇年も前のことであった。その人たちのたゆみない歩みも続いている。

いま進んでいる高校改革は、障害児の前に立ちはだかる壁を厚くするものであることは間違いないが、それにもめげず障害児も高校へという各地の運動は進んでいる。ここに紹介するのは、その一部にすぎないし、その多くは取り組みの過程にあるが、この本が周囲に理解者や先達者がなく孤立している人も含め、各地の高校をめざす仲間が励ましあい、連帯するきっかけになればと願ってやまない。

編集責任者・北村小夜

［増補改訂版］障害児の高校進学・ガイド＊目次

# 千葉で高校の門を開く取り組みから

千葉「障害児・者」の高校進学を実現させる会

私たちは、千葉県で公立高校に障害をもつ仲間の生徒を進学させる取り組みを始めて、五年になります。千葉県の状況をここにまとめてお伝えします。初めに、当事者として、あるいは会としての思いや考え方などを、高校の教員に向けて出してきた文書から抜粋します。次に五年間の取り組みと結果、現状をまとめたいと思います。

## 私の生い立ちから思うこと

私は五人兄弟の末っ子に生まれ、生まれたときから脳性小児マヒでした。小さなときは、兄貴の手にひかれ、近所の子どもたちと遊びながら、いろいろと学びました。私も小学校の入学を迎えるようになり、私の親は東京の板橋第一病院に行き、入学相談をしました。その医者は、近所の学校に通えますよ、と母に言ったそうです。その頃は、養護学校は各県に一校もなかった時代のことです。母は、慌てて入学の手続きをしました。

小学校では、私が入る教室の配転をしていただきました。お昼になると兄が来て、一緒に食べてくれました。帰りは近くの同級生と遊びながら、十五分のところを一時間もかけて帰りました。三年になると学級対抗リレーで、先生は、「負けてもいいから駆けてこい」と励ましてくれました。遠足は、二年までは付き添いがありましたが、三年からは一人で行きました。冬の避難訓練では、学級委員の人と一番先に早めに出ていました。給食当番は、いつもスプーン配りやマーガリン配りの係でした。掃除は、いつもみんなと同じくやっていました。

中学校は近くの中学へ通えると思っていましたが、母が教育委員会に願い出て、養護学校に通うように決めてきてしまいました。私が知ったのは、小学校を卒業した後の三月三十日でした。いやいやながら養護学校に通い始めると、近所の同級生と時間が合わなくなり、知らず知らずのうちに近所の人たちと話すこともいやになり、障害者だけのつきあいになってしまいました。週に一回、言語訓練を養護学校でやっていましたが、小さなときから通っている歯医者に、「小学校のときは言葉がはっきりしていたが、養護学校に入ってから聞き取れなくなった」と言われ、なんのための言語訓練かと疑問に思いました。言葉は環境によってつくられていくのであって、障害者だけの学校ではつくれないと思っております。普通学級では、変な言葉を話すと友達に笑われるので、無意識的に言葉に気をつけるようになりますが、養護学校ではそういうことはないからです。

その頃の自分は、ますます普通の人と話すことがコンプレックスになり、これからどうやって社会に出ていくことができるのかと、毎日思っておりました。夏休み、冬休み、春休みになると、いつもひとりぼっちになってしまい、養護学校の友達は電車で一時間ぐらい離れているので、いつも電話で話していました。中学の終わりには、すっかり、高校に行きたいという気持ちはあきらめに変わっておりました。スクールバスから、小学校のときの同級生が高校に受検しに行く姿が見え、そのときはなんで自分だけが行けないのかなと思い、母とけんかしたことは今でも覚えております。

今現在、障害児・者の高校問題をやっているのは、そのときの自分の気持ちと同じような子どもたちがいることを思うからです。

（千葉「障害児・者」の高校進学を実現させる会代表、岡田潔）

## 仲間の生徒の親が受検する高校の教職員に送った手紙

**【葛南工業高校の先生方に】**

S・Iは、小学校、中学校と九年間、地域の学校に通学してきました。就学時健診も他の子よりやや時間がかかったものの無事済み、入学式を迎え、小学校生活が始まったわけです。低学年の頃は、他の子どもたちとさほど差はなく、学校、学級の人気者となって、毎日学校が楽しくてたまらない様子でした。三年生のときの誕生日には、クラスの子四〇名が我が家に来てくれ、テレビではやっていた歌を全員で歌い踊ったことは、今でも忘れられない思い出です。

我が家が中学校のすぐ前ということもあり、六年の終わりに担任の先生が、「特殊学級のある中学校かそれとも家の前のK中学校か、行きたいと思ったほうに決めてください」と言ってくださいましたので、迷わずK中学校に入学いたしました。K中は、二つの小学校の卒業生が集まってきます。入学して間もなく、他の小学校から来た子に、「おまえなんか、よその（特殊学級のある学校です）学校へ行け！」と言われたと、これまで泣き言など言わなかった息子が、このときばかりは「K中にいたい」と私に何度も言うのです。小学校を共に過ごしてきた友達が、Iにとってとても大事な存在だったのです。

中学校生活も、一年のときにサッカーの試合に出て負けてしまい、クラスの子が、「おまえのために負けたんだ」とIを責め、なぐったのを他の子が見ていて、担任から連絡があり、Iに問うと、Iはかたくなにその子の名を言わず、「あとで謝ってくれたから、もういい」と言うばかりでした。Iにはそんなことはガマンできることだったのです。しかし、共に生活してきた友達と別れて、よその学校へ行け、と言われることはガマンできなかったのです。

その友達のほとんどが高校に入るということをIなりにわかっていて、「ぼくも高校へ行きたい」と思うのは至極当然なことだったのです。先日、クラスの子どもが、Iが高校見学のために何度も早退したため、先生に、どうしてIが早退するのか聞いたそうです。先生が事情を説明したところ、「Iも高校に入れるといいね」とか、「でも僕たちと一緒じゃないと、Iはさみしくないかなあー」とか、「高校ではIの大好きな給食の仕事できるかなあ」等と話していたそうです。「Iがいるだけでクラスがあったかくなる」と担任の先生が常々おっしゃっていましたが、この話を聞いて、ああ、やっぱり小、中と地域の学校でやってきてよかった！　という実感が改めて湧いてきたわけです。

葛南工業高校は、昨年に学校見学させていただき、各科を見せていただきましたが、Iはその中で建築科にとても興味を示し、「おかあさんに家を建ててあげるから、この学校に入る」と言うのです。二歳のときに父親を亡くし、母親の手で育ててきたこの子にとって、家という大変な物をいとも簡単に「建ててあげる」と言ったのは、私への思いがあってのことと私は感じ、そしてこのやさしい気持ちを実現させてあげたいと思い、葛南工業高校建築科を受検させることにしました。

素直でやさしく、人の面倒見が良いことは仲間うちでは周知のことです。私と外を歩いているときでも、私の知らない人から声をかけられることが多く、この子の天分かなと思っております。そんな訳で、高校という小、中学校とは違った世界でもIなりにしっかりやっていけると思っております。どうか、高校の先生方、「どんな子かな」、「やさしそうな子だな」、「一緒にやってみてもよさそうだな」という視点を持っていただければ、Iにとっても、この子の願いをかなえてあげたい母親としても、本当に幸せです。どうか受けとめて下さるようお願いいたします。四月には必ず入学できることを、親子共々願ってやみません。

（S・Iの母、S・M、一九九一年二月）

**【成田園芸高校の先生方へ】**

長女、まゆみは、中学三年生です。今、教室では、高校入学の話一色です。家に帰ってくると、毎日、口ぐせのように、高校に行く、高校生になりたい、と言います。

子どもの頃、言葉が遅く、人となかなか関われないとか、いろんなことが心配になり、あちこちの相談所に行きましたが、個人差があるので様子を見ましょうということでした。

三歳で、地域の花見川幼児教室に入室しました。長男も同じ所でしたので、先生方も理解があり、集団にも慣れ、だんだん友達とも遊ぶようになりました。

あるとき、一人で公園に行ってなかなか帰ってこないので心配になり、見に行ったら、背中に砂や枯れ葉を入れられ泣いていました。その姿を見て、叫んでしまいました。

「なぜ、『いやだ。やめて』って言わないの。いじめられたり、いやなことをされたら『いやだ』って言うのよ。自分で自分を守らないと生きていけない」

涙ながらに真剣に娘に言葉をぶつけたのは初めてでした。わかってほしかったのです。自分自身を守るということを。

小学校は近くのH小学校に入学しました。担任は熱心で、「教室を時々出ていくので困ります」、「なかなか、うまく人と関われないので困ります」と言われました。教室から出ていくのを見て、小さいときからつきあっている子どもは、「朝の会とか勉強のとき、つまらないなあと思っていると席をはずす。私も出ていきたいと思うが勇気が出ない。いやだとそれを出せるまゆさんは、やっぱり勇気があるよ」と言っていました。子どもたちには受け入れられていました。一方、先生には、「クラス四一人の中の一人だから、四一分の一の教育しかできない。個別指導を受けたほうが本人の幸せになる」と言われました。

二学期の終わり、耐寒マラソンがありました。一週間ほど毎朝走るのです。まゆみは、みんなが走り去った頃、にこにこ堂々と走ってきます。近くの道がコースになっているので、近所の人と一緒に私も応援です。最後の日、みんなが走り去った後、いくら待っても走ってきません。近所のお母さんたちとずっと待っていましたが、まゆみは走ってきませんでした。その日先生に尋ねたら、そのとき、保健室で一人で教育相談を受けていたというのです。事前に親には何も連絡がありませんでした。後日、親にも相談を受けるようにと言われ、登戸小学校まで出向き、教育センターの先生と面接しました。子どもに合った個別指導（特殊、養護教育）の大事さと、そのことが子どもの幸せにつながるという話をされました。子どもに合った教育とは？　子どもの幸せとは？

人間が人間として幸せに生きるということは、自由で創造性や主体性をもって生きる、それが人として豊かに生きるということだと思っていましたので、その話をしました。親とて子どもが自立することが願いであり、子育ての目標であって、生まれ育ったこの場所でいろんな人と出会って、いろんな問題にぶつかって、一つ一つ乗り越えていくことが、自分で歩いていく力になるということではないか。そのことは、大人になってから急に身につくものではなく、まして、地域の人（子どもたち）から引き離され、ある大人たちに守られた環境の中では育たないのではないか、と話しました。

その後、特殊学級、養護学校へという話はなくなりました。が、最後に担任に、「二年生になっても受け持つ人はいないと思いますよ」とまで言われてしまいました。

二年生になり、新しく転任されてきた先生が担任になりました。先生は先入観なく接してくれました。クラスの子どもたちの関わり方も変わりました。そして、まゆみも教室を出ていくことがなくなりました。五月の家庭訪問のとき、一枚の絵を手に、「これ見てください。ブランコの絵ばかり描いていたのが、こいのぼりの話をしていたらこいのぼりの絵を描きました。いろんな色を使っているでしょう。ほめてください」と。やっと学校で受けとめてくれる人と出会ったという思いがしました。

五年の林間学校や六年の修学旅行など、本当に楽しみにしてみんなと一緒に参加しました。

中学校は、迷わず、近くのH中学校に入学しました。どの教科もまじめにノートを取ります。でも、それがなかなか点数にはつながりません。遅刻や欠席もなく、学校大好きな中学生です。

三年生になり、進路指導で、「技術を身につける所がいいのでは」という指導に、本人がはっきりと、「高校に行きたい。高校生になりたい」と言いました。高校で学ぶことを強く本人は希望しています。今まで、試験の点数には表せない誠実さや、忍耐強さや、たくましさや、やさしさや、人と関わっていく力を、小学校、中学校の体験からたくさん学んできました。その延長に高校生活があるのです。技術を身につけることは高校の後でもできますが、今、同じ年代の人たちの中で関わって体験するすべてのことが、これから生きていく上での大事な力になることと信じています。

ぜひ、高校に入りたい。高校生になって、高校生活を送りたいという私たちの思いを受け止めてください。

（千葉市、T・S、一九九二年一月）

## 障害児・者の高校進学の意義

「障害者」に対する理解は徐々に進んできていますが、社会の中には「障害児・者」への差別がまだまだ根強くあります。歴史的に見て、「障害児・者」は常に社会に不必要な者、あるいは迷惑、邪魔な存在であるとして、隔離されたり殺されたりしてきました。現在の私たちの社会や生活を見ても、「障害児・者」はあってはならない存在であるという思想、もっと身近な言い方をすれば、「障害者は自分の周りにいないでほしい、自分の生活には関わってくるな」という思いが「健常者」の間にあることは否定できません。

「障害児・者」は生まれる前から羊水チェックなどで発見され、中絶によって半ば合法的に殺されています。生まれると「早期発見・治療」ということで乳幼児期から他の子どもとは別な場、病院や施設での訓練が日々の主な生活になります。隣近所の子たちと友達になって一緒に遊び、地域社会の中の一人として当たり前に育つことができないのです。これは小学校から高校、大学に至る学校教育の過程でも同じです。子どもにとって生活の大きなウェイトを占める教育の場が分け隔てられるために、「障害児」と「健常児」とが自然につきあい、互いの違いも含めて理解し合う機会を奪われています。その結果、「健常者」が中心になってつくっている社会の多くの場面で「障害者」を排除しています。

街の構造が「障害児・者」にとって出歩きづらいことがしばしばマスコミで取り上げられます。今も、街中へ自由に出られる「障害者」は少なく、出たくとも外に出られない人が大半です。それは道路や階段、交通機関の問題だけではなく、介助してくれる人がいないこと、気軽に訪ねられる友達がいないこと、外を歩くと迷惑がられたり、奇異な目で見られることなどが障害になっています。「障害者の世話は家族か、施設職員など専門の人がすることで、自分には関係がない」という大多数の「健常者」のあり方が「障害者」を追い込んでいるのです。

働く場を見ても「障害者」の企業への雇用は法律で定められた最低基準にも達しておらず、大企業ほど雇用率が低い実態です。「障害者」を雇うより、雇わないで罰金を払うほうを選んでいるわけです。また、県内の盲・聾・養護学校高等部卒業者の進路のうち、小規模の個人経営を含めて就職した生徒は二割程度という状況です。どんなすばらしい「専門教育」を受けても、社会が「障害者」とつきあったことのない人びとでつくられていて、「障害者」を締め出しているのですから、「障害者」が会社やお店に勤めることは極めて難しく限られてしまうのです。それも、「障害者」の雇用に対して助成金が行政から支払われる数年間だけ雇い、助成金が打ち切られると解雇する会社が少なくありません。

就職ができない大多数の「障害者」は福祉作業所、通所施設、収容施設などに行きます。それらには出口がなく、生きている限りその場にい続けることが普通です。定員はすぐにいっぱいになり、どこも入所するのに狭き門となっています。結果としてどこにも行き場がなく、卒業後、在宅に戻るしかない

「障害者」さえいる状態です。

このように社会から排除、隔離されることを拒否して、地域社会の一員として当たり前に育ち、生きていこうとしている「障害児・者」とその家族がたくさんいます。そういう生き方に賛同し、支えたいと願う人たちも徐々に増えています。私たちの会はそういう仲間が集まってつくられています。「障害児」のための特別な学校や学級ではなく、校区の普通学級で学ぶ仲間が年々増えており、県内ではどこも、「障害児」やその家族の強い意思を尊重して普通学級に受け入れている実態があります。その場がよく整備されており、理解をもって受けとめられているわけではありません。いじめの対象になったり、教師から差別を受けることも少なくありません。しかし、それでも、社会から排除されずに地域の中で育っていくには、普通学級で学ぶのが当たり前のことなのです。そして、日々の生活を共に過ごしている中から、ごく自然なつきあいができて、友達が広がります。帰宅後の近所での遊び仲間をつくり、教師たちを含めて周囲の人たちの理解を築き、地域社会の一員としての生活が根づいていきます。「障害」をなくしたり軽くしたりというのではなく、できないところは手伝うということを含めた関係をふだんのつきあいを通してつくることが地域の中で生きる力となります。

しかし、小、中学校を地域の中で過ごしてきた「障害児」たちはみな、進路の壁に突き当たります。クラスの仲間はほとんど高校に進学します。一緒に高校に進み、高校生活を送りたいと願うのは極めて当たり前のことです。高校でみなと同じ学習内容を習得したいというのではありません。また、マンツーマンの個別指導といった「障害に応じた専門教育」を高校に求めているのでもありません。同世代の仲間と共に高校生として生活し、関わりを深め、友達をつくって、広い意味の生きる力を得ていきたいと願うものです。高校もまた、小、中学校と同じく、単に学問や技術を習得する場ではなく、同じ年頃の仲間が関わりあえる生活の場であり、地域の中にある一つの社会だからです。

この運動を通じて高校に入った仲間の生徒たちはそれぞれの高校生活を精一杯過ごしています。Aさんは、中学のときには一年間に数十日欠席していたのに、高校では夜間であるにもかかわらず、三、四日しか休まず、生き生きとしています。S君のお母さんは、入学のとき、四年間電車での送り迎えを覚悟したのですが、すぐ、一時間半の道のりを一人で通うようになり、授業が早く終わった日などは夜の街をぶらぶら探検してから帰宅して、お母さんは喜んだり心配したりしています。行徳高校（定時制）に入学したN君は、担任に勧められて野球部に入り一生懸命です。

しかし、高校に進学するには、選抜制度の厚い壁があります。九五％ほどの生徒が進学する現在も「適格者のみ受け入れる」という主義に制度が貫かれていることは時代錯誤としか言いようがありません。中学校での進路指導も、その制度に追随して「偏差値」による指導をしています。「障害児」に対しては高校受験をあきらめて養護学校高等部や作業所を考えるよう強く勧める例が、今年も後を絶ちません。高校に行きたいという願いの根底には、排除・隔離されたくない、という思いがあるのです。地域の中で生きたいと願う「障害者」を「障害者」だけ集められた場へ行かせようとすることは差別をすることです。私たちは「高校にふさわしい」生徒のみが高校に進学する権利を持っているのではなく、高校に行きたいと願う生徒、高校に行くことが必要である生徒はみな高校に進学する権利があると考えます。「障害者」が、地域社会から切り離されることなく生きていきたいと願うとき、高校はその過程の一つとして、ぜひとも必要な場なのです。

## 運動の経過と千葉県教育委員会の施策

一九八九年一月に「菅野誠也君の習志野高校入学を実現させる会」として始まった私たちの運動は六年目を迎えています。その年三名の仲間の生徒は、二カ月に渡る必死の取り組みにもかかわらず、県内の公立高校の受検すべてに不合格とされ、都立南葛飾高校（定時制）に入学しました。この悔しさと反省をばねに、会の名称、組織を改め「千葉『障害児・者』の高校進学を実現させる会」として九〇年度入試に向けて、四月から運動を進めました。千葉県教委は、度重なる交渉の中、「障害児・者」が受けてきた重たい差別の現実や親子の強い思いに触れて、この問題の重要性に理解を示し施策に反映させ始めました。

八九年九月に指導課が出した「九〇年度　入学者選抜実施要項」では、選抜方法の中の受検者の区分のうち、C組（判定会議にかけることなく不合格と決定されるグループ）を廃止して受検者全員を判定会議の対象とすることにしました。私たちは、受検者が募集定員に満たないのに不合格者を出すのは、定員という県民への一つの約束ごとを一方的に破ることだから、受検者が定員以下の場合、一〇〇％（受検者全員）をA組（合格予定者）にするよう求め続けましたが、実現しませんでした。

しかし、その趣旨を十分受けとめて施策に取り入れることとした県教委は、八九年十二月二十一日付けで、定員の確保を求める通知を県内公立高校に出しました。また十二月十五日付けで、「障害児」の受検上の配慮についての通知を中学と高校に出しました。これは東京都で実施している「障害をもつ生徒」に対する「受検申請書」や「調査書の教科の評定へのA朱書」（一一二頁参照）を千葉県でも取り入れるよう求めたことに対する施策です。九〇年三月には、行徳高校（定）、葛南工業高校（定）、松戸馬橋高校（全日）に仲間の生徒の入学が実現しました。

九〇年度も私たちは指導課との話し合いを毎月積み重ねました。しかし、制度は一切変わらず、前進を見ることができませんでした。前年度出された「定員確保」と「障害をもつ生徒の高校受検上の配慮」に関する県教委の通知文書にもとづいて県教委指導課は対応しましたが、私たちにとってそれは、十分に誠意のある対応とはいえませんでした。結果的に県立高校を受検した仲間の二名の生徒はすべての高校で不合格にされました。中には受検者が募集定員を割っていた高校もありました。それらの高校では定員内での不合格者を出したわけです。なぜ、人数の枠があまっているのに高校で学びたいと強く願っている生徒を受け止めないのか、私たちは納得できません。

九一年度、県教委は「入学者選抜実施要項」の中に障害をもつ生徒への配慮を盛り込みました。これは私たちが当初から強く求めていたことで、一つの大きな前進だと受け止めています。しかし、私たちは通知にある「障害をもつことにより、不利益な取り扱いをすることのないよう留意する」という理念を、選抜制度の中に具体的に取り入れるよう求めています。例えば東京都では調査書（内申書）について、障害のために十分履修することができなかった教科の評定には丸Aをつけて他の受検者と同じ扱いをしないよう定めています。また、障害をもつ生徒が公立高校を受検する際には、保護者から都教育委員会に受検申請書を出し、受検の配慮を具体的に求めることができます。そして、点字受検、ワープロ受検、試験時間の延長、介添人による解答の代筆などが行われています。この申請書を出した生徒の場合、受検した高校が募集定員に満たなければ、ほとんど不合格にされません。こういった種々の取り組みの結果として、ここ数年は毎年、六〇〜八〇人ほどの障害をもつ生徒が都立高校に進学しています。さらに、障害をもつ生徒が進学した高校には講師が加配されるなどの制度が設けられています。私たちは、千葉県でもこのような具体的な制度の整備を進めて、千葉県の「障害児・者」が東京の高校に進学しなければならないような状況をなくしていきたいと願っています。

九一年、九二年とも入試に臨んだ仲間の生徒たちはすべての県立高校を不合格にされました。九二年三月に私たちは、定員内で不合格とした、県立関宿高校に対して、会との話し合いを申し入れましたが、拒否されました。そこで、当事者や会の仲間二十名余りで関宿高校で生徒に抗議のビラをまき、校内に入っての抗議行動をしました。

九三年春の入試に向けては、同じ関宿高校を目指す仲間の生徒がいたので、県教委指導課との交渉を継続しました。県教委の担当者は毎年入れ替わるので、この問題についての基本的理解から話していかなければならず、苦しい話し合いが続きましたが、毎月一回ぐらいのペースで交渉を持ち続けました。この年には制度的な前進はありませんでしたが、当事者のSさん親子が早い段階から関宿高校一本にしぼって、県教委や高校に対して働きかけをしたので、指導課の担当課長補佐を動かすことができました。指導課長自身も、関宿高校校長に会い、この問題について話をしました。また、関宿高校の管理職は、親や会からの働きかけ、さらに県教委からの指導を無視できず、親や会の代表と何回かの話し合いをせざるを得ませんでした。

会としては数回にわたって高校の教職員一人ひとりに手紙や文書を送ったり、関宿高校が同和教育推進校であったので、部落解放同盟千葉県連合会に支援を頼んで、県教委や高校への働きかけを一緒にしていきました。このような親の強い意思表示と、会としてのさまざまな取り組みの結果として、当事者のSさんは関宿高校（全日制）に入学することができました。千葉県では、九〇年三月以来、三年ぶりの入学実現でした。とは言え、県内の高校では、全日制、定時制を問わず、九三年の春も定員内の不合格者を大勢出しています。「高校にふさわしくない生徒は入れない」という適格者主義が今も県内の高校の教職員の意識です。千葉の高校の門は、まだまだ障害をもつ生徒に対して開いてはいません。

**【資料1】**

平成四年度　千葉県公立高等学校入学者選抜実施要項（抜粋）

I．学力検査等による入学者選抜実施要項

第13　その他

3．障害をもつため、英語のヒアリングテストの受検が困難で有るなど、通常の学力検査の方法では受検困難と認められる生徒に対する措置については、別に定める。なお、障害をもつ生徒の入学者選抜に当たっては、障害をもつことにより、不利益な取り扱いをすることのないよう留意する。

公立高等学校長様（県内のすべての中学校長に対しても通知されています）

千葉県教育庁学校教育部指導課長

平成五年度千葉県公立高等学校入学者選抜における障害をもつ生徒の取り扱いについて

平成五年度の入学者選抜に当たっては、平成五年度千葉県公立高等学校入学者選抜実施要項に定めるところに従いお願いしているところですが、標記のことについて、下記によりよろしくご配慮を願います。

記

1．障害をもつ生徒の入学者選抜に当たっては、障害をもつことにより、不利益な取り扱いをすることのないように留意する。

2．公立高等学校への出願を希望しておりかつ障害をもつため、通常の学力検査の方法では受検困難と認められる在籍生徒がいる場合、当該中学校等の校長は、学力検査に当たっての配慮事項について、高等学校の校長と事前に協議する。

3．志願者が障害をもち、通常の学力検査等の方法では受検困難と認められる場合には、当該高等学校の校長は、学力検査の公正さが保たれ、かつ実施可能な範囲において、適切な措置を講ずることができる。

なお、上記のことについて、特別な事情がある場合には、県教育委員会と協議する。

教指第一〇〇号
平成元年十二月二十一日
千葉県教育委員会教育長

各公立高等学校長様

千葉県公立高等学校入学許可候補者数の決定について（通知）

このことについては、昭和六十一年十一月二十七日付け教指三三号の通知等により、各学校において慎重かつ適切に行っていただいているところであります。

このたび、平成二年度千葉県公立高等学校第一学年の募集定員が定められ、一学級当たりの人数は四五人または四〇人とされましたが、入学許可候補者の決定に当たっては、募集定員の確保に努めるようお願いします。

なお、受検者が募集定員に満たない学校においては、各学校の実態に応じて、可能な限り入学許可候補者とするなど適切に対応されるようお願いします。


（なお、九三年度から一学級の定員が普通高校で四三人に減りました。）

## 進級をめぐって

県内の高校に進学した仲間の生徒はそれぞれ一生懸命に高校生活を過ごしていますが、進級についでは厳しい状況です。九〇年の春に県立高校に入学した三名の仲間の生徒のうち、翌春、行徳高校（定時制）のN君（N君は印旛高校を受検しましたが不合格になり、定時制の二次募集で行徳高校に入学しました）は進級しましたが、二人の生徒は留年しました。会として県教委との交渉で進級問題を取り上げ、一年間の取り組みを続けました。同時に、親は高校の校長や教職員と話し合いを続けました。その結果、松戸馬橋高校のMさんは進級でき、二年生になりましたが、葛南工業高校のS君はこの年も留年させられ、三回目の一年生を余儀なくされました。

S君は落ち込みながらも元気を出して、頑張って登校し続け、親と会とは九三年の春こそ、何が何でも留年させないという決意で、県教委と葛南工業高校への交渉を続けました。高校への話し合いの申し入れを当初拒否していた葛南工業高校の校長は、八月になってやっと、親と会の代表との話し合いを認め、校長とは二、三学期を通じて六回の話し合いをしました。その過程で、校長も態度を少しずつ変えて、職員会議の課題としてS君の進級問題を取り上げたり、校内で懇談会を数回開催したりしました。そして、昨年度、一〇教科のうち四教科が不合格（赤点）になっていたのが、九三年三月の学年末の評定ではすべてが合格になりました。それには、葛南工業高校教職員のさまざまな内部努力があったようです。S君の留年させられても熱心に登校していく熱意と、S君に対する教職員の理解によって学校が変わってきたのだと言えます。

松戸馬橋高校のMさんも進級し、三年生になりました。障害をもつ生徒が高校に進学して、高校の中で過ごしていくことで、高校の教職員の意識を変革していくのだということがこの三年間で明らかになっています。県内各地の小、中学校で親子の頑張りや運動団体の取り組みによって、障害児に対する学校の姿勢や対応の仕方、学級担任をはじめとして教職員の意識の変革が進んでいるわけですが、高校でもやはり、入ることからしか始まりません。

**【資料2】S君の母親が県立葛南工業高校（定時制）の校長と教職員に送った手紙**

抗　議　文

一年生を三回もやらなければならないSは、もう学校へは行かないのでは、と思っていたのに、黙々と学校へ行く姿に、Sと私の悔しい思いを、今、伝えておかなければと思い、ここに抗議文を書きます。

貴校に入学してまもなく、担任より、クラスの仲間がSのことを自分たちと違うと思っている、と言われ、担任をはじめ学校では、いじめに気をつけていると言われました。貴校に入学前、障害のあるSを受け入れて欲しい旨の手紙を全職員に郵送したので、Sのことはわかっているはずなのに、入学後は「障害と思っていない」の一点張りで、一年目も進級できず、二年目は、Sが頑張っている姿に校長はじめ、あなたがたは目を見張りました。一年目に進級できなかったSが、今年こそと頑張った姿です。Sは学校から言われる通り、毎日帰ってきてからも一生懸命やってきました。しかし、今年も進級できませんでした。四教科の単位が取れなかったからと言われましたが、障害のある者に出来ないことをやれと言うことは、車イスの人に自分の足で、しかも全速力でグランドを走れと言っているのと同じで、不可能なことなのです。

もっと身近なことで言えば、目の悪い人が「めがね」をかけずに字を書き、本を読むことができますか。目の悪い人は当たり前のように「めがね」をかけます。しかしSには「めがね」がありません。どうしたら出来ないことが出来るようになるのか、Sや私に是非教えてください。

昨年度の三学期には、内規を変える話を知り、「その子に見合った評価をする」ということで、私たちは進級できるものと期待し、二年になれるものと思っておりました。しかし進級はさせてもらえず、Sの落胆ぶりはあなた方の想像のつかない程だったのです。今年こそと頑張ったSの努力を踏みにじり、もう一回一年生をやるはめになったのです。毎日、生殺しにさせられながらも、二年間真面目に学校へ通っているSを、あなた方は進級させないと決定したのです。Sは自分の心をストレートに表すことをしません。だからといって「何も感じていない」とか「平気である」等と解釈しないで下さい。どんな思いで学校へ行っているか、わかってください。一年生を三回もやっているのです！

同じクラスの仲間は、一緒に二年生になって欲しいと、黒板の字をノートに書いてくれ、わからないことは教えてくれたと聞き、どうして教師であるあなた方はこの仲間の気持ちを大事に思ってくれなかったのですか。Sがクラスの仲間と一緒に進級したいと思っていることが、どうして教師であるあなた方は、わかってくれないのですか。
Sと一緒に入学した仲間は三年に、そして二年にと進級していきました。その度にSは仲間から外され、また、初めての仲間と初めての位置から始めるのです。障害のある者がない人と同じに出来ないことは当然であり、それを出来なかったのだから進級させないとかたづけることは、障害のある者への侮辱であり、あなた方の逃げ以外の何ものでもありません。Sのために進級させなかったと言うなら、三回も一年をさせられてSにはどんな良いことがあるのか、二年になったら出来ないで、一年だからやれるという指導でもお考えなのか、はっきり教えてもらいたいものです。毎日生殺しにさせられて、二年間まじめに学校へ通っているSを、あなた方は進級させないと決定したのです。こんなことを二度としないでください。今年は必ず二年生にしてください。今後、Sが進級できる日まで、抗議行動を続けていきます。学校長と教職員の方々に対し、Sの進級問題で、親と千葉「障害児・者」の高校進学を実現させる会と、学校との話し合いをしていただきたく、要求します。

一九九二年五月二十五日

## 九四年度入試に向けて

来春も、その次の春も、高校をめざす仲間の生徒は続きます。会としては、入試制度を改善し、高校の門を少しでも開いていくため活動を続けていきます。九三年四月、九四年度の入試に向けて、県教委指導課長に対して、次の申し入れ書を出して、交渉を始めました。県教委はいつも高校の現場寄りの見解を出します。なかなか状況は進んでいきませんが、これからも県教委と高校の現場に対する働きかけを続けていきたいと考えています。

【資料3】九四年度入試に向けての県教委への申し入れ書

千葉県教育庁学校教育部指導課
課長　秋山尚功　様

申し入れ書

貴職におかれましては、公務御多忙のことと存じます。平成五年度の関宿高校入試、並びに、葛南工業高校の進級問題につきましては、飯田前課長補佐を始め、貴課のご努力をいただき、感謝いたします。

さて、平成六年度の公立高等学校入学者選抜について、私たちの仲間の障害をもつ先徒が受検いたします。昨年度より貴課との話し合いにおきまして課題となり、継続している点を中心として、話し合いをしたいと考えます。四月中に今年度第一回の話し合いを持っていただきたく、ここに申し入れをいたします。なお、その際に下記の各項目について、誠意ある回答をいただきますようお願い致します。また、第一回でありますので、貴職ご自身が話し合いに出席して下さいますよう、お願い致します。

記

1．選抜制度によらない、障害をもつ生徒の高等学校進学の実現に向けて、指導課として施策を進めていただくこと。
2．受検者が高校の募集定員を割った場合には、不合格者をだすことなく全員を入学予定者とするように制度を改めること。もしくは、実質的に高校が定員内の不合格者を出すことができないような強い指導を県教委が実施すること。

3．選抜の二次募集に際して、募集定員を一〇名以上割らない場合は募集しなくてよいという内規を見直すこと。

4．中学校学習指導要領の改訂に伴って、選抜制度の中の調査書（内申書）の記述のしかたを関心、意欲、態度を重視したものに改めること。また、内申点と学力検査の得点の合計を順に並べて合否を判定するという、現行の選抜方法を、関心、意欲、態度を重視した選抜方法に改めること。

5．入試の学区が今後、どのように変わるのかということについて。

6．障害をもつ生徒が公立高校に進学した場合に講師を派遣すること。また、県内のすべての公立高校に洋式トイレを設置すること。

なお、話し合いの日時と場所については、四月二十三日までに、代表の岡田潔までご連絡をいただきますようお願い致します。

一九九三年四月十六日

千葉「障害児・者」の高校進学を実現させる会

▼連絡先　千葉「障害児・者」の高校進学を実現させる会
E-mail: chiba-koukousingaku@xqh.biglobe.ne.jp

# 反差別教育闘争としての闘いを！——広島県の高校進学運動

障害者の高校進学を実現する会

## これまでの歴史・経過

【前史として】

広島県における障害者の高校進学の取り組みは、大きく二つの方向から始まっています。

その一つは、七〇年～八〇年代にかけて定時制・通信制高校の教員、生徒を中心に闘われた「募集停止阻止闘争」の中で、教員自らが、定員内不合格や中途退学の問題を「内なる募停」であるとして厳しく自己批判していったことに端を発しています。この総括作業を通して、これらの高校では「だれでも入学できます。わかるところから学べます」という決意を掲げたステッカーを県内に貼りめぐらし、「希望者全入・未就学者掘り起こし・生徒の成育史に沿った教育内容の創造」といった困難な実践を、常に県教委と対峙しつつ進めていきました。その結果、「点のとれない」障害者を含め、差別・抑圧によりそれまで教育の場から切り捨てられてきた生徒が数多く定時制・通信制の高校に入学していったのでした。

もう一つは、八〇年代半ばから主に高教組（広島県高等学校教職員組合）・高同教（広島県高等学校同和教育推進協議会）によって、受験時の配慮による平等性の確保という観点で取り組まれたものです。この中で出されたいくつかの具体的要求は、「点字受験」を除き、いずれもその年度内に、「学力検査に関する特別措置」という形で実現しています（その内容については「取り組みの成果と現状」を参照）。「点字受験」については、八七年入試にあたり希望者（盲学校生徒）がいたのですが、県教委が「入学後の保障ができない」と難色を示したのに加え、本人の進路変更もあって途中で断念せざるをえませんでした。

しかし、この件をきっかけに、現在私たち「実現する会」が事務局をおいている市民団体「地域で共に学び合う教育をめざす連絡協議会」が、障害児の高校進学についての学習会を開始し、八九年二月には、公開形式の「障害児の高校進学について語る会」を開催するに至っています。この「語る会」は、県内各地から高校進学をひかえた障害者やその関係者が集まって「高校へ」の思いをこもごもに語りあうという形で、次に述べる高松豊くんの点字受験要求闘争をはさみ、九〇年まで計八回続けられました。

**【高松豊君の点字受験――八九年度】**

全日制普通高校への入学の取り組みが表面化したのは、八九年春、全盲の高松豊君（広島市）の点字受験要求闘争がきっかけでした。

この闘争は、単に点字受験の要求だけでなく、八九年、中学三年になって初めて地域の学校に転校を果たした高松君の「今まで切られた関係を奪い返す」ものとして位置づけられました。これに呼応して「高松豊くんを支援する会」（森保俊三代表）が結成され、それを中心に県内各地の「共育・共生」を求める市民団体や障害者解放団体（青い芝の会、全障連）、教職員組合等が結集したのです。
その結果、県教委は部内に「点字受験に関するプロジェクトチーム」を発足させ、八九年九月に点字受験の実施を決定。高松君は九〇年四月、定員割れではありましたが、地元の可部高校に入学しました。また、同年、前記「語る会」にも参加していた、「ダウン症」のM君とY君（新市町）も定員割れの至誠高校に入学しました。

**【「実現する会」結成——九〇年度】**

九〇年六月、「語る会」に参加していた陶山範子さん（川尻町）、沖本貴志君（広島市）、池田洋介君（大竹市）の三人を中心に、「障害者の高校進学を実現する会」（森保俊三代表）を結成しました。
この三人は、いずれも小・中学校時代を地域の学校で過ごし、さまざまな関係を築いてきたことから、「0点しかとれないが、今の友達との関係を切るわけにはいかない」、「まず県教委にどうしたら高校に行けるか聞こう」ということで、「0点でも高校へ」の取り組みが始まりました。
〈県教委交渉〉　県教委へは、「希望するすべての障害者の高校進学を実現するための行政課題の明示」を求めた「要求書」（資料1）を提出し、これにもとづいて計三回の交渉を行いました。

**【資料1】要求書**

一九七九年養護学校義務化は、障害者・保護者の教育保障への真の願いとは裏腹に「障害児は障害児学校へ」という社会意識をより固定・強化し、障害の有無によって或いは障害の種類・程度によって学校選択を、さらには人間の生き方をも限定しようとする差別・選別の隔離政策でした。多くの障害者・保護者は、養護学校への恩恵的就学保障に頭を垂れながら、或いは強圧的な就学指導にこぶしを震わせながらも養護学校へ送りこまれてきたのです。その結果何が生まれてきたのか。

「地域の幼稚園に行っている時は、友だちがよく遊びに来た。でも、盲学校の小学部へ行ってからは、友だちと遊ぶことはほとんどなくなってしまった」

「地元校と交流しとっても『おまえも修学旅行に行くんか』いうてクラスの者が聞くんじゃ」

「クラシックが好きじゃったけど、それじゃあ中学校の中で付き合うていけん。そのことにはじめは気がつかんかった。ぼくは盲学校の中で、友だちとの付き合い方さえわからんようにされとった」

「中学校の中間試験を受けたけど、量の多さにびっくりした。何から手をつけてええのか全然わからんかった」

昨年、盲学校から可部中に転学し、点字受験による高校進学を求めた高松君が交渉の席で語ったこれらの言葉が、奪われてきた歴史をみごとに言い当てています。県教育委員会は面前で語られたこの言葉をどう受け止めたでしょうか。

しかし、この悪しき義務制度下にあっても、その欺瞞性を見抜き、いじめや差別を覚悟のうえで地域の小中学校に身を置き続けた仲間が多くいました。また昨年の高松君のように障害児学校に居ながらも、自らの生活の中にある被差別に気づいていった仲間もいます。いずれも、共に生きる人間関係は、日常的に向き合う生活や学習の場でのみ創り出されることに気づいた仲間たちでした。この仲間の多くが小中学校での繋がりを切るまいとして、そして新たな人間関係と自己の生き方を切り拓くために、来春の高校進学を目指しています。それは高校進学率が九六パーセントを超え、高校準義務化ともいえる状況下にあっては当然の要求と言えるものです。

ところが、現行の高校入試制度はことさら点数がとれるかとれないかに基準をおく、矮小化された学校「学力」に支配された能力主義的選抜制度となっており、現実的には大多数の障害者を高校教育の場からはじき出す役割を果たしてきています。この入試制度下にあっては、「点がとれないから」という一方的な判断によって障害者と健全者の出会いを拒む結果が当然のこととして認められてしまうのです。この点数による輪切り状態こそが、年間に大規模校一校分に余る中途退学者を出していく高校教育のひずみの元凶に他なりません。

私たちは以上の認識に立って、高校進学を希望するすべての障害者の高校進学を保障するよう求めるとともに、そのための行政課題を明らかにし、私たちの思いを受け止めるための交渉の場を早急に設定されるよう要求するものです。

一九九〇年六月二十日

障害者の高校進学を実現する会代表　森保俊三

広島県教育委員会

教育長　菅川健二様

しかし、県教委は私たちの要求を「学力検査点への特別な措置」のみの問題にすりかえ、「点がとれるよう教育していただきたい」、「進路は養護学校もある」、「この問題は人権問題ではない」等の差別発言をくりかえした挙句、年末になって一方的に交渉打ち切りを通告してきました。

これに対しては、全国から集めた約三万名の抗議署名を提出するなど、度重なる抗議行動の末に撤回させ、かろうじて年度末に総括交渉をもつことができました。また、この抗議行動の一環として、十二月から翌年三月にかけて、三人の母親を中心に、県内約二十箇所の教員・地域団体の研修会・学習会等で、この問題を訴える「キャラバン活動」も行いました。

なお、入試に向けては、三人とも各高校に対し「学力検査点・内申点のハンディを埋める」、「受験は他の受験生と同室とし、途中で立ったり声を出したりしても受験を無効としない」の二点を柱とする「学力検査に関する特別措置願」（資料2）およびその根拠・背景を記した「副申書」を願書とともに提出し、県教委にもこれについての話し合いを求めましたが、「高校・中学校を通じて対応するシステムだ」として拒否されました。

結果的には、「ハンディを埋める」は三人とも不許可、「同室受験・受験無効の禁止」については、池田君のみが認められず、最初から「別室受験」を強いられる形となりました。

〈高校に対して〉　何よりも本人・保護者の要求を中学校が進路保障の課題とうけとめ、責任をもって高校側に話をする形を最優先してすすめられました（この中で、陶山さん・池田君については保護者が高校の校長と会って話ができたのですが、沖本君は「受験生の保護者とは会えない」と拒否されました）。

高校側の言い分は、おおむね「現行入試制度が壁だが、定員割れなら入れる可能性はある」というものでした（広島県内では、前述の定時制・通信制の取り組みの成果として、高同教において「定員内不合格は差別であり、出してはならない」との確認がなされています。ただ、この確認は完全に守られて

## 【資料2】学力検査に関する特別措置願

様式第4号

### 学力検査に関する特別措置願

平成 3 年 2 月 5 日

広島県立 大竹 高等学校長　殿

出身中学校名　大竹市立　小方　中学校

志願者氏名　池田洋介

保護者氏名　池田勝俊　㊞

次のとおり，特別の措置をしてください。

1　措置の内容

ノーマライゼーションに基づき、人権が無視されない様な適正な指導をお願い致します。

- 受験に際しては、他の生徒と一緒に教室でお願いします。（特に小方中生徒と一緒に）
- 採点に際しては、ハンディキャップを埋めて下さい。
- 内申点についても、ハンディキャップを埋めて下さい。

2　理　由

志願者は障害者です。
障害者の権利宣言、精神薄弱者の権利宣言、国際障害者年行動計画の主旨が
実現される様上記の件を宜しくお願い致します。

備考
- 受験中、立ったり、声を出したりするかも知れません。
- 受験中、「静かに」と注意するとおこったり泣いたりするかも知れません。
- 受験中、近くの受験生の答案をのぞくかも知れません。

3　志願課程等

| 志願課程 | 本・分校 | 学科 |
|---|---|---|
| 全日制 | 本校 | 普通科 |

---

上記のことは，適当と思います。

平成 3 年 2 月 5 日

広島県大竹市立小方 中学校長　氏名　松本利勝　㊞

| 受付番号 | ※ | 高等学校受付印 | ※ |
|---|---|---|---|
| 受検番号 | ※ | | |

〔注意〕 1　「措置の内容」及び「理由」は具体的に記入する。
2　疾病又は障害による場合は，診断書を添付する。
3　※印の欄には，記入しない。

いるとはいえず、毎年数校で定員内不合格が出ています)。

〈地域の支援体制〉　陶山さんは、小学校六年のときの普通学級への転籍闘争の際に結成した「陶山範子さんを支援する会」がひきつづき支援し、池田君は受験をきっかけに「大竹共育共生をすすめる会」を、沖本君は「五日市共育共生をすすめる会(INA)」をそれぞれ結成し、中学校教員、同級生らをまきこんで、高校前でのビラまきや、教組地区支部、地区高同教等への支援要請などを行い、大きなうねりをつくりだしました。

〈結果〉　陶山さんが忠海高校、池田君が大竹高校に、いずれも定員割れの状況下で合格。沖本君は定員オーバーのため五日市高校に不合格とされました。九一年に入ってから取り組みを開始したNさん(府中市)は、府中東高校にわずかな定員オーバーで不合格とされました(その後、Nさんは自彊《じきょう》高校定時制に進学)。

**【はじめて「代筆受験」を要求――九一年度】**

前年度不合格にされた沖本君を中心に、平田大常君(千代田町)、中原功二郎君(川尻町)、田中成和君(川尻町)、後根順子さん(広島市)、川角里美さん(大竹市)の六名の進学をめざして活動は進められました。

〈県教委交渉〉　池田君の「別室受験」問題、沖本君の「不合格―自主登校」問題を中心に県教委を追及していきましたが、差別的対応の前に全く進展がないため、十一月、「第三次要求書」(資料3)を提出して局面の打開をはかりました。しかし、「別室受験」について一応の謝罪をさせただけで、その他の項目についてはほとんど論議できないまま、九二年一月にはまたもや交渉打ち切りという事態を迎えました。これは連日の抗議行動により何とか撤回させ、「『特別措置』について」との限定つきながら、受験までに二回の交渉をもちました。中心課題は、沖本君が広島県では初めて要求した「代筆受験」でしたが、県教委は最終交渉で「個別協議の上再検討する」と約束しながらこれを反古にし、結局全く聞き入れられないままに終わりました。

**【資料3】障害者の高校進学にかかわる第三次「要求書」**

昨年六月の「要求書」提出から始まった障害者の高校進学にかかわる本会と貴教育委員会との話し合いも、毎回、高校教育課の無責任・無認識とも思われる発言によって障害者・保護者の人権が踏みにじられ、それによって話し合いが紛糾する、というパターンを抜け出せず、結果的に、一年以上経過した今もその中身において進展を見ていない。このことは、Ⅰ　高校教育課において障害者認識・差別認識が決定的に欠落していること。Ⅱ　だから話し合いの中で誤りを指摘されることも多いのにその意味が分からないこと。Ⅲ　それなのに、「分からないから教えてくれ」という姿勢や指摘されたことについて真摯に受け止め部内で協議するという姿勢を持たないこと。Ⅳ　かといって回答を用意するに際して他課と連携したり、地域・学校実態を把握したりしようとする姿勢もまたないこと。Ⅴ　よって答弁においては現行入試制度を金科玉条の如くひたすら絶対視せざるを得ず、柔軟性のかけらも持てないこと。Ⅵ　その背景として「公務員の仕事は、現行の制度の中で出来る範囲のことをするだけですから」という発言（八月二十九日交渉の席で、中林高校教育課課長補佐）に見てとれる〝職務の履き違え〟があること。等々によって必然的に生起しているに過ぎず、これらⅠ～Ⅵが改まらない限り事態の改善は望めないものと考える。まずはこのことに対する猛省を促すとともに、今後、我々の要求の本質に踏み込んだまともな話し合いが出来るよう切望するものである。

当面、前回までに積み残しとなっていることも含めて次の各点について提起するので、各課連携のうえ早急に話し合いの場を設定すること。

一．これまでの協議を踏まえて、「特別措置」という名称及びその意味について貴教育委員会としての見解を示すこと。

二．これまでの協議を踏まえて、「別室受験」について貴教育委員会としての見解を示すこと。

三．高校入学者選抜制度の問題は人権問題である（高教組と確認済み）という認識にたって、多くの障害者を同世代から切り離す役割を果たしてしまっている現行選抜制度の誤りを明確にすること。

四．選抜制度を人権の視点から見直すために「障害者の高校進学にかかわるプロジェクト会議（仮称）」を設置すること。その際、本会の障害者を構成員に複数含むこと。

五．昨年度何の実態把握もなしに回答を出したことの反省にたって、今年度受験生の地域実態・学校実態について実態把握を行うこと。

一九九一年十一月十三日

障害者の高校進学を実現する会　代表　森保俊三

広島県教育委員会

教育長　菅川健二様

〈高校に対して〉　前年度同様、基本的には中学校が中心になって取り組みを進めました。その中では、平田君の出身中学の動き（内申書作成の段階で障害のために不利にならないように検討し、具体的にハンディを埋めた評点を記入したのをはじめ、高校の校長・教職員と常に連携をとって本人・保護者をまじえた話し合いの場を設定したり、文化祭に大竹高校に入学した池田君とその同級生、母親を招いて保護者に向けた講演会を行うなど）が、特にめざましいものとしてあげられます。

一方、「浪人生」となった沖本君は、五日市高校と廿日市高校（この二校は、両校で一括して合格者を決定した後抽選で入学先を分ける「総合選抜制」の高校）へ毎週通いながら、地道なはたらきかけを行いました。

〈地域の支援体制〉　平田君については、障害者が地域で生きる場として設立された「どんぐりの会」を中心に、部落解放同盟など幅広い団体・個人が支援の取り組みをくりひろげました。また、中原君、田中君については陶山さんが、川角さんについては池田さんが、それぞれ側面からバックアップしていきました。

〈結果〉　平田君が定員と同数の受験生数だった千代田高校に、中原君が定員割れで竹原高校にそれぞれ合格。後根さんも観音高校定時制に合格しました。

一方、沖本君は五日市高校、田中君は忠海高校、川角さんは大竹高校を、いずれも定員オーバーで不合格となりました（その後田中君は呉養護学校に、川角さんは大竹高校定時制に進学）。

**【「特別措置」の論議に終始——九二年度】**

三度目の受験となる沖本君、前年度のうちから「点字・代筆受験」を宣言していた堤友彦君（府中市）をはじめ、阿部奈緒子さん（三原市）、大下将司君（三原市）、藤井信也君（因島市）の計五名を中心に進められました。

〈県教委交渉〉　前年度提出した「第三次要求書」にある「プロジェクト会議」設置の要求を基本にすえながらも、実際には、五名のうち四名が「特別措置」として要求した「代筆受験」「本人希望の介護者の同室」の可否をめぐる論議に大半を費しました。これについて、県教委は当事者サイドとの個別協議を精力的に重ねるとともに、実施都県の視察も行い、秋頃までは何らかの形による実施の方針を示唆していましたが、年末の詰めの段階に入って一転「客観性の確保の問題があり、県民の理解が得られないので実施は困難」との見解を発表。受験直前まで折衝したものの結局これをくつがえせず、最終的には一切認められませんでした。

〈高校に対して〉　沖本君以外は、これまで同様各中学校の取り組みを軸に進められ、いくらかの差はあれ、高校側との連携も比較的スムーズに行われました。堤君については、生徒会が全校生徒の署名を添えた「要望書」(「代筆受験」等の実施を求めたもの)を県教委に提出するなどの動きもみられました。沖本君は、五日市高校・廿日市高校への「自主登校」を継続しましたが、志望校である五日市高校の対応が悪質であったため、県教委にも指導を要求しました。しかし県教委の姿勢は及び腰で、遅々として事態は好転せず、入試直前になってはじめて県教委・高校・本人および保護者の三者による交渉のテーブルがもたれただけに終わりました。

〈地域の支援体制〉　藤井君については「因島市・障害児の高校進学を実現する会」、阿部さん・大下君にかかわっては「三原市・障害者の高校進学を実現する会」、堤君には「堤くんの高校進学を実現する会」がそれぞれ結成され、報告集会や講演会の開催など、幅広く地域をまきこんだ活動が展開されました。

〈結果〉　藤井君が因島北高校、大下君が忠海高校にいずれも定員割れで合格。沖本君・阿部さん・堤君は、それぞれ五日市高校、三原高校、府中東高校を定員オーバーで不合格となりました（その後、阿部さんは三原高校定時制に進学）。

## 取り組みの成果と現状

**【「きわめて不十分」な「特別措置」】**

県教委が障害者の高校受験に関わって、これまでに公式に認めた主な「特別措置」は以下の通りです。

- 拡大鏡・蛍光灯の持ち込み（八四年～）
- 拡大文字受験（八五年～）
- 英語科ヒアリングの筆記問題へのさしかえ（八四年～）
- 点字受験（九〇年～）
- 時間延長（九〇年～）
- 別室受験（八四年～）
- 暖房器具（電気ストーブ）の持ち込み（九三年～）
- 監督者による受験中の介護、補助（九三年～）

以上の措置のうち、「実現する会」の要求によって初めて認めさせたのは、「暖房器具の持ち込み」と「監督者による受験中の介護・補助」のみですが、これも私たちのもともとの要求（「受験する部屋の暖房」、「本人希望の介護者の同席」）に対し、県教委が若干の譲歩をしたものにすぎません。東京都などでは認められている「代読・代筆受験」、「本人希望の介護者の同席」は、九二年入試から要求していますが、前節で述べたように、県教委は、「客観性の確保が困難」「県民の理解が得られない」等を理由に、実施を拒否しています。

また、「点がとれない」障害者にとってはきわめて当然かつ切実な措置として要求し続けている「ハンディを認めた上での合否判定」については、県教委は「現行制度の下では無理」と一蹴して検討対象にすらしない姿勢を貫いています。本来は、これに関してこそ、もっときちんと追及し、論議を深めていかねばならないのですが、それ以前の問題（例えば現行制度の中で十分実施可能な「代読・代筆」等の問題）にわずらわされ、そこにまで至っていないのが実情です。

すでに認められている措置に関しても、その運用をめぐってさまざまな問題が生じています。とりわけ、「他の受験生に影響を及ぼす」との理由で、池田君のように、望んでもいない別室受験を強制される事例が後を絶たず、ついに九三年入試においては、無理やり別室に連れていこうとした監督教員に受験生が抵抗し、かみつくという事態まで発生しました。この件については、「障害者は何をするかわからない」という差別意識を助長しかねない問題なので、原因究明を急ぐよう求めていますが、これまでのところ県教委は「現場が別室受験が適当と判断したのはやむをえない」、「なぜかみついたかはわからない」と、あくまで別室受験強制を正当化する構えを崩していません。

このように、広島県では、単に受験の「機会均等」を保障するための措置すら十分整備されていないのが現状です。このことは、県教委自ら「現段階ではきわめて不十分な措置にしかなっていない」（九三年二月二十三日交渉における確認）と認めているのですが、その後改善に向けた具体的な動きは全くありません。

【「障解研活動」に期待】

さて、このような状況の中で、かろうじて高校に入学していった障害者の学校生活は、当然その高校のありようによって様子が違っています。それを大雑把にいえば、「被差別の位置にいる生徒に徹底的に関わる」という解放教育の実践が根づいている高校ほど、障害者も生き生きと学べている、ということになるでしょう。ただ、広島県でもそのような高校はごく一部だけで、しかもそのほとんどが、定時制・通信制の高校であるという状況があります。

それでも、「共育・共生」をスローガンとして掲げる高教組・高同教の運動が一定の歯止めをかけているのか、他県でしばしばみられるような露骨ないやがらせや追い出し工作は、比較的少ない（あるいは表面化してこないだけかもしれませんが……）とはいえるでしょう。そして、「差別はイケナイ」という意識と「ウチへ入ってきた以上は面倒見よう」という姿勢をもちあわせた「良心的」な教員があちこちに点在していることも事実で、幸い、「実現する会」関係の障害者も、人数や程度の差はあれそうした教員に恵まれてはいます。また、中学校時代の同級生を核とする友達関係が着実に広がっている場合も多く、みんなそれなりに「楽しく無難に」日々の高校生活を送ってはいるようです。

しかし、障害者が在学していることで、その高校の教員や生徒全体の中で障害者差別の問題がどれだけ意識化されているか——そこまで求めるのは「ないものねだり」なのかもしれませんが——ということになると、残念ながらはなはだ心許ないと言わざるをえません。

その意味では、尾道・三原地区の高校（「実現する会」関係の障害者だけでも五人が入学しています）を中心に展開されている「障解研（障害者解放研究会）活動」は、注目すべきものです。この地区では、養護学校、定時制高校を含む各高校に生徒サークルとして障解研が設置されており、月に一回各校の生徒および顧問が一堂に集まり、それぞれの活動や教育実践を検証しあう場として、「障解研連合会」も開かれています。活動状況は学校によってかなりばらつきがあり、全体的にまだまだ内実を伴ったものになりえていないようですが、高校生自身が障害者差別の問題を軸に、自らの生き方を問い直し、学校のありようを内側から変えていく契機を秘めたこうした活動が、さらに充実し、全県的に広がっていくことを、実現する会としても期待し、支援していきたいと考えています。

**【単位認定・進級・卒業】**

ところで、「点のとれない」障害者にとって、入学後にぶつかる最大の（制度上の）壁は、「単位認定」とそれにもとづく「進級」、「卒業」の問題です。これについては、各高校ごとに内規があり、それに従って決定が下されているのが普通です。従って、この内規のあり方や運用のしかた――当然、そこにはその高校の実態やそれに取り組む姿勢が色濃く反映されます――で、結果が大きく左右されています。

陶山範子さん（九一年忠海高校入学）の場合は、三年生まで無事進級しています。陶山さんの通知表は「赤点」だらけなのですが、この高校の内規では、単に教科テストの成績（点数）だけではなく、提出物・授業態度・出席日数等を総合的に判断して進級を決めることになっており、陶山さんは、毎日きちんと登校して「まじめに」授業を受けている「模範的な」生徒なので、その部分が評価されたというわけです。中原功二郎君（九二年竹原高校入学）も、二年生に進級しました。彼も、教科学力の上では「最底辺」のはずですが、高校側が彼の進級をめぐって議論した末、テストの点数と出席日数を柱とする従来の内規に「以上の規定により判定しがたい場合は、職員会議の総意により決定する」旨の一項を追加することになり、それによって何とか進級が認められたのでした。

このふたりとは逆に、池田洋介君（九一年大竹高校入学）は、従来の内規を何の配慮もなく適用されたため、二年続けて「原級留置」の判定を受け、現在も一年生に在籍したままです。ただし、高校側は、実際の学校生活は同級生と一緒に二年、三年と進行する形で送るという「特別措置」をあみだし、池田君のみに適用しています。しかも、出席番号が一番若い池田君は、このままいくと卒業式で総代として卒業証書（もちろん彼はもらえません）を受けとる役になるかもしれないという奇妙な話も伝わってきています。

高校側は、この措置について「同世代の仲間との関係を切らないでほしい」という本人・保護者の願いをふまえ、解放教育の観点から行ったものであると説明していますが、どうやらホンネは「学校の体制は維持しつつ、何とか無難に三年で出ていってもらおう」ということのようです。そのことは、この高校が、洋介君以外にも大量の留年生を出しており、さらには九三年度入試において、障害者を含む一〇人もの受験生を「定員内不合格」で切り捨てていることからも明らかです。つまり、「間尺にあわぬ者は排除する」という姿勢（＝適格者主義）では一貫しているのであって、しかもそれは、「入れてから切る」から「入れる前に切る」方向へとエスカレートしているわけです。その流れからいえば、この高校にとって、池田君は「本来はダメだが、オマケで入学させてやった生徒」ということになります。そして、オマケはオマケのままさらに特殊化し、「留年だが三年で出してやる」と、いわば恩恵的に囲い込む形で追い出しをくわせようとしているにすぎないということです。

「入れずに切る」のも「入れてから切る」のも、本質的には同じことです。したがって、「入れた以上は切らない」という覚悟と実践が、高校側には強く求められているわけです。その意味では、進級を前提に「内規」をいかにクリアするかが議論された、陶山さんや中原君の場合は、能力主義的評価を克服しきれない中での「小手先のやりくり」の範囲を結果的に出ていないにせよ、とりあえず高校側の責任においてまっとうな対応をしたということができるでしょう。それに反し、池田君への処遇は、高校側がかりに善意で行ったものであっても、彼を、進級した同級生とも他の留年生とも違う、きわめて特別な位置においてしまうものであり、決して許容できるものではないと言わざるをえません。

**【「自主登校」への対応】**

高校側の対応ということで、もうひとつふれておかねばならないのは、「不合格」とされた障害者の「自主登校」をめぐる状況です。

広島県では、現在ふたりの障害者が「自主登校」を敢行中です。そのひとり、沖本貴志君は、三年連続で「不合格」とされた五日市高校と、廿日市高校に、週に一、二回ずつ通い続けています。

このうち、廿日市高校には、九〇年度まで五日市高校に在職し、沖本君の最初の受験に窓口として最も積極的にかかわった教員がおり、その教員自らがクラブ活動や授業へ沖本君を毎週呼び込む形で、わずかずつでも同世代の高校生との直接の出会い、つきあいをつくり、広げていこうという取り組みが展開されてきています。

一方、五日市高校のほうは、何かにつけて「学校体制」を優先させる教員や管理職の硬直した対応の前に、「昼休みとクラブ活動の時間だけでも生徒の中に入らせてほしい」というささやかな願いさえ、なかなかかなえられませんでした。しかし、三年目の今年度（九三年度）に入るや、突然対応が柔軟になり、すでに学校行事や一部のクラブ活動への参加が認められ、授業などへの入り込みにもいくらか展望が出てきています。五日市高校にこのような「劇的変化」をもたらした原因は何なのかは今のところナゾですが、九三年入試の面接の際に沖本君が提出した母親の手記（前述の廿日市高校教員の実践レポートを添え、その取り組みを紹介した上で、「五日市高校の生徒にもいろんなことを感じていく『出会い』を是非とも広げ深めていってほしい」と訴えたもの）が、いくらか影響しているのは確かなようです。

もうひとりの「自主登校生」・堤友彦君は、今春「不合格」となった府中東高校へ毎朝通い、登校してくる生徒に大声であいさつをするなどの形で、「同世代の仲間とつながりたい」との思いをアピールしています。その中で、部落解放研究部の生徒たちが、堤君のことを知ってほしいと訴えたビラを配布したり、ホームルームで堤君のことを話し合うという動きが生まれてきており、確実に「自主登校」の波紋は広がっています。また、それを受けて、教員サイドでも、基本的には「自主登校」受け入れの方向での取り組みが、徐々に進められつつあります。

このように、広島県においては、——といってもこの二件だけですが——「籍がない者は一切学校に入れない」と、強権的に「自主登校」を排除しようとする攻撃は今のところありません。むしろ、何らかの受け皿を高校側が用意していくほうへ、状況は動きつつあるといえるでしょう。

しかし、いくら「自主登校」が受け入れられたからといって、問題の根本的解決につながらないのは、いうまでもありません。「自主登校」は、あくまで「次善の策」であり、「来るな」と言われているときにこそ意味があるのだという「原則」を忘れてはならないと思います。

## 今後の課題と方向性

**【元気の出る運動に】**

「実現する会」としてのこの三年間の活動に対しては、ザッと概括しただけでも多くの課題が残されています。例えば、

- なぜ「全日制高校」にこだわるのか。
- 「特別措置」というものをどう考え、要求の中にどう位置づけるのか。
- 現行入試制度をどう変えていくのか。「高校全入運動」と何が同じで、何が違うのか。
- 県教委に要求している「障害者の高校進学にかかわるプロジェクト会議」の具体的なあり方（目的・メンバー・テーマ）はいかにあるべきか。
- 入学後の「進級」「卒業」をどう考えるか。

等々の問題は、そのまま私たちの運動の軸となっていくべき認識部分ですが、それらについて、受験生

本人を含むメンバー個々の中に思いはあったとしても、それを出し合い、考え、確かめ合うという作業はなかなかできずに今日まできました。そのことそのものが、最大の反省点です。

冒頭の「歴史と経過」に書いたように、もともと「実現する会」は、九〇年、高校進学を希望する三人の障害者の思いにつながり、「とにかく何か行動を起こそう」という形で発足しました。三人の小・中学校時代の経験はまさしく三者三様でしたが、いずれにしても自らをさらし、そうすることによって差別する・されることも含めて同世代との関係性にこだわり続けていました。陶山範子さんの母親が交渉の席で「これまでも差別されてきた。高校にも差別されるために行くんじゃ。じゃまをするな」と何度もくりかえしていたことを思い起こします。そうした「反差別就学闘争」こそが、この運動の本質だったはずなのです。

しかし、運動の裾野が徐々に広がり、「実現する会」自体もネットワーク団体的色合いを強めるに従って、運動の本質を確かめることがしにくくなり、交渉の席でも、みんな確かに怒ってはいるのだけれど、どの次元で怒っているのかは丁寧に話されずじまいに終わっています。従って、県教委に何を求めるのか、高校に何を求めるのかという展望の部分についても、県教委や高校の差別性（それゆえ「たちまちどうにもならない」という予測）にあぐらをかいて、詰めを怠っているというのが現状です。

およそ「連戦連敗」を余儀なくされるこのテの（つまり対行政権力の）運動にあって、せめて互いが語り合い、鍛え合い、そして「反差別」の一点でつながることで元気を出していくことがなかったら、運動の意味はないのだろうと思います。この高校進学闘争もそんな運動にしていく、というのが最大の課題です。

## 【高松君支援闘争の意味】

「反差別の運動を」というときに、忘れてならない苦々しい経験が私たちにはあります。冒頭で述べたように、今日障害者の高校進学が広島県でこれほどまでに焦点化するきっかけとなったのは、八九年度の高松くんの点字受験要求闘争でした。全盲の彼が受験の手段として要求した点字受験が、それまで広島県では実施されていなかったことから、その部分にのみとびついたマスコミもかなりセンセーショナルに報道しました。その背景には、前年、点字受験拒否によって全国に悪名をとどろかせた福岡県の存在があって、それと対比されることに困惑した広島県は、九月という比較的早い時期に点字受験実施を決めてマスコミ鎮静化にのりだしました。結果的にいえば、高松くんは九〇年春、点字受験を経て可部高校に入っていきます。

この闘争の支援母体は、現在の「実現する会」の前身ともいえる「高松豊くんを支援する会」(以下、「支援する会」)でしたが、しかし彼と「支援する会」が求めたのは、点字受験の実施という「特別措置」そのものだけではありませんでした。彼が交渉の席で語ったのは、「点字受験の必要性」ではなく、主要には「八年間盲学校という空間に囲われて生きてこざるをえなかったことで何を奪われたのか」という恨みと、「それをバネに同世代の中に己をさらして生きるのだ」という「障害者宣言」でした。「支援する会」が求めたのは「そうした彼の生きざまの中に、行政としてどういう反省や課題をもつのか」の一点です。点字とのかかわりでいえば「点字のわかる教員がいない——専門的な知識をもった人が(地元の小学校に)いないから」という本末を転倒させた理由で盲学校小学部へ強制収容された彼に対して、今また「点字受験が困難だから」受験させないという上塗りを、行政として行うことの差別性を論議したにすぎません。

つまり、点字受験の実施は当然の帰結であるにすぎず、その結論にいたる論議（プロセス）の中で、「行政が過去の所業の何を反省し、どういう課題をもったのか」こそがテーマだったのです。しかし、この年の交渉の中でそれは（反省があったか否かすら）明らかにならず、支援闘争はその要求を貫徹しえないまま年度を終えています。

【ツケは確実に回ってきた】

前述のように、高松君支援闘争は、表題として「点字受験実施」を求めてはいても、実際は、点字を盲学校に押し込め、そのことによって視覚障害者を盲学校に押し込める――つまるところ障害者を障害児学校に追い込む――差別・選別による別学体制と、その象徴としての高校教育を撃つ中身をもった就学闘争でした。そして、「障害者学校で奪われるもの」などわかろうとしない――わかってはイケナイ県教委は、この提起が現行制度の根幹をゆるがすトンデモナイ問題だと判断したからこそ、頬かぶりを決めこんだのでした。思えば、要求の本質をねじまげて（あるいはそれに気づかぬふりをして）「特別措置」という現行制度の枠の中でしか対応しないという行政側のスタイルは、このときすでに提示されていたのであり、一定の結果（「特別措置」の実施・不実施）の獲得とともに先細りするという、私たちの運動の欠落部分もまた明らかになっていたのです。この両者のスタイルが基本的に変わらぬまま今日にもちこされていることを考えれば、行政機構の学習機能の確かさと、それ故に運動側に回ってくるツケの重たさを思わずにはいられません。

同様な例をもうひとつ挙げるとすれば、「取り組みの成果と現状」でとりあげた、池田洋介君に対する高校側の「特別措置」(=学年進行システム)およびその後この高校が出した大量の定員内不合格のことがあります。高校が「適格者主義」を貫き、それゆえの選抜入試であることを思えば、その「常識」の中でこれら一連の事態は引き起こされたと説明がつくわけですが、ここでも問われるのは、運動側の取り組みのありようだと思います。

とりわけ、私たちが高校進学を求めるときに口にしてきた「友達とつながるため」ということを逆手にとられる形で「学年進行システム」が発生し、そのシステムを逆手にとられて(進級見込みのない者を入学させるから、無責任なシステムを考えるようになってしまうという理論で)定員内不合格が生み出されるという連鎖は、私たちに大きな課題を投げかけています。

これも、「高校のありようを撃つ」と言いながらも「入る・入れない」という次元にこだわって教育内容や評価、友達とのつながり方などの問題にまでふみこめていない運動の度量の狭さのツケだろうし、入学すれば何をしても怒らないというナメられた姿の体現に他ならないのでしょう。

【今後の方向性……らしきものとして】

県教委が「特別措置」すら拒み、現行入試制度の保守に血眼になるからこそ、それに応戦する形で私たちも運動を進めてきましたが、ここらあたりでもう一度私たちの運動の全体像を整理してみる必要はありそうです。

①高校教育の中身を問い直す

県教委交渉の場でも、高校は何をするところか、入試で差別しておいて差別はいけないという教育内容がつくれるのか、と問い続けてきました。もちろんそれは入試制度の差別性を論じる過程で県教委に投げかけた提起ですが、運動的には私たちの側にも実践課題があります。それは、障害者が高校でどう生きるのか、何のために高校に行くのか、ということです。

小・中学校への就学闘争で、入ってしまえば終わりという実態はどこにもありません。入学時にモメるモメないにかかわらず、ともすれば弾き出そうとする社会（学校）がある限り、その場に居すわること自体に「闘い」を余儀なくされるわけです。高校という場がこの小・中学校以上にシンドイ場であることは想像に難くありませんから、やはり「闘い」は続くのです。

具体的には、例えば前述の「学年進行システム」のようなオタメゴカシには徹底的に抗っていくことや、現行入試制度と同質の高校内システム（評価・進級にかかわる「内規」等）を問うていくということになります。定員内であれ何であれ、高校に入った障害者が既成の価値観や意識をこわしていくことで次の障害者をその高校に呼び込んでいく（障害者を切れないということを高校に認識させる）という新たな連鎖をそこにつくりださない限り、現状での運動の前進はないわけですから……。そして、「友達とのつながり」というときの「友達」とは、そうした「闘い」に連なっていく仲間なのだということになります。何よりも、私たちの運動が、それを支える質と量をもちうるものになっていかねばならないと思います。

②「特別措置」をどう考えるか

これまでともすると（県教委の土俵に乗って）比重をかけすぎてきたとの反省もある「特別措置」についても一定の整理が必要です。あえていえば、「点字受験」や「代読・代筆受験」、「介護者の同席」などという受験形態上の「特別措置」は、受験生にしてみれば単に受験のしかたを「日常化する」ことでしかありません。すなわち、点字や代筆者、介護者の力を借りて自己表現（実現）をするという彼らの日常性を、入試の場においても保障せよという当然の要求であって、それ以上のものでも、それ以下のものでもありません。その措置をとることで、はじめて受験が可能になるという意味では、受験の機会均等にひと役買っているわけですから、視野にとどめておく必要はありますが、行政的には「特別にしてあげる措置」としてありがたがらせたり、受験生自らに「自分は特別な存在」とレッテルをはらせたりするような差別的な制度になっており、その名称も含めて見直すよう求めていかねばなりません。

また、今後は、この形態上の「特別措置」とは別に、これまでの受験生が掲げ、私たちもメイン要求として位置づけながら論議されてこなかった「ハンディを認めた上での合否判定」の項に論議の比重を移し、県教委側の障害者観や差別認識について問うていかねばならないと思います。もし県教委側が私たちの要求する「プロジェクト会議」を設置するとすれば、この基本論議の中で徹底的に論理破綻をきたし、新たな対応を迫られたとき以外に考えられません。その意味でもここに力を注がねばなりません。

③教組、全入運動との連携のあり方について

現在、高校教育をめぐる情勢はかまびすしく、「高校教育改革」、「入試制度改革」という美名のもと、「多様化」と称した高校の差別的再編が全国的に進められており、広島県でもそれに向けたさまざまな施策が強行されようとしています。と同時に、それを阻止しようとする教組と、県教委の緊張関係も高

まってきており、その周囲には、あまり元気はないものの、「高校全入運動」（広島県においては「広島県高校全員入学協議会」（＝全入協）がその主な担い手）がある、という情勢にあります。

私たちは、全日制高校が最も「ありふれた高校」であり、にもかかわらず最も障害者——とりわけ「点のとれない」障害者を排除してきたところだからこそ、そこにこだわってきました。ならばこそ「ありふれた高校」どころか徹底した序列化によって高校をより息苦しくしようとする文部省・県教委と手を組むことなどありうべくもないのですが、さりとて私たちの運動は「全入運動」でもありません。すなわち、ペーパーテストによる「学校学力」を唯一の指標とする現行入試制度や高校教育が、何よりも障害者を差別しているから何とかしてもらいたいと言っているだけで、「全員を入れろ」とも、「高校の中に障害者を一定の比率で置いてほしい」とも言っているわけではないのです。そういう意味では、今一部に言われているような「障害児学級設置方式での受け入れ」とか「聴講制度の新設」（つまり「自主登校」の制度内への取り込み）というような統一的対応の方向性に対しても懸念を表明しておかなければなりません。

これらのスタンスを明確にしながらも、教組や「全入協」との連携を強めていき、互いに情報や意見を交換しつつ運動を進めていきたいと考えています。

**【おわりに——「義務化」を押し戻す闘いとして】**

八〇年代、広島においても、反養護学校義務化闘争としての「普通校への就学・転学闘争」は各地で盛り上がりをみせました。しかしその後、行政側の就学指導の柔軟化（単に説得の口調が柔らかくなっただけだが）や運動との切り離しによって、普通校への就学数が減っているわけではないけれども、学校体制に取り込まれる形での就学が一般化しています。その結果として、「義務化の差別性」を怒りをもって論じることが、学校現場ですら少なくなってきているようです。

そうした「義務化（の差別性）の風化現象」の広がりの中で、この高校進学闘争は、まさしく義務化を正面から押し戻す闘いとして位置づけられます。なぜなら、中教審や臨教審が、戦後一貫して一部エリート育成とそのための能力主義教育をめざし、文部省も忠実にその努力を重ねてきた（義務化もその一環）ことは周知の事実で、当然にも「高校適格者主義」と「義務化」を支える思想は同一だからに他なりません。

高校進学闘争を、広島県の就学闘争の起点となっていくほどのエネルギーのある運動としていきたいものです。

（文責・障害者の高校進学を実現する会事務局）

## 「洋介、三十四番あったね」――「0点でも高校へ」実現の第一歩をふみだす

高校入試合格発表の当日、洋介は友達と自転車で大竹高校まで見に行くことにしていましたが、雨になるというので担任の車に乗せていってもらうことになっていました。ところがその朝は、三月半ばなのに雪でまっ白。定員割れでも一人だけ落ちるという厳しさを予期させる雪のように思えました。

「洋介！　受験番号は？」「三十四番」。「三十四番を探すんよ」。「三十四番」。「『三十四番、ない！ない！』と大きな声で言うんよ」と、私は息子に不合格をみんなにアピールさせることを考えました。ところが、洋介は怒ったように大きな声で、「三十四番、ある！」と言ったのです。

「洋介が不合格になったところを写真に撮るんだ。歴史に残ることだから」と遠くからかけつけるAさんに、「雪だけど大丈夫ですか」と電話したら、「人権の問題に、雪だから行けないなんて考えるほうがおかしい」と怒られてしまい、私は恥ずかしくなりました。

お昼前、「三十四番あったよ!」と私の職場に知らせに来てくださったAさんの顔に、私は不思議な魔法を見る思いでした。そしてとうとう午後、Aさんとまた大竹高校へ行って自分の目で確かめたのです。

夕方帰宅した兄と、「洋介合格したんよ」。「え、裏金いくら? お父さん手を回したん?」「そんなことするわけないじゃ」。「えーっ! ほんじゃあ洋介、公平公正に通ったん? すごいじゃあ。でも僕の友達が言いよったよ。『洋介、定員割れじゃけえ、通るわいや』って。あいつの言ったの当たったわ」と楽しい会話をしたのです。

小学生の妹は、鋭い質問をしました。「お母さん、貴志君も通ったの?」「だめだったの」。「なぜ? それじゃあ洋君、一点とれたん?」「とれんかったと思うよ」。「貴志君と同じなのになんでよ」。「貴志君の受けた学校は定員オーバーでね、洋介のところは定員が足りんかったけえよ」。「そんなんひどいんじゃあ! それじゃあ洋君はおまけなん? グリコのキャラメルじゃなくて、グリコのおまけみたいなもんじゃん。おもちゃなんか? 洋君は。みんなと同じキャラメルなのにひどいじゃん」。「ほんとに。キャラメルにせんといけんねえ」。「貴志君も入っていたらキャラメルじゃね」。

夜帰宅した父親に報告すると、第一声は「うそじゃろう」でした。合格通知を見せても信じられぬという顔でした。まわりの者は、特に先生方を含めて大人たちは、不合格だけを覚悟していました。ひとりでは点のとれない洋介を知っているからです。

しかし、洋介本人は、ひたすら高校へ行くことを信じていました。中学校の卒業式の練習が始まると、彼は「土曜日、卒業」「四月から、ようくん、大竹高校！」と言っていたのです。そしてまわりの友達も、当然高校へ行くべきと考えていました。願書も、時間がかかっても自分で書かせてと言ってきました。不安にかられる私を、連絡帳であるいは手紙で励まし続けてくれました。

「今日の、読みました。一言、がんばってください。ここであきらめてしまったら、今までの努力が水の泡です。私たちもそうだけど、これからのラストスパートが大切です。それに洋君に高校生になってもらいたいのは、おばちゃんだけでなくもっとたくさんの人が思っています。だからおばちゃん一人が苦しまず、もっとがんばってください。ここで負けてしまったら、間違ったことが間違ったままになってしまいます。最初はつらいけど、洋君が高校生になったら、洋君の後輩がもっとたくさん高校生になることができます。だれかが、古い間違った制度を正さなければならないと思います。今まで小・中学生をやってきたのに、高校生になれないことはないとおばちゃんが書いていたじゃありませんか。私たちも、絶対そう思います。たしかに洋君は受験勉強はできないけれど、洋君はおばちゃんと共にあちこちにお話に行ってるじゃないですか。先生も言っていたけれど、それが洋君の受験勉強だと思います。洋君は洋君なりに努力してるんです。それが報われないなんて、悔しいです。洋君には、本当に高校生になってもらいたい。本当に心の底から思います。だから、どうか洋君の努力が報われるよう、おばちゃんの努力が報われるよう、みんなの努力が報われるよう、願っています。だからあともう少し、がんばってください。行動にはもう表せないかもしれないけれど、みんなたくさんの人が応援しています。

体に気をつけて、がんばってください」

この連絡帳の続きに、洋介の字で「高校行きたい」と書かせていました。「私が受からなくても、そのときは自分の勉強不足なのだと諦められるけど、洋君はその締めができないですよね」とまで、彼らは障害者のことを考えています。

くじけそうな心に勇気と希望を与え続けてくれたのも、友達でした。手作りのお守り、手作りクッキー、洋介のお気に入りのカットを描いたカレンダー、「愛は勝つ」を三回ダビングしたテープ。もみじまんじゅう、シクラメンの切り花、男友達の笑顔の写真、防府天満宮の合格祈願のお守り、大きな鈴、などなどだれかが何かを一つずつ洋介のカバンに入れてくるのです。就職の決まった子も、五日市や廿日市を受ける子も、広島市内の高校を受ける子も、みんな自分の進路のことで大変な日々であったろうに洋介のことを思い続けてくれました。そして兄も、「お母さん、これからも障害者は生まれるんじゃろ」と偉そうに言ってくれました。だからしんどいからと言って、洋介の闘いを放棄するわけにはいきませんでした。

洋介はたしかに障害者です。でも私たち家族は、この一五年間兄や妹と同様、彼が生まれたままで普通であると認識して生活してきました。友人たちも障害を洋介の責任にせずに、変わり者として存在することを認め、他の友人たちと同じようにつきあい続けてきてくれました。

中学卒業後も、今までと同じ生き方をしたいがために、洋介は世間で差別されている障害者ですと公表しなくてはならなくなりました。入試制度という障害者差別の壁にぶち当たったからです。

広島県教育委員会高校教育課は、「入試を受けるのは自由で、誰でも受けれるようになっている」と言いましたが、そんなことはありません。洋介ひとりだけでは、受ける決心はつかなかったと思います。たかし君やのりちゃんが一緒だったから、心強かったです。大阪の障害者解放運動に、仲間たちのすばらしさに展望を見た思いで、心が傾きました。広島県の共生連の運動に出会えて、青い芝や全障連の活動家たちに支えられてがんばってこれました。そして何より森保さんに「洋介、小学校・中学校でも点をとってこんかったろうが。何をしてきたんか考えてみい」とつきつけられて逃げられませんでした。障害者・洋介の生き方として、同世代と共に生きていく道を切り拓くために、高校進学を決心したのです。

それでも、公にレッテルを貼る決意をするところから始まり、幾多の苦悩と試練に耐えることなしには、三月十二日の入試会場へ行かせることはできませんでした。

三月七日の夕方、別室受験を通告された日、生まれて初めてみんなの列からひとり抜かれる洋介の姿を思うと、涙が溢れてたまりませんでした。小さい頃は、自分から離れてひとりが好きでした。でも小学校入学以来、彼はずーっとみんなの中にいました。出ようとすると、誰かが何かの方法で彼を連れ戻していました。だから九年間、ずーっと一緒でした。彼もみんなと一緒を喜んで生きてきました。だから入試会場で一緒にいて、迷惑になるといってつまみ出されるほうがいいとも考えました。

中学校の先生の手で、洋介を引き抜かないでと泣いてたのみました。九年間の洋介の生き方を、最後になって否定してほしくなかったのです。テストも、今まで何十回となく、みんなと一緒に受けてきたのですもの。祖母は自分がついて行くと言い出しました。それがかなわぬなら、テストに行かすなと泣きました。父親は怒って、「別室は断れ！」と言い、私も辛い気持ちでいっぱいになり、「洋介、みんなと一緒じゃないんよ。ひとりで違う部屋でテストするんよ」と聞いてみました。彼の答えは「大竹高校、行く」の一点張りでした。友人たちはすごく悔しがり、先生の涙を見て世の中の矛盾をしっかり感じました。しかし、「ここでくじけたら、ますますつけこまれるからいやだ。最後までがんばってください」と書いてきました。

夜、中学校の先生が「僕が廊下にいるから」と言ってきてくださって、やっと不当なままでも受けさせる気になったのです。入試の前夜、洋介は0時を過ぎても寝つきませんでした。不安なのかと心が痛み、ふとんのそばに入って抱いてやりました。そしてやっと寝ついたのです。

入試の朝は、彼が引き抜かれるところを見てから帰るつもりでしたが、先生や友人たちと顔を合わせるとお互いにつらくなり、涙が出てきたので、心で「洋介、おまえの試練のときだ」と言い聞かせて早々に引きあげました。その夜もなかなか寝つかず、隣に入ってやりました。二日目の朝は、高校への坂道をひとりで勇んでかけあがりました。友達に会えるのが嬉しかったのでしょう。私が着くと彼はみんなの中に入りこんで、寝不足なのににこにこしていました。

今まで点のとれない洋介は、友人のテストの答えを写して点をとっていました。点をとることが「学力」であり、とらすことが「教育」であるという今の世だから、友人たちと洋介があみだした洋介の生き方のひとつなのです。でもその点は、洋介にとってなんだったのか。つながりとしての意味を持つだけで、とった点数自体に価値は見い出せませんでした。

これからは洋介は点がとれないと表明し、それでも高校生として生きていくと主張していかねばならないようです。彼は高校へ「教科学力」をつけに行くのではなく、「学力」による徹底した輪切りを余儀なくされる教育体制の歪みを正しに行くのだと思います。今からは、洋介が、試練に立たされるだけでなく、まわりの私たちや、教育行政や高校側が、彼の提起を受けとめて試練に立つべきなのです。なぜなら、洋介は、まぎれもなく今までも今からも、障害者として自分をひきうけ続けて生きていくのですから。

中学校を卒業するとき、教室で撮ってもらった写真の笑顔がすばらしかったこと！　あの笑顔が、高校でもひき続きできることを願います。ほんとうに、喜べる日が来るために、今からもがんばります。みなさん、よろしくお願いします。

（池田洋介の母、池田洋子）

## 高校って楽しい所、みんな行こうよ

範子の通っている高校（広島県立忠海高校）は、私たちの住んでいる町から東へ電車で片道約一時間、駅から西へ歩いて二十分の所にあります。学校は南側国道一八五号線そして海、北側は鉄道、校舎とグランドの間に市道があります。近くには大久野島（元毒ガス製造していた島）があります。海、山とも幸の豊かな所です。元大臣（池田隼人）の母校で一般の言う名門校なのですが、今は逆。それで今、以前のようにと必死です。毎日、ゴミ掃除？　少しくらいゴミが目立つからと言って……。渡り廊下に大きな看板（学校に必要ないと思うけれど）「授業を大切にしよう」。これを見てムカッときた。国道からバッチシ丸みえ、教室の中ならまだいいとしても、学校から外に向けて……。先生たち何を考えとんじゃろ、子どもらバカにしてまるで信用しとらん、で一ぱつ。「看板はずせ、はずかしいと思わんのか」と（看板がはずされたのは十二月初め、入学してからだから、長ーくかかった）。

クラスは男子、女子半々である。制服、髪、どこも同じだと思う。男子、学生服、それぞれが「すばらしいデザイン」の服装で登校。上着はW（ウェスト）の位置でしぼり、下着がキラ〳〵ズボン、Wでしぼり、Hで最大限広くし、足首のほうへ向けてしぼりこみ、Wから少しずらしてはく（私の足太いが三本くらい入りそう）。女子、セーラー服。Wの位置でしぼり、下着がキラ〳〵。ネクタイはしない。スカートはヒダスカートで、丈がなんと靴下が見える程度の長ーいのをはいて。髪は男女とも染めたり、パーマをかけたりピアス、ネックレスは当たり前。でも一部だけなのよ。だから学校、PTA、どこでも見られると思うけど、ゴミ掃除にかかる。範子のことを一番よくわかってくれるのはこの子らなのよ。捨てられたゴミ、他の所でくすぶり続けて学校見ためはきれい？……。

範子が入学すると「障害児学校」と言われ、今も同じ。周りから万一のことがあったらどうするん？勉強ができんのに高校なんて……等、いろいろ注意された。特に「イジメ」のことについて。私自身「イジメ」と言うのは気にならない。だってイジメられるのって、やはり範子に気があるからで、気にならなかったらイジメもないし、相手にもされない。もっと淋しいと思う。だから「イジメ」ラッキー、私ふうに言うと「チョッカイ」このほうが好き。

範子もチョッカイはする。はじめのうちはいいのだが、あまりしつこくされると、わずらわしくなり、大声で泣き出し、男子一瞬シーンとなる。女の子「とうとう泣かしてからに」。男の子「はじめこいつがチョッカイ出したんじゃ」。ワイワイガヤガヤこんな状態。授業中、周りがにぎやかだと範子は教室から出て行く。先生が「陶山、どこへ行くんか」と聞くと、範子は「みんながやかましいけん、うち勉強できん」と言う。クラスの子、「お前に言われりゃしょうないわ……」と静かになったり。

授業中、先生が、「これ説明して、範子にわかるかなあ……、むずかしいじゃろうなあ?……」と思っていると、範子に「先生、何考えとん」と言われ、ドキッとさせたり、球技大会等は周りは静かに応援? 一人だけ大声で声援「〇〇君打って!」「ガンバッテ!」等。〇〇君「オッ! 打つぞホームラン」とこたえる。範子「行け行け、走って走って」と大変。ワイワイやっている。終わって、「母ちゃん、うちがおるけん、負けたんよ」。「ええっ!」今までこんなこと言ったことない。うちがおるけん負けたなんて、「お前へタじゃけん、しょうがないじゃ」。「うん」。何と、わだかまりが全くない。すっきりして、いい気持ち。今まで範子がおるけん負けた、なんて言ったら「ダメ」といった気づかいが周りにあったから。

範子「お母ちゃん、うちもオシャレする」
私「ええっ! 今何ゆうたん」
範子「うちもオシャレするんよ。みんなしとるけん」
ビックリしたり喜んだり。
範子「長ーいスカートはいて、お化粧して耳、首もつけて」
私「先生におこられるよ」
範子「みんな、オシャレしとるもん、うちもする」
大人の私たち、「何なのよ、あの子たち高校生なのに……」と流し目でジロッが普通なのだ。範子の見方は違う。「オシャレ」なのである。周りがこうゆう見方だと楽しいね。
範子「母ちゃん、耳、首もする」

学校へこっそり口紅やファンデーションを持っていってつけ、先生にしかられたりするけれど、周りから「範ちゃんカワイイ」。この一言で気に入って時々やってのける。女の子に髪をゆってもらったり、いろいろアドバイス（?）され、メガネをかけ「範ちゃんステキ」とみんなが言うと、うれしそうにハシャギまくる。今まで聞いたことのない言葉がポンポン出てくる。その度、ええっ！ってビックリ。

二学期も終わり、補習授業。みんな受けたがらないのに、どこが楽しいのか、せっせと出かける。周りは、やっぱり勉強できんけん、まだ学校へ行っとるわ……って見てるわね、きっと……ハハハ。漢字、時計が読めないし、書けない範子。でも毎日、楽しく学校へ行っている。そして範子が入学したことによって周りが少しずつ変わっていることも事実。

ろう学校の生徒さん、遠足の帰り、電車の中で忠高の生徒と会話。

ろう学校の生徒「何で手話しっとん？」

忠高の生徒「うちにもろうの子がおるんよ」

ろう学校の生徒「それ範ちゃんのこと？」

忠高の生徒「そうそう」

範子が入学していなかったら、楽しい時間（?）持てただろうか。点数（学力）なんて関係ない。ゴ、ミとともに楽しい日々を過ごしています。高校ってやっぱ楽しい所。みんな行こうよ。

（陶山範子の母、陶山ルリ子）

## 三度目の春——広島県立五日市高等学校の面接にあたって

今年（一九九三年）で広島県立五日市高校を三回目の受験となります。三年前（一九九〇年）五日市高校を不合格とされて、今日まで貴志の安心して眠れる日は少なくなりました。せっかく小・中と一緒に生きてきた「仲間」との関係も、この高校という所でお互いの、つきあう関係を切られ、同世代と一緒に過ごす場を奪われてしまったからです。今はとてもつらい日々を過ごす貴志の姿があります。

現在の能力主義的選抜制度の中では、「点のとれない」障害者は「高校教育」の場から排除されています。障害者の「人権」は「高校教育」の中ではどんなふうに考えられ守られていくのでしょうか？

三年前、五日市高校を不合格になった最初の年、貴志の「荒れ」は半年くらい続きました。それは、手のつけようもないほど、本人は疲れることを知らないかのように朝から晩まで全身紫色になるほどまでに、泣き叫び荒れ狂っていました。この頃の私は、貴志のこの「荒れ」が仲間を切られた「荒れ」だということが初めはわかりませんでした。ここを境にほとんど眠らなくなった貴志と一緒に、私も貴志と同じ状況にどんどん追い込まれていきました。神経がズタズタになり、私も一緒になって荒れていき、朝から晩まで、お酒を飲まずにはいられない姿に変わり果てていきました。自分の体がめげていくのがわかるほど、それでも飲まずにはいられない毎日でした。

しかし、こんな毎日のなかに「一瞬」でも貴志が落ち着き安らぐ姿がありました。それは廿日市高校の「社会問題研究部」というクラブに参加したり、「沖本塾」の子と会っているときは落ち着き、こんな夜は安心して眠るのです。五日市高校に行けば喜ぶ、というこの「一瞬一瞬」に見せる貴志の「生きる」姿でした。

廿日市高校のクラブに参加するようになったのは、五日市高校を受験する前、その当時五日市高校の教員であったある先生との「出会い」があったからです。たとえ五日市高校を不合格になっても貴志なりのつながりを五日市高校の中で何かできないかをいろいろ話し合ってきました。しかし、その先生は、突然廿日市高校に転勤させられました。そこで自分が顧問である「社会問題研究部」につなげて下さったのです。貴志のこのしんどさの中で、この「社会問題研究部」につなげて下さったおかげで貴志にとっては、ほんの「一瞬」でも自分をとりもどす一時でもありました。顧問の先生の送り迎えで出かける貴志はそれはとても嬉しそうに、毎週火曜日が待ち遠しく、今ではすっかりその生活パターンが貴志自身の中に定着し、先生が来られる時間になれば玄関を出たり入ったりして「早く来ないかなあ」と待つようになっています。このクラブの顧問の先生は、いわゆる障害者との出会いは貴志が初めてであり、ここから初めてのつきあいが始まっていきました。

こうしてつきあう中でいろんなことを感じながら、今は貴志の周りで一緒に生きる一人の人間でありま す。こんな出会いの始まりから、さらにもっと同世代とのつながりが広げられたらいいなということで、昨年（一九九二年）二学期から、土曜日三時間目の必修選択地理（三年生）の授業にも参加するようになりました。

貴志は小・中学校のときは教室から出て行く「クセ」があり、授業中ほとんど教室にいることはなかったのですが、廿日市高校の地理の授業に入るようになってからは五十分間ずっと教室を出ることもなく、共に過ごすのだそうです。「これも何なんかなあー」って思います。

以下は貴志が地理の授業に参加するようになって、その中で感じる自分を語っている高校生の生の声です。私自身、高校生って本当にいろんなことを考えていく一番いい時期なんだなあって実感したのは、貴志が参加しているこの三年生の授業に、私が質問を受ける形で入ったときのことです。

「もし貴志君が突然しゃべれるようになったとしたら、お母さんは、まずまっ先に貴志君に何が言いたいですか?」

「ウーン、むずかしい質問ね。そうね、こんなふうに考えてみたことなかったからよくわからないけど……、貴志に今まで一番何が言いたかったか、逆に聞いてみるかもしれない」

このとき私は自分がよくわからないまま、とっさにこんなふうに答えていました。この日、生徒たちは自分の気持ちを交えながらいろんな質問をたくさんしてきました。

「障害をもって生まれてきた貴志君をはじめて見たとき、どんな思いをしたか? もし自分が大人になって自分に障害児が生まれたら、どうするかなと思う、自分なら施設に入れてしまうかもしれない」

「おじいさん、おばあさんは、貴志君のことどう思っているのか? 貴志君のことでケンカにはならないのか?」

「養護学級、養護学校、施設に入れる親もいるが、そこらへんはお母さんは貴志君についてはどうなのか? そしてみんなの中で生きるのは、本人のためになるのか? それとも周りの人のためなのか?」

「もし障害を治せるとしたら治そうとするのか?」

もう一つ小・中学校と貴志と一緒に生活してきた同級生の話を、ここに少し語ってみたいと思います。

昨年九月、貴志が小学校のときのクラス会がありました。ここには貴志を含めて一二名の参加でした。担任は用があって来られなくて、子どもたちだけの集まりとなっていました。ここに来ていた子はほとんど私立に行っている子が多かったのですが、その中には五日市高校に行っている子も二人いました。

私はこのメンバーを見たとき、「今日ここに貴志一人いてどうなるのかなあ。きっとこの廊下に出たまんまだろうな」と何となくそんな様子が見えていました。しかし、この中に私がいる話でもないし、たとえどんな状況になろうとも貴志は貴志でここにいるしかないと思い、置いて帰りました。帰るとき「もし何かあれば電話をちょうだい」と言って帰りました。すると三十分くらいしてある女の子が家に電話を掛けてきました。「貴志君は外に行こうとする。隣では習字をやっとってじゃし、何か悪い気がして……」と私に言うのです。このとき、私はとてもさえない思いがしました。

「とにかく行くわ」と言って、その集会所に迎えに行きました。私が思っていたとおり、貴志はみんながクラス会やっている部屋の外の廊下にずっと出たまんまのようでした。そこに行ったとき、何とも言えない雰囲気があり、貴志の入り込めない雰囲気があるのです。貴志が入り込めない雰囲気には二つのことが考えられました。一つは、貴志自身が疎外感を感じて入り込めないのもあっただろうし、もう一つは、貴志が高校という所で仲間を切られたことで、人の中に入り込めない、人を拒否していく怖い状況に変わり始めていました。迎えに行った私は「ここでどうしようかなあ」としばらく貴志と一緒に考えていたのですが、「貴志、帰ろうかあ、じゃ、さようなら」と言ってその集会所を出ました。

その帰って行くとき、何とも言えない悔しさが込み上げ、一度は家に帰って台所に立って夕食の支度を始めたのですが、どうしてもたまらなくなって「こうして泣いても仕方ない。もう一度行ってみんなに話をしよう」と決めて貴志を連れてもう一度そのクラス会に行きました。そして「ちょっと話をさせてもらっていいかね」と中に入って座ると、一瞬、みんな楽しくやっている場面がシラッ！　としました。そこは、久しぶりに会ったみんなが、それぞれの今の自分たちの生活を楽しく語り合っている場面です。

「ちょっとみんな話を聞いてくれる？　みんなはそれぞれ自分の目指した高校に行っているけれども、貴志は五日市高校を二回受験し二回とも不合格になった。今、貴志がどんな生活をしているかみんな知らないでしょう。これからも、将来ずっと貴志がどんな生活をしているのか知らないままでみんなが生きていくのはたまらない。だから話を聞いてほしい」と話を始めました。

高校を不合格になって五日市高校に週に一回行っている話、廿日市高校のクラブにも行っている話、そして、なぜこういうことをやっているのかという話を始めたら、家に電話をくれた女の子が突然バアーっとすごい口調で話し始めたのです。はじめは、こうした運動に対して批判的な言い方でした。

「貴志君はしゃべれないし、意思表示ができない。そんな中で進められている運動がどうなんか。貴志君を巻き込み引きずり回している。みんながそんなふうに言っている」と。これは地域、世間の大人たちが言っていることを含めてのその子の言葉でした。

「貴志は運動するために生きているのではない。貴志が障害者としてみんなの中で同じように一緒に生きようとすれば、どうしてもいろんな問題にぶつかってしまう、これを一つずつ話さざるを得ない状況が常にある。そのとき、そのときに、一つずつ返していけば、それを運動と言えば運動だろう。しかしこれは貴志の生きていることが運動につながっているわけで、運動するために生きているのではないんだ」と微妙に使い分けて話しました。

「それはわかった。貴志君がもし高校に入ったら……もしみんなが同じように高校に入れるようになったら、みんなやりがいがなくなるんでは……」

その女の子は私立の高校に行っていて、自分の目指す学校に入りたいと、小学校のときから塾通いで一生懸命勉強し、中学校からその私立の学校に行っている子です。そこに来ていた子どもたちは、小学校のときから塾に通い一生懸命勉強し、少しでもいい高校に入りたいと思ってきた子がほとんどでした。自分たち（そこにいた子どもたち）はこれから将来もいい大学を目指し、就職もいい所を……といろんな所を目指すために一生懸命やっているという話やら、大阪の松原高校の話なんかも出ました。

「ここの松原高校は小中と共に過ごしてきた障害者の仲間と一緒に高校に行くために、自分たちは勉強してこの高校に行くんだ。だけどみんなは自分の目の前のことだけを目指すために、一生懸命頑張っている。この大阪とはそこが違うんだ。そりゃあ、いろんな所を目指すなとは言わない。だけども障害者を排除したり、切ったりした所でそこを目指している自分たちがどうなんか？　と問い直していくことが大事なんではないか」と話しました。

「高校生という時期は、自分たちもよくわかると思うけど、今もこうしていろんな話ができるよね」という話を受けて、その彼女が「自分は小学校のとき担任から貴志の話を聞いて、その当時、そんなふうに思ってきたことで、ものの見方、考え方が偏ったような気がする。話をするにも、小中学校の間はあんまりよくわからない。だから今頃の時期に話をするのがいいような気がする」と言うのです。

「それも少し違うんじゃない。それはものの見方、考え方が偏っていると言えるかどうかはわからない。だけども、今こうして自分を振り返って、自分を語れるということは、その時期も大事じゃったんよ。その年その年が大事なんよ」と私は応えていました。本当にそうだと思うんですね。障害者とつきあうということは、つきあいの中でそのとき、そのときにいろんなことを感じていく自分が大事だと思うんです。高校生という時期は本当にいいんだなと感じたことでもう一つ、今年三月、可部高校を卒業した全盲の高松君が二年生のとき、彼のクラスの授業に入って話をしたことがあります。このときみんな一生懸命話を聞いていました。このとき貴志の話をすることで、生徒たちが高松君の生きざま（歴史や背景）に重ねて感想を言うところがすごいんです。このとき私は、「だからこそ高校に行かなければいけないんだ」とあらためて思ったのです。

このクラス会でもいろんな話をしていると、みんな一生懸命聞いていました。そして自分たちの友達である彼女の語る場面になると、周りの子どもたちは横でウンウンとうなずくのです。この子たちも自分のところにいろんなことを重ねながら一生懸命聞いていたのだと思います。とにかくこの彼女はいろんな話がいっぱいできる子で、いろんなことをたくさん話しました。クラス会の終わりの時間も押し迫ってきて、もう片づけにゃあというときに、この彼女が言うんです。

「今日はこんな話ができて本当によかった。今までこんな話ができる人もいなかったし、できる場所もなかった。いろんな話聞いていろんなことわかったようでも、まだなんかここに残るんよう」と胸に手を置いてその彼女が言うんです。すごいなあと思いました。「この残るんよう」が。

「残るんよう、がすごい。これ大事にしていきんさいね。こうしていろんなことにこだわって生きていかにゃあいけん。この社会、大人たちが言っていることがすべて正しいとは言いきれない。いろんなことにこだわりながら生きることで、いろんなおかしいこと、これに気づいていく自分にならなければいけないいんだ」とそんな話をしました。

久しぶりに出会った、クラス会での三時間、一度は家に帰ったものの、もう一度行って本当に良かったなと思いました。私自身、貴志の周りでつきあってきた仲間にこんなふうに正面向いてぶつかったのも初めてのことでした。切られての日々の生活の中で、同世代とほとんど出会うことのない、今の貴志にとってはこのクラス会にかけていくものは、みんなとは大きく違います。彼女と話をしていて私が感じるのは、こうしてこの子たちはいろんな生き方をこうして一生懸命探しているのに、それに出会えないもどかしさを感じるのです。

「おばちゃん、こんな話うちの学校に来てみんなに話したらいいのに。みんなこんな話いっぱいしたいと思うよ」と彼女が言うんです。高校生って本当に頼もしいですね。

今まで語ってきたように、廿日市高校の様子、クラス会での様子、可部高校の様子など、今の高校生がどんなことを感じながらどう生きているのか、いずれもこの世代の子は障害者と出会うことをとおして、自分自身を見ていく力、「無限に限りなく」広げていく力、そうした力があります。その「すばらしさ」感じてください。

三年前より五日市高校には週一回、金曜日に出入りしていますが、残念ながら五日市高校の中では子どもたちとの出会いが未だにできません。貴志は五日市高校に行っても、事務室の前の玄関にいつもきまって定位置でそこに座っているだけです。

つい先日、こんなことがありました。最近、五日市高校に行っても元気の出なくなっていた私は、いつものように夕方貴志と一緒に五日市高校に行きました。ですが、何だかこの日車から降りる気もしなくて、しばらくどうしようかと車の中で考えていました。「貴志、今日はもう帰ろう」と結局、そのまま車から降りずに正門を出ると、急に「荒れ」出し、大泣きしながら五日市高校のほうを見るのです。「わかった、わかった。じゃ、もう一度行くから」と、また引き返して、五日市高校に戻りました。すると本人は自分で車から降り、さっさといつもの定位置の玄関に行って座っていました。

とても寒い日なんです。またその場所はとても寒く冷え冷えとする所なんです。それでも貴志は、いつまでもそこに座り続けるのです。元気の出なくなっている私にとっては、この日の寒さは耐えられないものがありました。三十分くらいして「貴志、帰ろう」と言うと、急に「荒れ」出し、玄関のドアを思いっきり叩きながら泣きわめくのです。「じゃ、もう少し」とまたしばらく座っていたのですが、帰ろうとするとまた「荒れ」てドアを叩くのです。この叫びを何人の人がどのように聞いただろうと思いながら、貴志のこの姿を私は胸がつまる思いで見ていました。

私自身、毎週こうして玄関の所に座っているだけのように見えるこの貴志の姿が、本当にこれでいいのかなあと思っていたのです。でもこうして「帰らない」と何度も「荒れる」貴志の姿の中に何を感じられるでしょうか。玄関に座っている貴志にほとんど声をかける生徒も少なく、無視して通る生徒を貴志はそれでも同じ世代の何かを感じるのか、何かを求めているのか、彼ら彼女らが通るたびに眼で追うのです。私は「貴志が五日市高校に行っていながら、そして目の前に貴志がいながら無視して通る生徒のその姿を先生方はどう見られますか?」と尋ねたいと思います。私は無視して通る生徒が悪いとは思えないのです。

こうして今までいろんなことを長く語ってきましたが、五日市高校の中でもこのことを教育課題として真摯に受けとめ、五日市高校の生徒にもいろんなことを感じていく「出会い」をぜひとも広げ、深めていってほしいと思います。一緒に考え一緒に歩く一人ひとりであってほしいと思います。

五日市高校にこんな形で通い続ける貴志の「人権」を同世代の中に返してみて下さい。貴志の同級生は後一年で卒業してしまいます。一日も早く「出会い」の場を保障して下さい。障害者の「人権」は被差別の立場にある「生きざま」に学ぶという基本認識から、高校現場も被差別の立場にある者の周りでつきあっている者の「生き方」に学んでいく姿勢で一緒に歩いていってほしいと思います。

一日も早く「高校教育」の中にこのことが反映されることを強く願います。

(沖本貴志の母、沖本揚子)

# 神奈川での高校入学の取り組み

## 神奈川・「障害児」の高校入学を実現する会

### 高校の厚い壁を叩き続けて

**【「実現する会」の結成、ひろがる仲間たち】**

「神奈川・『障害児』の高校入学を実現する会」（以下、「実現する会」）は、一九八八年六月に結成された。当時、横浜市の長谷川雄一君は中学の卒業アルバムを毎日広げては、みんなと一緒に高校生になりたいと願いながら、二年目に入っていた。そんな雄一君の思いに突き動かされ、母親の順子さんは、駆けずり回るように、一人、地域の高校の門を叩き続けていた。そしてもう一人、孤立無援の闘いをしていた鎌倉市の河野了君と母親の克子さんがいた。了君は、全日制、定時制、再募集、通信制と可能な限りの挑戦をしたが、定員割れ校でも一人だけ落とされ、一浪目に入っていた。二人の少年の叫びを受けて、実現する会は活動を開始した。

神奈川には、「県民のいのちとくらしを守る共同行動委員会」（以下、「いのくら」）がある。そこの構成団体になることで、県教委交渉が設定できた。それは、県下の「障害者」団体、市民団体、労働組合と連帯できる可能性への広がりでもあった。

東京では八五年から、金井康治君、佐野雄介君を先陣に高校入学の闘いが繰り広げられていたにもかかわらず、神奈川での当初の反響は、まず「何、言ってるんだ、この連中は」という半ば呆れた驚き、そして、「無理だ」という冷ややかさだった。現に「高校は義務教育ではない。学力がない者は無理」というあからさまに「切り捨て正当化」を浴びせる人は多く、そればかりか、「共に」を主張する「良心派」の人でさえ、「これほど荒んでいる教育に、義務教育でないのにこだわる必要はない。学歴主義に染まっている」とか、「肝心なことは社会でどう生きていくかだ」とか、「親のエゴと見栄だ」とか、それはそれは多くの疑問の投げかけや非難が集まった。「行きたい」と叫んでも「お前はダメだ。来るな」と拒まれている子どもたちに対して、なぜ「教育にこだわるな」と平気で言えてしまうのか。友達がみんな行ってる高校は〝社会〟じゃないというのだろうか。残念ながら、このテの中傷は五年経った今でも根強く残っている。さすがに進路相談のときに「高校に行く」と名乗り出ると、中学校の職員室中がひっくり返る騒ぎになる現象は少なくなったが……。

「制度」の壁に、「学力」をよしとする「常識」の壁が二重三重に重なり合い、一言で「厚い壁」と言っても、その厚さは得体が知れない。その無言の圧力に圧し潰されないで、そっぽを向いていた人たちを、少しずつ向かい合わせてきたのは、当たり前に生きる子どもの当たり前の感性と、我が子を決して見限ることなく、日常の生活をとおしてのせめぎ合いの中で我が子を信頼する母親の感性だった。「息子は私の介助者」、「今日の非常識は明日の常識」、「ベルリンの壁でさえ崩れた」など、河野克子さんの何気ない日常会話に、また、教育現場の冷たさを嘆く親たちの話に自らの修羅場を対象化させ、相手に押し返していく長谷川順子さんの大きなカラダに、めげそうな仲間たちがどんなに励まされたことか。その後、毎年受験生が名乗り出ることで、新しいお母さんやお父さんが次々に加わってきた。それは、たとえ我が子が高校生になったとしても去ることなく、今や、実現する会の土台となっている。

八八年九月から始まった県教委交渉は、四人の受験生の取り組みだった。八九年度受験に向けて認められたものは、川崎市の金礼子《キムイエジャ》さんが要求した〝口述筆記受験〟だけ。しかも、「手の利かない人は高校に来るな」と言い放った神奈川県教委に対し、多くの「障害者」である当事者の結集の下、一二時間におよぶ抗議行動により勝ち取ったものだった。「当たり前のことが、何故こんな大変な行動を起こさないと実施されないのか」、抗議に集まった人たちの共通の思いだった。受け入れ姿勢がありさえすれば、県教委側から率先して取り組むべきことなのに。

この年、長谷川雄一君と金礼子さんは定時制に、河野了君は通信制に、それぞれ入学した。介助要求が認められなかった河野紹君は、母親の克子さんが受験生となって平塚農業高校初声分校を一緒に受験、紹君は不合格、「子どもを合格させたくて受験したが、自分は来る気はない」と面接で言い、しかも無記名で答案を出した克子さんが合格。紹君は、高校生になった克子さんと一緒に通学を始めた。学校側から「無学籍者」という言葉を浴びせ掛けられ、様々な嫌がらせが続けられる中、河野紹君の闘いは今年で五年目に入る。

**【交渉・取り組みによる成果】**

八九年度以降、「いのくら」において年三回の行政交渉、年四〜八回の実現する会の県教委交渉、受験校への働きかけを重ねてきた。その結果、現在（九三年度受験）までに受験に際して次の配慮事項が実施された。

①点字受験（八三年度から）②ワープロ受験 ③口述筆記受験（音読人・筆記人は本人の了承した人）④最大一・五倍の時間延長 ⑤問題の程度を変えない範囲で解答の一部を記述式から選択肢型に変更 ⑥問題文の拡大コピー ⑦受験場に介助人の同室 ⑧別室受験 ⑨実質的プラス要因としての重要参考資料〝添付書類〟

九〇年度から〝口述筆記受験〟は「肢体不自由者」に限定した措置ではなくなり、受験生の希望により実施されている。それは、単に〝口述〟に限ったものではなく、受験生は〝指差し〟や〝カード提示〟などによる様々な表現手段で意思を示し、解答している。また、⑨の〝添付書類〟は、県教委から提示された唯一のもので、「障害」ゆえに「点」がとれない受験生の具体的配慮として九〇年度受験から実施された。しかし、その実態は一切明らかでなく、逆にレッテル張りに使われる危険性があり、〝添付書類〟が付いた受験生だけ落とされる、という事態が続いている。実質的プラス要因としての〝添付書類〟の役割は、県教委に課せられた問題である。

この分野は、「選抜実施要領・V—8」に基づき、毎年、受験生のあり様を押し出していくことで積み重ねてきた。根底には「障害がある生徒の入学者選抜における学力検査の実施にあたっては、障害があることにより不利益な扱いとならないように十分留意する」（各中学校・高校への通達）と「本人が安心して受験できる態勢であること」（交渉での確認）がある。県教委は、九三年度の「実施要綱・要領」で、「身体に障害のある受験生に対する措置」の「身体」をはずし「障害」と改めた。これは、少なくとも受験時の配慮において「障害」の「種類・程度」による分断はしない、という基本原則である。
こうして九二年度までに、一〇人が定時制の、一人が通信制の高校生になっていった。少なくとも定時制においては定員内不合格を出さないという一定確認の成果でもある。そうはいっても、クラスの友達のほとんどが通う地域の全日制を横目で見ながら、「何故、昼間の高校に行けないのか」というせつなさ、悔しさを抱えての登校である。全日制では、定員割れ校でも拒否され続けているのだから。

**【「地域の全日制へ」を射程に入れた取り組みへ】**

九三年度は様々な局面を迎えた受験だった。受験生が「地域の全日制へ」という当たり前の要求を前面に押し出し、射程に入れた。その当然の流れに、県教委はなりふり構わず反動的巻き返しに躍起となった。その顕著なものが、「措置申請書」と「受験時の配慮における基本方針」である。県教委は、「障害をもつ志願者に対する『措置申請書』と『基本方針』に関しては当事者団体と誠実に話し合っていく」と、何度も確認してきたにもかかわらず、九三年度の「選抜要綱・要領」において、「基本方針」の一部を滑り込ませ、「措置申請書」の条文化を強行してきたのである。
今まで、私たちは「措置申請書」の問題点を指摘してきた。「この態勢でしか受験できない」と受験生本人が申し出たことに、何故日常のつきあいがない「校長所見」が必要なのか。また、何の権限で県教委が審査・措置決定できるのか。そして、受験だけのために「障害の状況・程度」を教育機関の公式文書に表すのはプライバシーの侵害である。「措置申請書」は、受験生本人の意思やあり様を否定し、「障害の種類・程度」による新たな分断を生む危険性がある。私たちは、話し合いの経過を無視して強行された「措置申請書」を認めることはできず、実現する会からの「要求書」、保護者からの「要望書」で県教委と話し合いを積み重ねている。

県教委の強硬姿勢は、「推薦入学の推薦基準は学力」と胸を張り、「(受験は)一部の志願者にとっては不利益だと言わざるをえない」と開き直り、「定員割れでも能力と適性のない者は高校に入れなくていい」という現場を平気で支持することにも表れた。今まで県教委は「差別はしていない。多様な子どもたちを幅広く総合的に判断していく」と繰り返してきた、そのオブラートでくるんだきれいごとさえかなぐり捨てようとしている。

神奈川県では、九〇年四月に「県心身障害児教育あり方研究協議会」(以下、「あり方研」。九二年三月答申)、九一年十一月に「県高等学校教育課題研究協議会」(以下、「高課研」。九三年十二月答申予定)が設置された。「あり方研」は「小・中・高等学校を通じた心身障害児教育のあり方を総合的に見直し、主として高等学校における心身障害児のあり方や、具体的な条件整備について協議をする」、「高課研」は「神奈川県の選抜方法と進学率の見直しを中心課題に協議する」ことが、それぞれの目的とされている。一方で「点・学力」による輪切り選抜の矛盾と抑圧の見直しの必要性に迫られながら、他方で「能力と適性」という「点・学力」によって切り捨てられ、選抜制の矛盾と抑圧を一身に背負わされてきた子どもたちを「障害児教育のあり方」と別枠で論じる。そのこと自体、矛盾している話だ。「障害児」を高校に入れたくない、という神奈川県の姿勢が見え見えである。

私たちは両協議会に「意見書」を提出したが、「あり方研」の議題にも取り上げられなかったそうだ。「あり方研」では「養護学校高等部の役割分担を前提にした高校入試のあり方」が協議され、〈程度〉による区分けの緻密化と、分断の意図が明らかにされた。「高課研」では、現行の差別的能力主義的選抜制の抜本的改革に踏み込む姿勢が、現時点でまったく見られない。

今、高校の「多様化と個性化」がしきりに謳われているが、「多様」と「個性」の中身を点検していく必要がある。今年度定員内不合格を出した大和高校の学校長は「大和高校のカリキュラムは大和高校の個性だ。カリキュラムに合わない者は、たとえ定員割れでも落とす」と、「学校の個性」を持ち出している。また、「あり方研」では「多様な教育形態」として、「後期中等教育」をより〝きめ細かく〟再編しようとしている。「多様な教育形態」と「各学校の個性」が一体となって、排除の正当化に使われないよう、厳しく見張る必要がある。

こうした中、川崎市の松下大介君が、県立百合丘高校（全日制）に合格した。私たちが高校の厚い壁を叩き続けて五年目にして、ようやく神奈川県の全日制に風穴が開いた。百合丘高校は、一九名の定員オーバーの状態だったが、一人も排除することなく、希望者全員を受け入れたのである。そこには、現場の教師たちの真摯な取り組みがあった。百合丘高校へは、県教委や、依然として「共に生きる」ことを頑なに拒んでいる多くの高校現場からの、様々な圧力があっただろうと推測される。それらを跳ね除けての百合丘高校の取り組みは、排除され続けてきた子どもたちに力強い励ましと希望を与えた。「希望する子どもに真っ正面から向かい合っていこう」とする渦を、教師たちが巻き起こしていくことを期待したい。

九三年度の受験で地域の全日制を落とされた大和市の土橋吉晃君と横浜市の中城陽一郎君は、「来年こそ入るぞ」と決意を固め、浪人生活に入っている。河野紹君は、今日も、そしてこれからも平塚農業高校初声分校にこだわり続けていく。

今、神奈川県教育行政、現場の教師の姿勢が、問われている。

（文責・柳沢恵美子）

## 友達の行く高校に行きたい

進路指導が始まった二年生の半ば頃、大介は「僕みたいな子は養護の高校へ行くの？」と言った。「エッ！　どうして？」「進路指導の時間にそんな話があった」。

中学の進路指導では〝成績、つまり点によって、行く学校が決まるんだ〟という指導が罷り通っているのだが、それにしても驚いた。〝この子には進路指導はいらない。養護学校に行くだろう〟というような姿勢はそれだったのかと思った。それに対して、親向けの進路指導でも、子どもの進路調査でも、いつも「地域の全日制高校」と言い続けた。もちろん中学校からは何の反応もなく、ほっておかれるだけ。〝ご勝手に〟というところだったのだと思うし、〝本当にその時期になれば、この親も現実的になるだろう〟という気持ちも中学にはあったのだろう。

進路指導が本格的になったある日、「僕もみんなの行く高校に行くよ」。彼自身の口からはっきりとこの意思が伝えられた。何としても高校に行きたい。地域の高校に。九年間の義務教育の最大の成果は彼が自分で〝高校に行く〟という道を選び取ったことだと思う。彼がそうしたいのならば、親としては最大の支援をする。当然、親としても中学卒業後の進路は高校以外にないと思っていたし、できることはなんでもしようと思った。すべては彼の高校生になりたいという意志と意欲からの出発だった。

## 【地域の高校】

一九九二年五月から「実現する会」での一年の取り組みが始まった。幸い、うちの近くには歩いて通える全日制高校が四校ある。同じ中学からも毎年、大勢の生徒が行く地域の高校だ。最初は感覚的なものだったと思うし、また、中学校から一番近いということで、彼自身が「百合丘高校」の名前を口にしていた。

「実現する会」事務局の長谷川さんに百合丘高校の先生を紹介してもらい、五月末に訪ね、地域の全日制の高校に行きたい旨を話した。そのときに、百合丘高校では、十年前から人権教育部会があり、その中で〝統合教育〟の勉強をしているとの話を聞いた。また、他校の先生も紹介してもらい、話をした。六月半ば、人権教育部会の学習会に同席した。九月の文化祭には、家族で見学に行った。他の高校へも行ったが、彼は彼自身の感性で、「百合丘高校」への思いが固まっていった。ちょうどこの頃、中学での進路指導が具体的になってきたが、大介に関しては何の指導もなかった。

一方、「実現する会」では「いのくら交渉」、「個別交渉」で、県との交渉を重ねていた。県の対応はまことにひどいものだった。「高校教育フォーラム」、「県教育研究集会」等、あらゆるところに出かけて行き、「障害児」の高校入学についての思いを伝えた。空回りするような虚しさの中で、県の高飛車な態度にもめげず、全日制高校への壁を突破しなければ、私たち親子には生活の場はなく、生きていける保障はない、というほどの思い、まさに生きるか死ぬかというほどの思いをもって臨んでいた。

## 【願書提出】

中学で、大介の志望校についてやっと具体的に話し合ったのは一月末、つまり、願書提出の一週間前だった。それは、志望校を替えるようにということだった。

「百合丘高校は絶対無理です。大幅な定員オーバーです。柿生西高校にしたらどうですか。今のところ、二クラス分も割れる予想です」

定員オーバーの百合丘高校と、二クラス分も割れるという柿生西高校ということになれば、親としては心が揺れる。柿生西高校は地域の学校として考えていた四校と違い、少し遠いので通いにくいのだが、〝高校生になれるか、なれないか〟というところで考えれば、悩んでしまう。ただこの時点で、大介はどうしても「百合丘高校」にこだわっていた。彼の行きたいのはあくまでも「百合丘高校」だった。それでも親は、本人を説得し、変更したほうがいいのではないかと思った。

ところが、願書提出の前日、校長先生からの呼び出しがあった。

「百合丘を受けなさい。通うのに便利です。地域の学校を地域のものにしていくためにもそのほうがいい。大介君の思いを尊重し、初志貫徹でいきましょう。今日、百合丘高校の校長先生と話してきました。担任から聞いたこと、文化祭にいって、すごく気にいったことなど、話してきました。百合丘で頑張りましょう」

同席していた進路担当主任も担任も私も驚いた。肩透かしをくった感じだったが、どこかホッとした。でも思わず、「志願状況を見て志願変更もあるかもしれませんが、よろしくお願いします」と言っていた。とても意外だった。もしかして、百合丘高校の感触がよかったのかなと、期待してしまった。

それでもやはり心配だった。「実現する会」をはじめとして、いろいろなところに状況を聞き、相談をした。志願変更期間には毎日、学校へ行き、志願状況を調べた。大幅オーバーなのだ。この時点では、大介の合格は定員オーバーではありえないと思っていたから必死だった。中学校では校長先生の言葉以来、進路指導はなかった（結果的には、中学校の校長が高校の校長を訪ねたことは、二重丸のプラス要因となった）。

最初に柿生西高校を勧めたのは学校側なのに、こちらが考え始めたら、「前から、百合丘と言っていたではないか」、「柿生西の場合も、割れるとは限らなくなった」と言う中学側。このことで、さきの志願先変更については、大介が中心にすえられていたわけではなかったことが明らかになった。まわりの子どもたち、その親たちへの配慮が働いたのだ。みんな、〝点〟を理由に志望校を下げさせられていたのだから、彼らより成績のよくない大介が上位校を志願するのは納得できないことなのだ。点数により序列化し、そのことに何の後ろめたさも感じていないような姿勢には反発を感じるのみだった。

柿生西高校が確実に割れるというなら別だが、迷ったときは初心に帰るということと、何よりも本人が一番行きたがっているということで、たとえオーバーの予想があろうとも、百合丘高校に決めた。神奈川で、一番最初に「障害児」をとることで名乗りを上げるのは底辺校ではない、余裕のある上位校だという思いもあった。中学側にはとにかく全面的にバックアップするよう約束を取り付けた。そして結果的には中学校はしっかり協力した。

中学の校長先生の紹介で、高校の校長先生にも会い、受験時の確認事項などについて話し合った。そのとき、定員についても改めて釘をさされたが、とにかく、定員オーバーでもとってほしいと、必死にお願いした。大介の行き場所はここしかない、ということを訴えてきた。近くに定時制高校も養護学校もないということは、そのことを納得してもらうには大変いいことだった。今、川崎北部に養護学校をつくろうという運動が、「障害児」の親を中心に進められているが、そのことは自分で自分の首を絞めることになりかねない。

「百合丘高校は今までも、全員合格で、一人も落とさなかった年もあるが、しかし、それは全入の考え方からきているのではなく、また、多めにとろうという発想でもなかった。たまたま、成績が離れていないので、落とすのは忍びないということで、一まとめにしてとっただけだ」ということも言われた。つまり、大介をとる場合には、今までと違う発想だから、とても大変だということ。大介より点のいい子を落として大介をとる、ということにはならないということだ。大介が高校生になれるのは〝希望者全入〟のときしかない。

**【入れてやるぞ!】**

試験当日、ものすごい緊張感の中で、大介は頑張りとおした。誰が見ても、あの根気と粘りと真面目な取り組みには最大の評価をすると思う。あとは支援してくれる先生たちの力を信じるのみだった。

百合丘高校では、〝統合教育〟の勉強会が持たれていた。そして、実際に、〝高校生になりたい、百合丘高校で学びたい〟と言っている「障害児」を目の前にして、地道な努力がなされた。人権教育部では、全職員に対して、「統合教育についての資料」を配布し、理解を求めた。

私たちに対してもそうだったが、県教委は高校に対しても、高圧的な態度で、〝障害児は入れるな!〟と、言ったのではないかと思われる。表向きは〝各学校の裁量権です〟と言いながら、実際には〝入れない指導〃をしている。それは定員割れでも落とされた大和高校のことをみても明らかだ。幸い、百合丘高校は進歩的で、組合もしっかりしており、その力が正常に働いている。県の理不尽な指導には、立ち向かってくれると信じていた。こんなにも百合丘高校に入りたいと思っている子を目の前にして、県の権力に屈するはずがない。〃何がなんでも全入だ！〃の図式ができ、〃障害児も入れてやるぞ！〃となったのではないかと想像する。

【補欠合格】

定員大幅オーバーということなので、眠れない日が続いた。いよいよ三月三日の発表の日。「実現する会」の支援者と一緒に見に行ったが、大介は足がすくんで歩けないほどの緊張。体もガチガチ。……番号がない。…………補欠合格ということだった。「補欠でも必ず合格できます」と説明を受け、ひとまず安心した。二日後に合格証を受けとり、大介は「もう、試験を受けなくてもいいんだね」という言葉で喜びと安堵を表した。なかなか受け入れてもらえないのではないかということを自覚しており、非常に心を痛めていた。

また、補欠合格については、高校はこのような形にしたくなかったそうだが、行政との交渉過程で、やむを得なかったという。逆に高校はそこまで頑張ったということだろう。〃希望者全入〃の方向性を打ちだし、〃地域の子どもを地域の学校へ〃という姿勢を貫き通したのだ。

大介の全日制高校合格は、決して行政の努力で実現したことではない。「実現する会」の五年間にわたる地道な取り組みの成果であり、受け入れ校である百合丘高校の現場の力によるものだ。希望するすべての子が、地域の高校で学べるように、これからも大きな声を上げていきたい。

**【僕は百合高生】**

憧れの百合丘高校に入学が決まって以来、大介は見違えるほど明るくなり、自分自身を外へ向けていこうという姿勢を見せ始めている。できるとかできないとかにこだわらず、友達と一緒にやってみたいことがいっぱいある。教職員の多くはハンディキャップをもつ生徒と接したり、教えたりした経験がないと思う。それでも、先生も生徒たちも大介もお互いに関係をつくろうと努力し、その中で自然なつきあいが生まれている。「何とかなるんだな」と感じ始めている人が大勢いる。「障害児」に対する認識も考え方も、たった一人の彼を通してでさえも変わってきている。

新しい人間関係を求めて彼自身がいろいろな行動をして、喜びのある学校生活が送れることはこの上ない幸せだ。彼にとって高校とは、〝生きる場〟であり、〝まわりと共に育っていく場〟だと思っている。彼が高校で学ぶことは本人のためだけでなく、まわりにとってもよいものとなると確信している。

（松下大介の母、松下恵美子）

## 高校で本当に良かった、友美は今、青春しています

小学校から中学へ進学しようとしたとき、指導主事のような人から、中学になると勉強その他でいろいろ大変なので、籍は南下浦中へおくとして、ここの分教室で友美さんのペースに合わせて勉強して、交流できるところは中学へ行くというのはどうでしょうか、という話がありました。

現にそのとき在籍していた小学校の片隅に、障害児のための特別教室が中学の分教室として設けられていました。そこにはいろいろな教材や設備が整えられていて、まさに個別指導にはもってこいの場所でした。いくら小中隣り同士とはいえ、朝一度中学校に登校し、すぐまた小学校の分教室へ移動し、給食や行事など交流としてまた中学へ戻るというのです。中学はとても大変で友美さんのためにもそのほうがいいのでは、ということでした。

変なことを言う変な人だと思いました。中学生になったのだから中学校へ行って中学校の教室でみんなと過ごすことが当たり前で、小学校の中にある教室へ行くことのほうが不自然です。「お断りします」。そうハッキリ言ったように思います。そこからはじまった中学生活でした。

いくつかの不自由さをもつ彼女にとって、時間に追われるような中学生活は、ある意味では大変だったかもしれません。でも、学校が好き、みんなと一緒が好きという気持ちがあふれ、休まずに元気に通いました。学期が進むにつれて、勉強もむずかしくなってきて、友美さんには苦痛でしょうから別室で個別指導をしましょうか、という話がきまって出ました。「個別指導なら私が家でします、だからプリントを下さい」。一度しかない中学時代、同世代の友達から切り離さないでほしい、そう言って断り続けてきました。

現に、大人との関わりの中だけでは絶対に学べないことを得てきました。みんなと同じように気になる男の子がいたり、今人気のアイドルやキャラクターを知っていたり、ヘアブラシやリップクリーム、女子中学生ならみんなもっているものを彼女もカバンに入れていました。Yシャツの第一ボタンはいつもわざと開けていきました。みんながしているからです。私の知らないところで親や教師の教えることのできない、友達との関わりの中でしか生まれない成長でした。テストをやったら点はとれないかもしれないが、しっかり中学生しているんだとうれしく思いました。

三年間のバス通学でバスの運転手さん、おまわりさん、商店街の人たち、いろいろな人たちとの関わりができました。雨の日、知らないおじさんがかさをさして送ってきてくれたり、近所の人が重いカバンを先に家に届けてくれたり、制服が乱れていると商店街のおばさんが直してくれたり、そんな当たり前の毎日の中で、やがて高校進学を考えたとき、やっぱりみんなと同じように高校へ行こう、行かせたいという思いが自然に育っていきました。

だからといって、養護への迷いがなかったわけではありません。でも、どうしても友美が送ってきた三年間が養護学校と重ならないのです。私の中で、不自然なのです。たとえ先生方が友美のためと養護学校を勧めてくれたとしても、友美と一番長いつきあいの私がそう感じたら、きっとそうなんだと思いました。〝普通に高校をめざそう〟、そう気持ちが決まると、現実のカベは厚く厳しいはずなのになぜかとてもさわやかでした。

自宅から一番近い三崎高校の定時制を希望しました。「えっ！　友美さんは養護ではないのですか」。進路担当の困った顔が今でも目に浮かびます。教師の中には、友美さんのお母さんは正気でないと言ったとか、言わないとか……。

受験の日、幸いにも定員がオーバーしていなかったので、もしかしたらという期待がありました。けれど結果は不合格でした。ところが、友美の落ちた一名の枠に対して再募集がすぐにあり、受けたのは友美一人しかいませんでしたが、やはりまた不合格でした。学校は一名足りないから募集しているにもかかわらず、受けた一名を不合格にしました。あなたは論外なんですよ、あなた以外の人を募集しているんですよ。だってあなたは障害をもっているでしょ、まるでそう言っているようでした。総合判断が、能力適性が、先の見込みが、おもわず納得させられるような言葉をいっぱいならべて、背を向けようとしました。一名募集、一名応募、そしてその一名を不合格。その答えが知りたくて、学校に行けば県が、県に行けば現場が、選抜に従って、前例がないのです、要綱に書いていないのです、「障害児だから入学させたくない」この一言が言えない多くの言い訳でした。

つきあう前に拒まないでほしい、話をする前に行かないでほしい。とにかく学校へ行こう、子どもたちに友達になってもらおう、それだけだっていい。夕食後、友美と二人で部活を見学に行きました。テニスコートでボールを追う子どもたちのそばにいると、私までが高校生になったような気持ちです。半年も通ったでしょうか、子どもたちは自然でした。体に障害があることなんて、何の抵抗もないみたいでした。いろいろな線引きをして分けたがるのは大人のほうでした。

次の春、もう一度受験しました。定員が割れていました。友美は前の年と何も変わっていません。高校側が変わったのでしょう、合格でした。自分の受験番号を見つけて泣き出した友美の姿は、他の受験生と変わらないと思いました。

一九九三年四月、三年生になった友美は、特に大きな問題もなく毎日元気に通っています。友美が入学してからトイレが改善され、床がすべらないように補修され、スロープができ、エレベーターが設置されました。条件整備は受け入れてからでも対応できるのです。最近は口紅をつけて学校に行きます。注意をすると「みんな」（みんなもしてきている、という意味）と言ってこわい顔をして私をにらみます。

つきあうことで、慣れることで、かたくなにこだわっていた「障害」という部分も当たり前になるかもしれません。高校教育の尺度ではかられたら赤点はあるけれど、それはそれで彼女のありのままの姿なのですから……。高校にとったら好んで招いた生徒ではなかったかもしれないが、養護と高校の選択をせまられたとき、自分の気持ちに正直に、そして少し勇気を出して高校の門をたたいて、本当によかったと思っています。友美の生き生きとした笑顔を見るたびにそう思っています。

（池田友美の母、池田すみ江）

## 息子と高校

【受験まで】

生まれてから幼稚園・小学校・中学校、ずっと地域でみんなと一緒に育ってきた息子にとって、高校進学は当然のことでした。今春五度目の受験も合格できませんでした。でも息子は毎日高校へ通い続けています。彼は高校生になりたいのです。

一九八九年、中学三年の息子と第一志望の平塚農業高校初声分校に見学を依頼しました。「お断りします。見学させると当校の生徒が河野君に何かした場合、責任がとれません」。「今まで見学者に対して生徒が何かしたことがあったのですか」。「ないと思います。でも危害を加えないとは限らない。顔を合わせないで下さい」と教頭は言った。

「入試は初めてなので、まわりをキョロキョロ見回すかもしれません」。「それはカンニングとして厳しくチェックします」。「緊張のあまり席立ちするかもしれません」。「試験放棄とみなします」。受験当日、不利益な扱いを受けることが十分予測されます。県教委は「受験はできます。ただし選抜制があります」をくり返し、親の同室介助要求も一切認めません。

止むなく、親も願書を提出し、受験生となりました。入試当日、学校側は「病気の子も受けるので……」と説明し、机の列と列の間は広く離してありました。私は他の受験生の入学の機会を奪わないよう、白紙提出の予定でしたが、息子も落ち着いて受験していたので、受験番号も名前も書かなければわからないと思い、解答用紙を出しました。

面接は直前に同室が認められ、息子は精一杯の受け答えをし、彼の意欲がどう受け止められるか期待を持ちました。私自身は「来る気はありません。息子を合格させたくて同室しました」と伝え、受験放棄したつもりでした。

一週間後の発表日、母親の名のみがあり、息子は不合格でした。「何故合格なのか」と抗議しました。学校側は「無記名でも合格点に達した者はさがし出す〝善意の作業〟の結果、氏名が特定できた」とし、「高校生になりたい」という本人の意志よりも、点数のみに重点を置いた現在の選抜のおかしさがはっきり表れた結果となりました。

その後息子は、定員割れの定時制を一次も二次も一人だけ落とされました。高校は「選抜の線がありますます。四年間の教育に堪えられるか。適性の場が他にあるのではないか。学校の前に道路がありますます（ので危険です）」と言う。県教委は「入試要項に特に検討を必要としない者とある」と言い、障害者排除を支持しています。

【母子通学を始めて】

「介助者を連れて高校に通う生徒もいれば、介助者が高校生となって介助する人を連れて登校することも成り立つ。〝善意の作業〟とはこれだ」と思い、生徒となった母が高校生になりたい息子を連れて通学することに決めました。

発表の翌日は校長、教頭、事務長に会い、私からの生徒としての条件を伝えました。

①制服（白線セーラー服）は着用しない。

②体操服（短パン）を着用しない。

③主婦業との両立もあり車通学をする。

④息子を連れて登校する。

以上、伝えますので宜しく。

ところが校長は「特例は認められない。他の生徒に悪い影響がある。学校のきまりは守って頂く。制服は作って下さい。車については四＋《プラス》一ナイ運動（免許はとらない・とらせない、車にのらない、車にのせない、車を買わない）をPTAで取り組んでいます。子どもを預ける所はないのですか」と言ってきた。四十歳過ぎの人にセーラー服、社会的常識より学校の規則が優先するという考え。体育着については押し問答のすえ教師と相談ということになりました。

その後、入学取り消しもなかったので母子して入学式に行きました。「椅子は一つしかありません」と担任。私は「膝に座らせます」と会場に入りました。着席直前、教頭の指示で椅子は出ました。その日から毎日生活指導があり、「加年齢でも特例は認められない。くつ下の色について、生徒と先生はちがう。籍のない子は連れて来てはいけない。学校の備品その他一切使用してはいけない。他の子に迷惑だ」等々、本人を目の前にして言い続けました。他の生徒には、あの子は不合格だ。不合格の子が学校に来たら大変なことになる。居ては君たちも困るし、迷惑だ、と私たちを非難し続けていました。制服の件でもめているとき、ある母親は「登下校は私服にして、校内ではセーラー服を着たらいかがですか」と親切に電話をくれました。生徒は「おばさん、セーラー服で車運転したら、補導されるよ」と言いました。親の常識より、生徒の感覚のほうがまともに思えました。

【学校のいやがらせ】

学校生活の中で教師による息子へのいやがらせは続いた。みんなの前で露骨に繰り返された。教師は「生徒と生徒でない者を区別しなければいけない」と、教室の中で彼の存在を無視し、彼の出す手を払った。でも生徒との関係はどんどん広がり、授業中も休み時間もいろいろかかわりが始まっていた。

六月に「登校停止の警告文」が配達証明で届けられ、新聞にも取り上げられた。「授業中不必要な声を出して迷惑」との校長の話に、生徒が「オレたちだって不必要な声出しているよな」。警告文の撤回を求める署名に生徒も参加した。直後担任に呼び出されたとき、「私はきちんと読んで納得して署名した。河野君居ていいと思う」と意志を伝え、担任は「あれほど言ったのに」と怒ったそうだ。

九月、友達とふざけていて息子が廊下の窓ガラスを割ってしまった。学校は一年の父母を集め、〝何をするかわからない存在〟と息子に対する恐怖心をあおり、「学校としては何もできないので父母の皆さんでお願いしたい」と頼んだ。父母たちは河野の対策委員会を設け、一月雪の積もる日、一軒ずつ

〝河野追い出し〟署名を集めた。「ご存じですか」という電話が家にかかり、「突然来たので書いてしまったが、あなたのほうも応援する」とか、「息子さんを入れる署名と思ったので」とか。この件で親しくなれた父母もできた。生徒からも「今家に来ているけど、オレの言うことなんか聞いてくれないんだ」、「うちの親は説得されちゃうよ。でも学校やめないよね」と心配する声があった。学校でまとめて県教委に提出されたそうだ。この年の受験は「障害」による分断はしないということで、口述筆記受験が〝障害ゆえに点のとれない〟息子にも実施された。彼は県のつけた筆記人に何度も言葉を聞き返された。生徒は「一度だって受験はイヤだ。二度も受けるなんて大変だね。河野に私の籍をあげるよ」と言った。

## 【社会科教師の差別発言】

二年になり校長、教頭が替わった。以前から差別的だった生活指導担当の社会科教師が、四月はじめの授業で、「今まで河野親子にこんなに迷惑を受けてきた。一年間一緒にいた君たちに批判なり意見を言ってもらいたい」と言った。私は「今までの対応から見て先生がやるのはふさわしくない」と言うと、「困った人だね。あなたは」と何度も繰り返し、「差別はいけないといっても理想と現実がある。私には娘がいる。年頃になり結婚するとき、相手の氏素性を調べるのは当然のことだ。被差別部落の人がいわれなき差別を受けているのは知っているが、結婚となれば別だ。当人同士が良くても私は許さない」。生徒の反応がなかったので、さらに「たとえば、新宿のゲームセンターなどに行って、人がナイフで刺されそうになっているのを目撃したとき、止める勇気はあるだろうか。自分が刺されるのが怖いから、逃げるだろう」と、社会の授業中に差別発言を続けた。私の抗議に対して、「例が悪かったかな」。生徒は「オレたち、河野に殺されるのか」。理想と現実という言葉で私たち母子の追い出しを扇動したのだった。

【学校の変化】

二年生になって、「生徒でない者を同室して試験は受けられない」となり、私にプリントが渡されなくなった。別室で受けろというのです。毎学期四日間、「プリントを下さい」。「別室に行け」のやりとりがあり、通知表は一学期、二学期白紙のまま。（生徒の話によると）三学期の進級会議前日に全部「2」の評価がつき、進級が決まった。担任は「疑問のある人は校長に聞け」と言った。毎年四〇人入学するが、留年退学に追い込まれ、卒業時は二五人になってしまう学校が、このときは全員進級になっていた。職員室では「全員進級もいいもんだ」との声が出たそうだ。「おばさんのおかげだな」という生徒の声がありました。「河野君、何故合格しないのかな」と言われながら、この年も口述筆記で受験しました。

三年生になってテストがなくなりました。「一度のテストで評価するのでなく、日頃の取り組みが大事だから、ノートやレポートを中心にする。そのほうが君たちのためだ」と教師は都合のいい説明をした。二年生の一学期に椅子が、三年の一学期に机が出ました。教室の中に初めて自分の席が確保されて、息子の高校生活は、本人のうれしさが伝わるように、より積極的になってきました。

修学旅行は北海道。担任は「二人で参加するなら別車両・別旅館です」。校長、教頭と何度も話し合いを続け、一緒に参加できることになった。担任は「班分けするときに、私から生徒に生徒でない者を入れろと言えない」と言ったが、班分けのとき、「河野、ぼくたちの班に入れ」、と難なく決まった。班のメンバーはすぐ担任に呼ばれ、「河野が食事のとき、寝るとき、どうなのかわかっているのか」とおどかされ、「親を隣の部屋にする」と言ったそうだ。生徒たちは、何を心配しているんだろう、と相変わらずの教師の対応にあきれていました。旅行中も、「ぼくたち話し合って決めたから、おばさんは見に来なくていい」と言われ、別行動。息子も楽しそうでした。「一緒でよかったよ」と級友たちも喜んでいました。

**【一人通学の始まり】**

二月に入り、また受験。「高校生ならやはり一人で通学しなくてはおかしいよ」と言われ、生徒たちと登下校するようになりました。担任からは「何かあったらどうするんだ」とおどされ、「一緒に通うのはいいんだけれど、先生から何か言われるのがヤダ」と生徒たちは言っていました。私は担任に、「生徒をはげましてほしい」と話しました。そんな関係が続いていました。

この年の受験も口述筆記受験でした。生徒たちは、今年こそ受かるかも、と応援してくれました。同級生の大部分は三年で卒業していきました。

四年生四月から今までの教頭が校長になり、教頭が新しくなりました。替わったとたん、一人登校する息子を、教頭がタクシーで自宅まで送り返すようになりました。息子は返されるのがイヤで職員室に連れて来られるとカバンを開け、午前九時前に弁当を食べ、抗議していました。生徒が「河野がイヤがって、大きな声出していた」と教えてくれました。六回目のとき、教頭は一人タクシーで来て、河野君は教室から動かない。タクシーに乗らないのです」と息子の意志を伝えました。

それからは、授業している教室には入れず、一人だけ一日教室に幽閉状態になってしまいました。教室に入ろうとすると「あっちに行け」。体育館をのぞいても「授業妨害」。

六月には教頭が藤沢養護学校のK教諭に息子を見せ、K教諭は「教頭から学校の様子を聞いた。厳しい状況の中、なぜ通い続けるのかわからない。専門家のいない高校にこだわるのは何故か。電話番号は教頭から聞いた」と突然自宅に電話があった。生徒たちは、「この頃笑顔が減ったよ」、「部活して、体動かしな。河野が授業出たって何も困らないのに」と心配してくれています。二学期、一部の教師たちの教育的配慮がなされた場面もありましたが、教頭は〝籍がない者・迷惑な存在〟と言い続けています。

この年の受験は推薦を中学校に依頼しましたが、「前例がない。学力がない」という理由で断られました。口述筆記受験で、筆記人は本人の了承した人がついたのですが、「不正を疑う」県と学校の対応から、本人にとっては緊張した受験となりました。安心して受けられる状況には遠いものでした。

【「立入禁止通知」と集団暴力】

私に関しては、二月の進級会議で留年決定したにもかかわらず、三月に自主退学勧告をされ、退学の意志がないと伝えると、四月に原級留置には条件があると言われました。息子が一人通学を始めると、今度は「校内立入禁止通知」を教頭が自宅に届けに来ました。今まで四年間の実績があり、農業高校は作物販売しているので自由に人の出入りがあるのに、何を今さらという感じでした。

四月からの学校側の排除丸出しの対応と呼応するように、四月二十八日、三年生・二年生の男子が、一人幽閉されている教室で息子を集団暴行したのです。制服は足あとだらけ、ボタンはちぎれ、頭はコブ、腕は内出血でアザ。医師の診断では「人間の力でこんなアザはできない。棒でたたいたのでは」とのことでした。

この日迎えに行った友人は、頭を指して「痛い」と言う息子の様子を見て、教師に聞くと「見ていないからわからない。自分でやったのでは」と知らん顔。その暴行は授業中だったと教頭は言った。まさに教師の扇動によって行われたとしか思えない。生徒たちは「不合格の子が来たら大変なことになる。学校のためにやった。誰の許可で来るんだ。来る奴が悪い」と、今までの対応とガラッと変わってしまった。教室の中での教師の発言は、あるときとても恐ろしい扇動になってしまうのだと実感できた。暴力やイヤがらせが高校の中でまかり通ったら大変なことになる。許すことはできません。

【これからのこと】

今朝も息子は学校に通っていく。彼の思いにどこまでもつきあっていこうと思う。目の前の状況は厳しい。でも、向き合っていく中でしか道はできていかない。まだまだ時間はかかりそうだけど、その長さを楽しみながらやってみよう。

（河野紹の母、河野克子）

▼連絡先　神奈川・「障害児」の高校入学を実現する会
E-mail: kanagawa_1988@yahoo.co.jp

# 大きな転換点にある今、東京での取り組み

## 「障害児・者」の高校進学を実現する連絡協議会

東京での高校進学に「『障害児・者』の高校進学を実現する連絡協議会」（以下、「連絡協」）が取り組み始めて、今年で九年目になります。早いものです。九年目を迎えて、東京での高校進学は今、大きな転換点に位置しています。

一つには、一九九四年度から都立高校入試でグループ選抜から単独選抜へと変わる制度改悪があり、都立高校間の序列化が急速に進行します。今、都立高校各校は、生き残りのための「レベルアップ」に必死です。「できない子」の切り捨てをしていくことでしかそれは実現しません。都立高校は、公立高校として担わなければならぬ自らの位置と責任——九六～七％といわれる進学率のなかで、なお進学の道を閉ざされ、排除されている生徒たちがいることを忘れないこと——を放棄し、学校間序列のなかで少しでも「上」に位置することだけを目指して走り始めています。

二つ目に、東京での高校進学の流れが明確に、全日制・普通科つまり「昼間の高校」へ向かい始めていること、です。昼間の高校へ行きたいのだけれど、現実には入れる可能性がないから、と「定員割れ」で「学力」にかかわらず入学できる都立高校定時制に向かっていた流れの方向が、変化してきてい

ます。この数年、都立高校・全日制に「学力選抜」制の壁をくぐり抜けながら入学していった例の積み重ねが、後に続く親子に、「昼間の高校」へ進学することへのリアリティをもたせ始めています。

そんな状況におかれているなかで、今年・来年と何をしていけるのか、何をせねばならぬのか、これまでの九年間をまとめながら、展望してみます。

## 都立高校定時制での取り組み

東京での高校進学については、それは長い間定時制での取り組みとして積み重ねられてきています。北村小夜さんがよく、東京の南部地域での定時制で何が取り組まれてきたのか、具体例を展開しながら話されます。つまり、点がとれない生徒たちが完全に高校進学の道を閉ざされてきたわけではないようです。個々の学校でのいろいろな形でのつきあいが、定時制の世界で展開してきました。

とはいえ、大方の定時制高校は、やはり「教育の対象外」として点のとれない人・「障害」のある人を門前払いにしてきています。そうであったから、都立南葛飾高校・定時制の「入学を希望する生徒は、一人も切り捨てない」取り組みは、大きなものとしてありました。どこの学校に断られても、南葛なら引き受けてくれる。南葛・定のある東京・東部地域からだけでなく、東京全域、埼玉、千葉からも南葛へと向かい始めました。四百人の南葛・定の入学者募集に対して八百名もの人が入学を希望し、全員が入学していく。それに対し、都は募集定数分の予算しか付けない。という時期が生じてきます。

そのような時期に文京区の山尾五月君は、高校進学を迎えます。一九八五年のことです。五月君の高校進学については、お父さんの山尾謙二さんが、『サツキからの伝言――0点でも高校へ』（ゆみる出版）にまとめています。

南葛・定が「サツキでも入れる唯一の高校」であったのだが、山尾さんたちはサツキ君の受験先を「家の近くの定時制」にしました。三〇名募集で一九名受験、合格者は一八人。サツキ君は「定員内不合格」で門前払い。サツキ君の両親は、高校としつこく交渉を続ける。音をあげた校長はついに「入学させます」と言う。山尾五月君の「家の近くの定時制」への進学は、私たちに新鮮な驚きを与えてくれた。

南葛・定への集中からそれぞれの家の近くの定時制へ、第一歩が始められた。

## 連絡協―都教委交渉のはじまり

八四年には、三人の視覚「障害」の生徒たちが都教委と交渉のすえに、点字受験を行わせている。八五年三月二十一日、中学卒業後の「進路を考える討論・交流集会」が開かれた。北村小夜さん、東大病院の石川憲彦さん、足立・教育と福祉を考える会の呼びかけで、東京の就学運動に取り組んできた各地域団体、全障連、都同教の共催だった。どの地域でも、中学卒業を迎え始めていたこともあり、たくさんの人たちが集まった。「養護学校義務制」との激突を闘い続けた金井康治君も中学三年生になっていた。金井律子さんは「康治と意見の違うところもありますが」と前置きをしながら、康治君の進路として高校進学を考えていること、そのために都教委との交渉が必要なことを、この集会で話している。東京での高校進学の実現に向けた取り組みの出発点は、この日の集会ではじまった。

「淵江高校へ行って勉強したい。友達をつくりたい」（足立・金井康治君）、「大好きな世田谷線に乗って明正高校へ行きたい」（世田谷・佐野雄介君）。金井康治君と佐野雄介君、二人はそれぞれに近くの都立高校・全日制、つまり「昼間の高校」への進学希望を表明した。二人の高校進学希望を実現するためには、〈学力選抜制〉の壁を越えなければならない。高く厚い壁をつき崩さなければ、二人の進学希望を形にすることはできないのだ。

討論が重ねられ、九月になって「障害児・者」の高校進学を実現する連絡協議会が結成された。

八五年十二月七日、金井律子・佐野さよ子・連絡協の連名で、都教委へ要望書を出す。

「東京都教育委員会は、これまでの差別的能力主義的選抜制を反省し、希望する全員の高校進学の実現に向け、その第一歩として金井・佐野両君の希望する高校への進学を実現すること」

都教委交渉がはじめられた。交渉には毎回五十～百人ほど集まり、熱気に満ちていた。都教委は、要望について「重い課題として受け止める」という。では、具体的に都教委はどう対応するのか？　都教委の言い分は、こうだ。

「入学希望者が、募集定員をオーバーしている現状では、入試―学力による入学者選抜はやむを得ない。合否の判定において、高校における教育課程を修了するにたる学力がその前提となる」であり、「養護学校高等部の充実に努力している」等と聞いてもいないことをつけ足すのだ。交渉は平行線となる。

高校進学希望に対する都の基本姿勢は？　「適格者主義」を基本に据えるのか。進学率九六％の高校進学の現実を直視し、「希望者主義」の立場に立つのか。

交渉を積み重ねるなかで、八六年一月二十三日、同席していた特殊教育課長は「障害児は盲・ろう・

養護学校への就学が望ましい」と発言し、翌日未明に及ぶ抗議・追及が行われた。都教委は、私たちの抗議・弾劾に対し「都教委の統一見解」として、「障害児・者の進路・就学先については、本人及び保護者が決定すべきであり、養護学校に強制されない」ことを確認した。さらに、金井君・佐野君の進学希望について、二月三日文書確認を行った。

「障害児に関する現行の入試制度のあり方については、今後なお検討すべき点があることは認識している。

金井・佐野両君の地域の高校へ入学したいという希望については、これを十分に理解し、今後誠意をもって話し合いを継続する」

都教委と交渉をはじめるにあたり、「中国帰国子女」に対する入試における都教委の対応——①別枠の設定、②入試時間延長、③入試科目の変更、④面接等による点数の加算が、連絡協の足がかりのひとつであったが、都教委のガードは固かった。「二・三確認」のうえで交渉は継続されるが、間近に迫った入試の「受け方」をめぐるものとなっていく。

金井康治君は、①文字表・ワープロの使用、②時間延長（一・五倍）、③本人が信頼する介助者の同席、④記述解答を選抜方式に変更する、⑤介助者による問題の音読と代筆、等を具体的要求とし実現させる。中学の調査書（内申書）の見直し、合否判定での「配慮」も要求するが、都教委は「対応できない」として手がつけられなかった。

佐野雄介君にとっては、雄介君が「試験」に解答しないのだから、「学力による選抜」そのものを問い続けることが課題であり、「受け方」についての具体的要求はあまりない。「介助者と一緒に、他の受験生と一緒の教室での受験」を要求するが、別室での受験とされる。

金井君・佐野君は二人とも「不合格」となる。金井康治君は、二次募集で北高を受験。北高は、合否判定で金井君への対応について都教委の判断を求めるが、都教委の交渉の経過をふまえない不誠実としか言いようのない回答「現場の裁量権の範囲は、合格点と同じレベル」によって、北高は金井君の「不合格」を決める。金井康治君は、淵江高校へ「自主通学」を始めるが、淵江高校は康治君を校長室に封じ込める。淵江高校に「自主通学」しながら南葛・定にも通い始める。

佐野雄介君は、高校がありのままの彼をそのまま引き受けることなしには、受験は不合格の確認作業でしかないと二次受験を拒否。「佐野雄介君の都立明正高校入学を実現する会」をつくり、六月から明正高校への自主登校をはじめ、都教委との交渉も独自に設定していく。佐野雄介君の明正高校入学要求に、都教委と明正高校は扉を固く閉ざし続ける。六年間の自主登校（『ぼく高校へ行くんだ』佐野さよ子著、現代書館参照）の末、九二年三月、明正高校を「自主卒業」し、地域での仲間との自立生活の獲得に向け、活動をはじめた。

連絡協は、金井康治君と佐野雄介君の高校進学希望を実現させるべく結成され、都教委交渉を濃密に活力にあふれて切り拓き、高校進学を「願望」から「具体的であり現実的なもの」へ急速に引き寄せた。その一方で、現行「学力選抜制」の重圧の下で連絡協としての取り組みの限界も爆発的に露呈させられた。金井君・佐野君の入学要求実現—現行「学力選抜制」と対峙する方針の一致を必死に探り続けたのだが、ついに連絡協としての一致点を見出し、つくり出すことができずに、連絡協と「佐野雄介君の都立明正高校入学を実現する会」へと分化・分断されることになった。制度に挑みながら、制度の圧力の下で分断される、未だに口惜しくも残念なこととしてある。

## 調査書（内申書）における「評価」の見直し

制度の壁――「学力選抜制」は、具体的には都教委が毎年秋に作定する「東京都立高等学校入学者選抜実施要綱」（以下、「要綱」）が規定する。

都立高校入試は、学力試験（都教委は「学力検査」という。従って「受験」は「受検」と表記される）の得点と、中学からの調査書（内申書）での「評価」の「二つを総合的に判断し、合否を決定する」（都教委）とされる。学力試験と調査書の二つで「合否の決定」がされるのだが、中学からの調査書の「評価」では、「障害」は負の要因としてしか考えられてはいないのが現実だ。「障害」を含めてどのように「評価」するかという問題意識すらない。だから、調査書は「学力選抜」のなかで、「障害」のある進学希望者にとって大きな足かせになっている。

交渉の積み重ねのなかで、都教委の「中学での『評価』は公正なもの」なる言い分は、中学校での日常的現実が、交渉に参加する親、教員から具体的に示されるなかで都教委は論拠を失い、「評価不能なもの、学習が困難なものを評価するのは不合理である」と認めざるを得なくなる。

八七年の「要綱」で、

「身体に障害のある志願者で、学力検査を行なわない教科のうち障害の特性上著しく学習が困難な教科のある場合については、その教科の名称を〇で囲み、調査書の右横にAと朱書する」（「要綱の細目」――調査書の作成について）

とされることになった。だが、連絡協の要求は、「障害」のある生徒を、「障害」について考慮をしていない「一律の基準」によって「評価」することにこそ問題があり、現に本人の不利益となっているのだから、「障害」のある生徒にとって不利益が生じない対処を都教委としてせよ、であった。当然すべての教科が対象となる。「学力検査を行う教科（国・社・理・数・英）」を除外する都教委の対応は基本的におかしいものでしかない。さらに「身体に障害のある」とは、いかなる意味か？　見事に都教委の意図を表現しているではないか。都教委は「原則的には、情緒障害・精薄などのお子さんは含まない」と言いきった。「そこを含めると、障害の故になのか、単に勉強ができないだけなのか、区分けができなくなる」のだと言う。分断である。「障害」の種類による分断。

もうひとつ黙っているわけにいかないのは、小・中の義務教育において教育委員会・学校はなんと言っているのか、ということがある。「おたくのお子さんは、他の子どもたちとは違う」と「違い」を強調し、分けられることを望まぬ親子に「特別な教育」を強要する。特殊教育の場に行くことを強い続ける。それが、高校進学になると一転して「他の子、単にできないだけの子と区分けすることは難しいのだから、対応しない」となるのだ。受け入れを拒むためには、相反することを平然と言って恥じないのだ。

そしてまた、丸Aが付くと一体どうなるというのか、全く不明なのだ。都教委は「具体的にどう扱われるのかについては、公表できない」と、丸Aの具体的内容について明らかにすることを拒否した。

丸Aとは一体なんなのだ。八七年一月二十六日、都教委との確認。

「1．入試要綱の『身体に障害のある志願者で、学力検査を行なわない教科のうち、障害の特性上著しく学習が困難な教科』については、本人の不利益にならないようにする。

2.『身体に障害』という表現については、障害の種類によって区別するのではなく、それぞれの個人に即して全体的にとらえ、『心の障害児・者』を排除するものではない」

八七年、金井康治君は二年目の受験をし、淵江高校入学を実現させる。墨田区のHさんも二次募集で、受験の条件を整え、水元高校に入学した。

八七年春の人事異動で、交渉の都教委の窓口である学務部高校教育課長が交替する。夏になってようやく新任の井山課長は交渉再開に応じるのだが、井山新課長は一月二十六日の確認があるにもかかわらず、「ちえ遅れは（丸Aの）対象外」との発言をくり返す。

十二月二十二日、井山課長はまたしても「純粋なちえ遅れは、調査書の見直しに含まれない」と発言する。交渉参加者全体の怒り爆発、都教委は立ち往生。十二月二十四日の再交渉で、学務部長と、一月二十六日の確認を文書化し再確認する。八八年秋になって、ようやく都教委は「要綱」（八九年度）の記載を、「身体に」を削除し単に「障害」とすることになる。

丸Aをすべての教科に適用せよ、について都教委は「(学力試験を行う）五教科に手を加えるということは、入試選抜全体に関わる問題となるから手をつけないほうがいいでしょう、ということになった。Aを付けるということは、学習が困難ということ。学習が困難なものについてテストするということは矛盾となる。現行制度の部分的変更は、矛盾を抱える制度をさらに混乱させるものとなる。基本的検討が必要であり、現在検討中の高等学校教育のあり方についての検討の結果を待つ必要がある」（一九八八年十月二十六日、小川指導部長）としていた。ここに言う「基本的検討」とは、高等学校教育改善推進本部の「高等学校教育のあり方についての基本的検討」を指している。

「基本的検討」のうえで、打ち出されたものは、国際高校・単位制高校などの「高校の多様化」であり、現行グループ選抜から単独選抜への「入試改革」なのだ。生徒数の激減期を迎え、条件としては進学希望者の全員受け入れが現実に可能であるにもかかわらず、都教委の基本的指向は「都立高校の地位向上」――「入試改革」に向いているのだ。

丸Aの全教科への適用は、現在に至るも実現していない。都教委の姿勢は後退している。九二年十月の交渉で、斉藤入選担当副参事は「入試教科については、学力検査実施時の措置で対応している。そのうえで、調査書については（すべての教科で丸Aを適用すれば）公平さを欠くものになりかねないし、調査書そのものの存在に関わりかねない問題であり、できない」とこれまでの回答から大幅に後退した回答をしている。志賀学務部長は、あけすけに「すべての教科に丸Aがついてしまったら、調査書のもつ意味・役割はどうなるのか」と、これまでの交渉内容を無視する発言を行っている。つまり、都教委は基本的に「学力による入学者選抜」を変更するつもりはないのだし、「学力による選抜」に根本的な影響を及ぼしかねない変更をするつもりも、ないのだ。

この間の交渉で、都教委は後退を強めている。斉藤副参事は「中学での実態をいろいろとお聞きしたが、私どもとしては、中学での評価・評定は、公平な評価・評定であるとの前提に立つ。丸Aの全教科への拡大は、中学の評価・評定の内容に都が踏み込むことになり、都教委が中学での評価・評定に不信を示すことになるので、それはできない」と平然と回答する。このまま都教委の居直りを許しておくわけにはいかない。

## 「障害のある受検者に対する措置申請書」

「障害のある受検者に対する措置申請書」（以下、申請書）は、八七年につくられた。それまでは、受験の際の「受け方」については定められた書式のものがあるわけではなく、それぞれに「要望書」によって都教委に申し入れを行っていた。

「受け方」については、八五年、八六年と二年の金井康治君の受験にあたっての交渉で、本人が必要とすることは、基本的に獲得した。「受検をする本人が、安心して受検できるようにすることを、第一とする」と都教委と確認している。時間延長、文字板・ワープロ使用、手話・音読・代筆・記述解答の選択への変更等の受検するために必要な措置に対する都教委の拒絶は、今まで生じていない。受検の際の介助者について、当初都教委は「中学教員が望ましい」としていたが、これについても、本人が安心して受検するためには、日常的なつきあいのある人間の介助が必要、ということで格別の制限（人数制限を含め）はない。時間延長については、一・五倍まで認められてはいるのだが、延長すればするほど本人の負担が大きくなることがあり、他の受験生と同一時間内で対処できるように、問題数量を減少せよ、という要求をしているが、これに関しては都教委は同意をしていない。

都教委・資料の「措置状況」によると、申請者数は、八五年五名からはじまり毎年倍増し、九〇年には八三名であり、九〇年以降は八〇名前後できている。措置申請数は「障害」のある受験生の総数ではない。特別に申請すべきことがなく申請書を出さずに受験する人もいるのだ。私たちは、「受け方」として申請すべきことがなくとも、「学力による合否判定はしないで下さい」と申請してもいいのではないかと思うし、そうしてきているが都教委は無視を続けている。

申請書は、一方で問題を抱えている。中学との関係で。本人・親が申請書の提出を考えても、中学教員が申請書について何も知らないことが往々にしてあるし、申請書は身体的「障害」のみを対象としていると思い込んでいる教員も多い。点数のとれない生徒が都立高校を受験するのは、中学の先生たちにとって論外のことであるようだ。

申請書は書式としても、申請する本人・親が必要とする措置にウェイトを置くよりも、むしろ「障害の種類・程度」や「校長所見」などあまり必要ではない部分が、全体に大きな位置を占める。だからこそ、中学が思い違いをして、措置申請については中学の権限に属するものであり、申請主体は中学校であるかのように親子に対応することも出てくるのだ。申請書の申請主体は、あくまでも受験する本人なのだ。九一年になって申請書の書式が変更され、従来よりは多少ましなものとなったが、もっと簡略・簡素な申請書で十分だ。

申請書に書く措置希望内容について、「どこまで認めてくれるんですか」、「どう書いたらいいんでしょうか」と聞かれることがよくあるのだが、どう書くか何を申請するかは、都教委がどこまで認めるかということで決まるのではない。受験をするときにどんなことを必要とするのか、で決まるのだ。そのうえで都教委に認めさせる、ということではないか。何にしても申請書を必要とする「学力選抜」を、いつまでも続けさせたくない。

## 「定員内不合格」

八五年の山尾五月君の「家の近くの定時制」への進学が私たちに驚きを呼び起こしたことでわかるように、「募集定員内不合格」は大手を振るってまかり通っていた。進学を希望する親子にとって、「受験をする」その意欲すら奪われてしまうほど、定時制の門はがっちりと、点のとれない生徒、「障害」のある生徒を締め出し続けていた。思いきって受験をしても、それは見事なほどにバッサバッサと切り捨てられた。八六年に葛飾区の商業高校・定時制を受験したAさんは、定員が割れているのにたった一人「不合格」にされた。父親と一緒に学校へ抗議に行き教頭と話したが、教頭は「あなた方は、いろいろ言われるが、あの子の答案用紙を見せたいぐらいです。そもそも字になっていないんですよ！　そんな子をなんで高校に入学させることができますか」と自分たちの判断は間違っていないとゆずらない。字の書けない生徒は、「定員割れ」であっても「不合格」にしてかまわない。そう言い切る定時制教員の姿を見てしまった父親は、学校に抗議する気力を急速に失っていく。言葉少なくなり黙り込んでしまった。しばらくして「もういいです。この学校に通わせたいと思っていた気持ちもどこかへいってしまいました。もう結構です」。そんな話ばかりだった。

都教委交渉で、「定員内不合格」についての都教委の見解と対応を問うても、なにやらはっきりとしない。つまるところ「合否の決定は学校長の裁量権」であり「都教委としても口を出せない」というのが都教委の回答だ。公立の高校で、募集定数に足りない応募状況であるのに「不合格者」が出る。なにをもって「不合格」とするのか、その基準とされるのが「学力」であり「能力」なのだ。「障害」のある生徒は「都立高校での教育の対象者とはなりえない」からだと学校は言うのだ。それを背後から支えているのが都教委だ。学校の理不尽な対応をつき破るには、支えとなっている都教委の姿勢に歯止めをかけなくてはならない。交渉を重ね、都教委に「意欲と希望のある者は一人でも多く受け入れるというのが、就学計画における都教委の基本的立場」であることを確認させる。都の基本的立場が、「意欲と希望のある者を一人でも多く受け入れる」ことならば、「定員内不合格」については、どう対処するのか？　ようやく「好ましいことではない。都として各校に強く指導する」ことを確認する。

都教委交渉をはじめてから、そして「定員内不合格」を出す学校に対して抗議を重ねていくなかで、「障害」のある生徒に対しての「定員内不合格」は著しく減った。とはいっても都立高校・定時制での「定員内不合格」は、今年の段階でも全体で八十名ほどあるという。「障害」のある生徒に関しては安易には「定員内不合格」を出せない、というところまではきている。大きな節目となったのが九〇年の都立松原高校定時制での「定員内不合格」問題だった。

松原・定では、それまで「障害」のある生徒の進学希望を受け止める努力が続けられてきた。進学する親子にとっては「いい学校」として、松原・定に希望が集中しがちになっていた。だが、松原・定のなかで受け入れに努力してきた教員は次々に強制異動で配転させられていたのだ。九〇年、申請書を出していた人・出していない人、「障害」のある生徒六名が「定員内不合格」とされた。うち一名は、合格発表時に受験番号が記されていたのだが、発表後すぐに職員が受験生の見ている前で「間違えた」と言って番号を消している。全くひどい話ではないか。

連絡協はすぐに松原高校で交渉に入った。校長、教頭が対応する。冒頭、校長と教頭は、「障害」のある生徒が松原・定に集中することで学校、教職員がどれほど苦労し迷惑していることか、と勢いこんで話し続けた。だから、松原・定は方針を変え、新しい松原・定として生まれ変わることに決めた。「障害」のある生徒の入学は認めないことに決めた。「考えてみて下さい。入試で、申請書を出して受験条件を整えなければならない人たちに、日常的に対処できる態勢と条件は、本校にはない」。校長はそう言った。申請書の提出が「不合格」の根拠とされたのだ。交渉の結果、松原高校は二次募集で一次「不合格」の全員を受け入れることになった。交渉を終えて帰ろうとすると、玄関に女性が三～四人いた。話を聞くと「障害」のある在校生の母親たちで、生徒が校外へ飛び出していかないように交代で見張っているのだそうだ。学校側からの要請で、そうしているらしかった。

松原・定は二次での受け入れを認めざるを得なかったが、「障害」のある生徒の排除を決定した松原・定の学校としての考え方は、何も変わってはいない。

松原・定での「不合格」以来、「障害」のある生徒に対する「定員内不合格」は、一人も出されなかったのだが、今年は、全日制で生じている。

八王子の都立片倉高校造形美術コースを受験したU君は、申請書を出し、願書提出時に高校に要望書を出し、受験した。造形美術コースは「定員割れ」を起こしていた。四〇名募集で希望者二八名だった。合格発表は二七名、U君だけが「不合格」にされた。片倉高校に対する抗議行動を行い、交渉をはじめる。

校長は「『定員内不合格』についての都教委の指導は知っているが、コース制は別のもの。造形美術コースは単独選抜であり、校長裁量が優先する。私の裁量で不合格にした」と何だかわけのわからないことを言う。五回の交渉で、片倉高校は、二次でのU君の受け入れについて、二次の応募状況にかかわらず（二次で募集数を超える応募者があっても）受け入れることを確認した。だが、二次でまたもU君を「不合格」とした。U君は片倉高校の対応にイヤ気がさし、定時制へ進学した。今年は、片倉高校の「定員内不合格」がまかり通ることになってしまった。残された課題は大きい。来年からの全日制の単独選抜への移行で、「定員内不合格」を出させない取り組みをどうやり抜けるか、これからの一年の取り組みにかかっている。

## 高校へ

毎年、中学三年生は不安と期待、希望が入り交じるなかで高校進学を迎え、「学力選抜」に挑んでいく。八八年に、工業高校への進学を希望した保坂昌利君（北区）の受験を、お母さんの保坂安子さんの書いた文から一部引用する（季刊『福祉労働』五四号より）。

**【中学校から高校へと思いをつなげて】**

保坂昌利君は、「（小・中）九年間の毎日の積み重ねが、高校進学を当然のこととしてとらえさせた」のだが、中学の担任はといえば「（三者面談にあたって）先ず、学校は昼間にするか、夜にするかを決めなければならない。昌利は『昼間にする』と一方的である。仕方なく、そのことは昌利もしっかり先生に言わないと高校へ行けなくなるからと、簡単な打合せをして出かけた。早目に着いたので、椅子に腰掛けて待った。暗くなりかけた学校は、やけに静かで、所在なくフラフラしていた昌利も、そばに座った。

やがて教室に呼ばれて、担任は一服やりながら、『高校どうしようか』と昌利に向かって切り出した。『都立の高校へ行きたい』と素直に言った。担任は情け容赦も無く、『五教科合計二七〇点とれるのか』と責めるように言った。昌利は、ものすごくたよりない声になりながら、『頑張る』と言った。私は良く言ったと心の中で思った。でもそれより早く『頑張ったって、とれないだろう』と強い調子で声がとんだ。それから間もなく昌利は力無く『夜の学校にする』と答えてしまった。私はいたたまれなくなって、定時制も無理だと言われそうなのを遮って、『何とか本人は高校を希望していますので、進学させたいと思います。先生にもできることはお願いしたいのです。親の方としても、できるかぎりやってみます』と言った。『では、K高校の方にもよく聞いてみます』とのことで終った。僅か五、六分のことであった」。

保坂さんは再び担任と話し合いをする。

「私は『今ほとんどの子どもたちが高校に進んでいくなかで、昌利が高校を選んでいくのは当たり前のことだと思うのです。点がとれるとか、そうでないとかではないはずですよね』。先生は『いくら教えても駄目な子はいます。昌ちゃんだけではなく、行き場がなくなる子だっています。みんな同じですよ。悩んでいます。お母さんの言うようにはできませんよ。私は一介の教師です。今の入試制度の通りにしかできません。それが変われば別ですが』。私は腹立ちまぎれに、『では、高校に行けない子の親は、それぞれ直接頼みに行くしかないのですね。学校は何もできないのですね』と言って教室を出た。悔しさだけが私にあった。昌利の気持ちを思うとなおさらだった」という日々のなかで、都教委交渉へも「家の事など何とかやり繰りして、必死で参加」するが、「出席するはずの学務部長と指導部長が現われず、高校教育課長の茶番劇の末に終了となってしまった。中学が何もやらないと言っても都の教育委員会にしてこの有様なのだから、このままだと高校には行けないとの思いに責めたてられていた」。年末の都教委交渉で「それぞれが希望する高校を言っていくなかで、私もやっぱり思い切れずに都立K高校全日制と告げていた」。「年が明けて、早速中学校から『どのようにしたらいいのか』との連絡が入って、本当の意味での面談となった。学校の方からも、内申書に添えて、この三年間の学校生活の頑張りを文書で出すことが決まった」。

様々な思いの末にたどり着いた入試。「試験の当日、ピクニックでもいくように、笑顔を見せてでかけた。あんなに嬉々とした昌利の姿は見たことがない。きっと頑張って来るだろうと私はうれしくなってしまった。いつの間にか、自分で歩いている昌利。自分で選んだからこそ、頑張れるような気がする。発表当日、落ちていたらがっかりするだろうと思いながら見に出掛ける。番号が貼り出されても、怖くて見られない。友達が探してくれるまで、顔をあげることができなかった。でも、そこに番号があることが信じられなくて、何かの間違いではないだろうかと思った。しばらくして昌利は、友達とさっさと番号を探すと、私の方を見むきもせずに、手続きに行ってしまった。帰りに中学校に寄り、担任に『受かりました』と報告した。『受かりましたか』と、何とも意外な顔が印象的で、今でも忘れることができない」。

入学した保坂君は、教員の試行錯誤の取り組みとつきあい、留年も経験、卒業した。今、印刷工場に勤めている。

【「学力」の壁・都立全日制高校へ】

伊部篤の長女・伊部朝子は、九〇年に江戸川区立篠崎中学を卒業。中学から歩いて十分ほどのところにある篠崎高校を受験したが、「不合格」。介助者に問題を読んでもらっての受験で、朝子も、えんぴつを握りしめ、解答用紙に何やら書いていたというが、もとより答えとはみなされなかった。

四月から、毎朝篠崎高校に通いはじめる。登校してくる生徒たちの流れの中の十五分間。朝子の一日で一番大事な時間だった。

篠崎高校に、入試に「合格」はできないが、篠崎高校に通いたい、と申し入れるが、もとより平行線。校舎内立ち入りを拒絶される。都教委とも、学籍のない伊部朝子、梅村涼さんのそれぞれの学校への「通学」について交渉、都教委は秋になり「交流」を出してくるが、篠崎高校、田無高校は「学籍のない人に対応するつもりはない」を繰り返す。

朝子は九一年の二度目の受験を、音読、選択問題、介助者による代筆解答で受験する。「不合格」。この年、篠崎高校で二次募集があった。受験。二次募集は「定員割れ」。男子一、女子二〇の募集で、希望者は男子二、女子七だった。思いもよらぬことだった。詳しくはわからぬが、朝子の扱いについて、篠崎高校と都教委の間に判断の食い違いがあり、相当にガタガタしたとのことである。「定員内不合格」も十分にあり得たのだ。

ともあれ、篠崎高校の生徒となる。入学後間もなく、三年生の女の子が「朝子さんと一緒に学校へ行きたいんです」と声をかけてくれる。思いがけぬことに、とても喜んだ。Tさんが卒業するまで一年間、Tさんと学校に通った。朝子は喜びにつつまれて一年を過ごす。

三学期、終業日前日の夕方、朝子の留年決定が担任から伝えられる。職員会議の総意だという。留年を伝える担任は、「単位の認定はできない」としながら、朝子を二年生に進ませることに自信をもっていたが、「職員の総意」の前に否決され口惜しがっていた、という。春休みの間学校と交渉するが、四月から二度目の一年生。朝子は大荒れ。いろいろあった二度目の一年生だ。

そして三学期、学校は「朝子さんの進級は難しい」。話し合いを重ねるが、またしても「職員会議の総意」だ。「職員会議決定」は、「二留は進路変更の内規をもとに、伊部朝子は進路変更の対象者」つまり学校をやめなさいということ、であった。朝子は今、三度目の一年生だ。

**【地元田無高校への進学をめざしてきた経緯】**

田無市の梅村涼さんは、八九年に中学を卒業している。家から歩いて行ける田無高校への進学を希望してきたが、田無高校の門は固く閉ざされ続けた。九二年の二次募集で狛江高校に入学、田無高校への転校を都教委に求めた。以下、田無・ワイワイ学校の会の資料より、引用する。

梅村涼さんは、乳児期の病気による左片マヒ、てんかん、知恵遅れの障害をもっています。田無市立向台小学校、および、田無市立第四中学校で、九年間の義務教育を終了、一九八九年、九〇年、九一年、九二年の四回にわたって、都立田無高校全日制普通科を受験しました。田無高校は、梅村さんが歩いて十五分で通える距離にあり、足が不自由で、てんかんをもつ梅村さんの身体条件に合う唯一の高校なのです。梅村涼さんは、受験に際して「障害をもつ受検者の措置申請書」を都教育委員会に提出し、全問題の選択肢による解答、介助者による問題文の音読、別室受験をしましたが、不合格となり、三年間の在宅生活を余儀なくされました。一九九〇年九月から一年半は、田無高校に自主登校をして「みんなと一緒に勉強したい」と訴えてきました。

このような状況を受けとめて、都教育委員会は、一九九一年九月には、「田無高校が、地域に開かれた教育活動の一環として、梅村さんの受け入れを考えるよう指導する」と、「障害児・者」の高校進学を実現する連絡協議会との交渉で約束されたにもかかわらず、これは実現するにいたりませんでした。梅村さんは、田無高校とも話し合いを持つ機会がありましたが、高校は「試験を受けて合格した生徒についてしか考えない」と答えました。そこで、梅村さんたちは、これ以上話を進めるには、梅村涼さんが学籍をとるしかないと、考えるに至ったのです。しかし、学籍をとるには、二次募集の定員割れを探すしかありませんでした。今年、その可能性のあるのは、島部を除けば、狛江高校しかなく、遠距離ではありますが、やむをえず狛江高校を受験したのです。

〈合格直後の都教委の対応と狛江高校通学の実態〉

そして、狛江高校女子は定員割れのため合格となりました。その合格発表直後に、都教委へ行き田無高校への転入を求めると、「今はまだ合格の段階で、高校というのは、入学式を経て初めて生徒になるわけです」、「とにかくまず、通ってみてください」、「その後、転校ということに関しては、高校間の問題ですから」という発言を小海高校教育課長が行いました。この発言を受けて、梅村さんは四月から狛江高校に通学を始めました。

しかしながら、梅村さんが住んでいる田無市から狛江高校に通学するには、電車を乗り継いで一時間三十分かかります。左半身が不自由な梅村さんにとっては、この距離は負担が大きく、疲れのため帰りの電車の駅で、ホームと電車の間に足がはさまったり、転んでけがをする、てんかん発作がたびたび起こるなど健康と安全が脅かされている毎日です。そして、五月中旬には、疲労が蓄積し、朝起きることができなくなりました。六月一日までの授業日数四三日のうち、欠席日数が一九日にも及んでいます。このままの状態では、毎日高校生活を送りたいという、本人の希望に反して通いきれないままに、退学せざるをえなくなることも十分考えられます。

〈四月以降の都教委の対応〉

五月十八日、小海高校教育課長ならびに蛭田高校指導課長が出席する交渉がもたれました。その中で小海課長は、過去三年間の都教委との交渉の経過、現在の狛江高校通学の実態からみた緊急性、梅村さんが障害をもつ生徒であること、このような特殊な条件を一切認めず、転学については、東京の場合は、補欠募集に応募し、その試験に合格するほかはない、という一般的な転学の手続きを繰り返すばかりでした（田無高校は、今年定員を一七名超えてとっており、補欠募集を行う可能性はない）。

〈東京都における障害者の高校進学に対する配慮〉

（中略）一九八四年、視覚障害者の受検者が玉川高校に合格した後、通学の困難さへの配慮から通学至便の千歳高校へ移ったという事例をきっかけとして、その翌年の一九八五年には、入学者選抜実施要綱の中に、「選考の特例」として、遠方の高校に通学が困難である障害者が、一次試験でグループ合格した場合、通学至便の高校に入学することができる制度がつくられました。これは、試験の得点や、内申点よりも、障害者の通学困難さを優先させる考え方に立っています。

都教委は、過去三年間の交渉経過をふまえた上で、狛江高校通学が困難な実態と緊急性を理解し、障害のある生徒の通学に配慮するという考え方にもとづいて、梅村さんが通学至便な田無高校への転校を早急に実現するよう、努力するべきだと考えます。

都教委と交渉を続けたが、都教委は動かず一学期はあっという間に過ぎていく。片道一時間半はきつい。夏休みの間に行われる補欠募集で比較的家に近い学校を受けることが検討された。梅村涼さんは、狛江高校から別の学校へ転校するかもしれないことが具体的になると、「狛江がいい。別の学校に替わりたくない」と言った。一学期の間に、狛江高校で友達もできていた。涼さんは、狛江高校に通い続けることになった。狛江高校のそばにアパートを借り、週に何日か泊まっている。

## 今後の課題

東京の状況は大きな転換点のなかに入っています。定時制統廃合・高校の多様化・特色化に向けた制度の「抜本的改革」を都教委は開始しています。一方で、進学希望者は「定員割れ」による入学可能な定時制への進学から、全日制を目標とする方向へと向かい始めています。

なによりも、生徒数の激減期に入り、これまで都教委が繰り返し言ってきた「意欲と希望のある進学希望者を、一人でも多く受け入れるのが就学計画上の都の基本的立場」を現実的に反映させることができる状況を迎えています。進学希望者に対する「受け皿」が足りないから対応できないという行政の言い訳は、その根拠を失ってしまいました。進学希望者を全員受け入れることが可能であるのに、そうはしません。毎年、生徒募集数を削減し続けています。今行われているのは明白に意図的な排除です。どうあっても高校に受け入れたくない人たちがいるのです。「学力」と縁のない「障害児」は「教育の対象ではない」と教育委員会や学校は考えています。どうして「入学者選抜制度」を維持し続けようとするのか、公立高校とは一体何であるのか、を今、再び問い返すべきときなのだと思います。

グループ合同選抜から各校の単独選抜へ、「制度の大枠は決まったが、具体的対応について詳細は未定」であると、都教委は具体像を明らかにしていません。連絡協の九年間の取り組みの積み重ね――「定員内不合格」はさせない。受検において「本人が安心して受検できるために必要な措置」を希望にもとづいて行う、グループ選抜での「選考の特例」――通学可能な学校への入学――を単独選抜への移行でうやむやにさせるわけにはいきません。

また、単独選抜実施後の二次募集に関して、都教委は「第一志望から第三志望までを認め」る方針を出しています。これは「定員割れ」を生じさせないための方策です。

都教委は昨年より、二次募集での願書再提出ができるようにしています。再提出が可能になることで、「定員割れ」が激減しています。それによって進学からはじき出されるのは誰か、「障害」のある生徒です。来年から「第一～第三志望」制が導入されることで、「障害」のある生徒の進学が全面的に塞がれることが考えられます。都教委との現時点（九三年六月）での確認は「第一志望を優先する」ですが、予断を許しません。現行グループ選抜制に準ずるような「学力」が優先する仕組みができることも考えられるのです。

また、入学後の問題として進級問題があります。これまで進級・卒業への取り組みが行われてきた定時制でも、進級できない（させない）例が生じ始めていますし、全日制では「単位を修得しない生徒は進級させせない」、「定時制とは違う」という対応が行われています。「二留（二回の留年）は進路変更対象」という内規がほとんどの学校にあり、留年は学校による退学要求につながっていきます。

東京に限らず、「進級できない」、「進級しても単位は認めない」、「卒業は無理」という高校の対応が表面化してきています。「学力・能力」をめぐるぶつかり合いが、高校の中ではじまっています。「卒業証書は出せないから履修証（?）で高校生活を締めくくって下さい」という話が、個別にだけでなく、「障害」のある生徒総体に対するものとして定着されては困るのだ。

ともあれ、高校進学という課題は、幕が上がり始めたばかりだ。世の中へ、に向けて第一歩を踏み出そう。


（文責・伊部　篤）

▼連絡先　「障害児・者」の高校進学を実現する連絡協議会
E-mail: renrakukyoukoukou@yahoo.co.jp

# 東京での取り組み、その後

孝本敏子

本書に収録した各地の運動体のなかには、様々な事情で滞っているところもありますが、多くはさらに取り組みを進め、次々に高校生を送り出し続けているところもあります。二七年経っての再版ですから、それぞれのその後をお伝えすべきでしょうが、余裕がありません。その一例として、東京の取り組みの当該の一人、梅村涼さんのその後をお伝えいたします。（編者より）

## 梅村涼さんの高校生活

私は梅村涼さんが三回目の一年生を迎えた一九九四年四月に狛江高校に着任し、地理の授業で彼女に出会った。翌年、梅村さんの担任となり三年後に彼女は卒業した。学校生活に最も熱心な生徒が卒業するのに六年かかったのは、高校に根強く残る「適格者主義」のためだが、その中で卒業した意味は大きいと思う。高校生活を二つの面（単位・進級・卒業、授業・友達などの学校生活）から報告したい。

### 単位、進級、卒業

「他の生徒と同じに扱う」という学校の方針の下、梅村さんは一、二年目と進級できなかった。「二年留年→自主退学」という内規があったが、彼女は退学を拒否し、三年目の一年生となった。この年、「二年留年→退学」となる生徒が多い中、「学び続けたい」意志を貫いた梅村さんへの風当たりは強く、新学期の出席簿は梅村なのに「四二番」であった。保護者と学校の三カ月の話合いの後、本来の位置に戻った。

【生活進級】

一年目二年目は美術のみ単位習得、三年目は地理と数Ⅰが加わったが進級単位には遠く留年し、四年目の一年を迎えた。このとき孝本が担任することになった。少数の教員が梅村さんの進級への道を探ったが、見通しは立たなかった。

当時、一五校の都立（全日制）高校に知的に障害がある生徒がいたが、1／3弱（四校）は正式進級、1／3（五校）は生活進級、1／3強（六校）は留年という状況であった（一九九五年五月）。学年末、五年目の一年を迎えるかどうかという苦汁の選択の中で、「生活進級」となった。これは「学籍簿上は一年生だが、生活は二年生で」というものである。学籍簿と身体の分離という不思議な扱いは、一学期末に「二枚の通知表」という事態を生んだ。一つは学籍簿上のクラス「一年五組通知表」で、全日数欠席、評価は空欄。もう一つは二年一組通知表、実出欠日数、評価は全て「1」。毎日一生懸命登校している娘の出欠欄が「全欠席」の通知表を渡された保護者は、どんな思いであっただろうか。三年への進級も「生活進級」であった。しかし、「生活進級」は問題の先送りに過ぎない。

【卒業】

生活進級はその場しのぎの便法であるため、学校は卒業時に「卒業か退学（自主退学）か」を決める。職員会議で次のように決定し、学校は正式に卒業を認めた。「①四年間の一年生に習得した単位は認める。②生活進級時の『実際の出席』を認める。③生活進級時の各教科の履修（出席）を認め、履修を習得とみなし、卒業を認める」。教員の中には卒業に反対の意見もあったが、多くの教員が卒業を認めるようになった背景には、他にも要因はあると思うが、次に述べるように、梅村さんが学校生活に真剣に取り組み成長した姿が、教員の考えを変えたからではないかと思っている。

## 授業・友達などの学校生活

単位や生活進級等、学校の制度的基準は厳しいものであったが、学校生活の面では梅村さんは人一倍努力し、つらいこともあったと思うが、学校生活を大いに楽しんだ。

【合唱祭　舞台に上がらせてもらえなかった】

私が担任する前年の合唱祭で、指揮者の生徒が本番直前に梅村さんに「舞台に上がらないように」と言ったのである（当日担任は不在）。彼女は舞台の袖で泣いていた。翌朝、保護者が学校に抗議、学校は謝罪し、後日音楽室で梅村さんと共にクラス全員で合唱した。不当な扱いを受けたらすぐ抗議し回復することの重要性を、傍らで見ていて感じた。

【友達】

一年の時、クラスに対等に親しくつきあうY君がいた。二年の時には親友になったKさんがいた。分け隔てなく自然につきあうY君やKさんに私も級友も学ぶところがあり、彼女は「できないことはたくさんあるけど、同じクラスの仲間」になっていった。

卒業二年後、梅村さんのお母さんが級友にアンケートを出し、梅村さんとの学校生活の感想を書いてもらったことがあった。共通するのは「元気で明るい」「積極的」。中には「明るい有名人」という下級生の言葉もあった。アンケートに答えた手紙の中から、友達付き合いの様子をいくつか紹介したい。

「涼ちゃんは涼ちゃんで、周りのみんなも涼ちゃんを特別扱いしていませんでした。それが大事なことだと思います」。親友のKさんは「おかしかったのは、授業中に目が合うとニヤーと笑いかけてくることでした。シーンとした教室の中で何度も笑いそうになったことがあります」と記した。

また、彼女をこのように見ている人もいる。「姉御肌な面を見たこともあります。私は涼ちゃんに頭をポンポンとなでられた事があります。その時、どんな言葉をかけられたか思い出せないのですが『大丈夫だよ』に近いような言葉をかけられた気がします」。

教員が分け隔てをしなければ、生徒同士の世界の中で互いに存在を認めあい、友情が生まれる。前述の合唱祭の件では、担任が練習の時梅村さんをどう扱うか迷っていた時があった。担任の迷いが生徒に伝わったのではないか。

【修学旅行】

二年二学期には、長崎への三泊四日の修学旅行があった。梅村さんは特別な付き添いもなく他の生徒と班行動を共にし、夜は班の人たちと一緒に寝た。彼女といつも一緒に行動していたKさんは帰りに「楽しかったなあ。修学旅行がもっと長ければいいのに！」と言っていた。梅村さんのことを考えつつ自分たちも大いに楽しんだのであった。梅村さんと寝食を共にした4日間は、確実に他の生徒との距離を縮めた。

教員に与えた影響もある。「梅村さんは修学旅行に行くのか？　親の付き添いが必要だ」と多くの教員が言っていたが、付き添いなく他の生徒と一緒に行動し、クラス中が楽しく帰ってきたのを見て、教員は感じるものがあったのではないかと思う。


【学び】


学校は「取出し授業」を提案したが保護者は断り、常に皆と一緒に授業を受けた。「皆と一緒の授業」の意味を、はからずも修学旅行中に感じることがあった。福岡でジェットコースターばかりの遊園地に行ったとき、梅村さんが乗れるものがないので、「私と一緒に控室にいようか」と言うと、顔を曇らせて「皆と一緒に廻りたい」と言う。そこで皆と一緒に入口まで行き、降りてくる人を待つことにした。彼女は友達に声援を送り、出迎えては感想を聞き、共に楽しんでいた。

授業もジェットコースターのようなものである。授業は分からずとも場を共有することで共感や相互理解が生まれる。取出し授業は、遊園地で控室にいるようなものである。そこから共感は生まれない。ちなみに、彼女は二年から「号令係」になり、毎時の授業の号令をかけた。級友は、これは梅村さんにとって大事なことだと理解し、二年間号令を受け続けてくれた。彼女も授業参加していたのである。

三年になると、Kさんは時々梅村さんに学校で手紙をくれた。「あしたは　いっしょに　おべんと

う を たべる ひ だよ」というような手紙である。内容を理解し嬉しそうに読んでくれる彼女を見て私は驚いた。それまで平仮名の一文字一文字は読めても、文として理解することはできなかった。手紙を貰う喜び、読みたい気持ちがいままでできなかったことをできるようにさせる、これこそが学びだと思った。同世代の人と同じ場にいて触発されることは、何よりの学びである。

【卒業へ】

卒業が間近になった頃、梅村さんは皆に就職の報告をしたことがあった。ホームルーム終了後、梅村さんは前に出て、帰ろうとしていた皆を座らせ、就職の報告をした。その時のことを、Kさんは2年後の手紙で次のように書いている。「確か号令係最後の日か何かの日に、涼ちゃんがみんなの前で挨拶をしたことがあったと思うのですが、私はそれが今でもすごく印象に残っています。ものすごく緊張していたようで、もう今にも倒れてしまいそうで私の方がドキドキした位でした。その緊張と、号令係を最後までやりとげたことの感動で泣きそうになりながら『ありがとうございました』と涼ちゃんが大きな声で言った時、あぁよくがんばったねぇ！ と思って私も涙が出ました」。梅村さんは、この時就職の報告をした本屋さんで今も働いている。

## 普通高校で学んだ意味

「娘は『六年かけて高校を卒業したこと』を自分のバックボーンとしている」とお母さんは語っている。梅村さんにとって「入学し学び卒業したこと」は誇りであるに違いない。

では級友は、梅村さんと一緒に過ごしたことの意味をどう捉えているだろうか。二年後の手紙から紹介する。当時、大学で社会教育を学んでいたTさんは次のように述べている。

社会教育の分野の中には障害児教育も含まれているのですが、それを勉強するにあたって、涼ちゃんと過ごした二年間は大きな財産となっています。実際にハンディキャップをもった人と話したり遊んだり学んだりしてわかることがたくさんあるのです。私が涼ちゃんから教えてもらったことは、案外たくさんあったのではと感じたのは、恥ずかしながら大学に入って社会教育を学んでからです。ですが、それはきっと私だけでなく三年一組だったみんなが思っているはずです。反対意見も出るとは思いますが、私は、涼ちゃんが養護学校ではなく普通高校に通ったことが涼ちゃんにとっても私たちにとっても、良かったと思います

前出のKさんは次のように書いている。

涼ちゃんが狛江高校にいることに疑問をもっていたクラスメイトもいたと思います。養護学校の方が良いのではないかと思っていた人もいるかと思います。でも私は、（中略）一般的な言い方ですが、学校を卒業して社会に出た時にその〝社会〟というのは、ハンディを持った方とそうでない人がいるわけで、学校が同じでも違くても、結局お互い向き合う日がくるわけですよね。その向き合った日に特別な意識を持つか持たないかでは、大きな差があるのではないかと思います。お互いがどう接していけばよいか、最初は必ず迷うことだと思うので、その向き合った日が早ければ早いだけ良いと思うし、だから私は狛江高校で涼ちゃんと一緒に過ごせたことに感謝しています。（中略）高校生活で勉強よりも大事なことを学ぶことができて、ラッキーです。

他にもいくつかの手紙があったが、紙幅上割愛する。梅村さんの存在を否定するものはなかったが、「私が親だったら普通高校に入れないのでは」等批判的な見方もあった。

一組の生徒も私も梅村さんと出会わなかったらこのような考えにならなかった。多くの人がTさんやKさんが得た「財産」「ラッキー」を得られたら、と思う。Kさんは「それが（一緒に学ぶこと）当たり前！くらいの勢いで世の中そうなっていけばすばらしいと思う。そうなるには本当にたくさんの問題をのりこえなければならないと思いますが……」と書いている。あれから二十年、「それが当たり前」には程遠い現状がある。二〇一九年の今、知的に障害がある生徒のいる全日制高校は、一九九五年当時より減っている。定員割れで入学しやすい定時制も廃校にされたところが多い。

高校で障害ある人が学ぶ際の壁に「適格者主義」がある。ほとんどの人が高校に行く今、社会通念に合っているとは思えないし、「泳げない人を排除し、泳げる人をより速く泳げるようにする」適格者主義が教育本来の目的に適っているとも思えないが、これは教員にも行政にもある。高校で中退者が多いのもこの考え方による。どうしたらこれに穴を開けることができるかわからないが、できることは、高校に行く、卒業するという事実を一つ一つ積み重ねるしかないのではないか。体験した人が増えれば良さをわかる人が増える。障害がある人が一緒に学ぶ学校は、様々な不利な条件の下にある人も学ぶことが出来る学校である。「一緒の授業」が「当たり前」になることを望む。

# どの子も地域の公立高校へ・六年目の埼玉

どの子も地域の公立高校へ・埼玉連絡会

## 埼玉での高校進学への取り組みの経過

【どのように始まったのか？】

「どの子も地域の公立高校へ・埼玉連絡会」（以下、「連絡会」）は、一九八八年春の入試を前に、浦和市の猪瀬君、草加市の熊谷さん、本間さんの県立定時制への受け入れを求めて、活動をスタートさせた。

埼玉では、二十数年前に、大西赤人君の浦和高校不合格に対する抗議行動があった。これは、尼崎市の玉置君と同様に、点数はとれたはずなのに「身体障害を理由として」不合格にしたのではないかということで、試験結果の公表等を求めたが、受け入れられなかった。しかし、これをきっかけに、県は「身体に障害のある生徒の埼玉県公立高等学校入学者選抜学力検査出願の際の留意事項及び選抜の際の取り扱いについて」という通知を、毎年出すようになった。この「通知」の冒頭には、「……身体に障害があることにより、不利益な取り扱いをすることがないように留意する」と書かれていた。

このように「身体に障害のある生徒」を「知能に障害のある生徒」とは区別し、対応策をとってきた県教育局だったが、この「通知」にもとづく中学校長と高校長との事前協議も、じっさいには設備改善・介助等を要すると見られる生徒の受験前の足切りの役割を果たしてきた。

三人が不合格になった後の五月には、県政史上初めての三泊四日の知事応接室座り込み行動が、障害者、親、友人ら、延べ百数十名によって行われた。その結果、教育長は、「自主登校の事実上の追認(実態を続けられる方策について検討したい)」を内容とする口頭確認を、知事室長立ち会いの下に行った。フィナーレは、教育長と全員での対話集会だった。

以後、教育長口頭確認を受けて、教育局各課課長補佐クラス(「事務レベル」と呼ぶ)と私たちとの交渉の場が、継続的にもたれるようになった。この八八年の暮れ、県は先に述べた「通知」の「身体に障害」という文言を、「障害」と改めた。これに先立ち、県は「通知」から「選抜」という文言の削除を抱き合わせでやろうと、図ってきた。私たちは、たんに「受験上の配慮」だけでなく、「選抜上の配慮」(点数がとれなくても入れろ)を行うべきだという立場から、「選抜」の削除にはもちろん反対した。また、従来からある「学校として身辺介助人を置くことができない」とか、「施設・設備の面で財政措置を伴う配慮は原則として行えない」とか、配慮の例として「別室受験」が挙げられているなどの点を、削除せよと主張した。

結果としては、「施設・設備」について「階段にてすりを付けるなどの……配慮はできる」と改められただけで、他はそのままになった。「選抜」の文言もそのままになったが、県はあくまで「ここでいう選抜とは受験のことを意味する」と言いはり、私たちの「選抜上の配慮」要求については認めていない。

【いまどうなっているか】

本間・熊谷さんが自主登校の末受け入れられた高校だけは、その後定員オーバーの年も含め全員合格方針をとり続けている。その他数校で、「知恵遅れ」と呼ばれる生徒を受け入れたが、大勢は六年前と変わらず、定員内でも足切りされる。県は、「定員を可能な限り満たせ」と指示するだけで、結果的に定員内不合格が出ても、「その学校の教育を受けるに足る能力・適性の有無を判断して合否決定するのは校長の裁量権」と居直り続けている。総合選抜制、単位制など、文部省を先取りした県立高校多様化の中で、各高校は、生き残りのための生徒選びをいっそう強めている。

選別が強まる中、猪瀬君は地元の定時制にこだわり、受験し続けてきたが、いまだに不合格のままだ。二年目の受験先からは、話し合える教員が内部におり、部活への参加などしてきたが、一握りでしかなく選考会議には影響を与えられないまま。やはり、校長、その背後にいる教育局を追い込まなくては、入学につながらない。

また、「連絡会」として毎年二回は「就学ホットライン」を主催すると、二十人くらいの高校進学希望者がいるにもかかわらず、冬になるころには数えるほどになってしまう。「みんなと一緒に」という当たり前の思いが、特定の定時制高校以外では実現しないまま、後続の仲間も中学の進路指導段階で屈服してしまう。

こうした状況を、突破してゆくために、九〇年三月には、大人の障害者たちによる、県教育局廊下リレー座り込みが一カ月にわたって行われ、「廊下講座」なども開かれた。しかし、壁は厚かった。

九一年に、大人の障害者たち一三人が、自ら県立高校に願書を出した。ほとんどが就学猶予・免除者と養護学校高等部卒業者だった。子ども時代を地域で共に育ちあうことができず、大人になってから街に割り込んで生きてゆく道の狭さを痛感していた。「介助者探しに」、「友達づくり」、「猪瀬君らの応援」と、高校生活のイメージはさまざまだったが、それよりむしろ不合格にされたり、願書を受け取ってくれないという状況を想定していた。その過程を自ら体験することを通して、障害者自身の声で、現行の入試選抜制度の差別的現実を暴いてゆこうとした。その一環として、裁判という手段も、具体的な差別を受けた個人からの告発があれば、可能になるだろうと、「連絡会」では考えていた。

その構想のとおり、九二年に増田裁判に踏み切った。兵庫の玉置裁判の影響もあり、広く関心を集めた。この裁判は、行政不服審査請求の期限・六〇日をとうに過ぎており、玉置君のような不合格処分取り消しは求めていない。その代わり、「通知」にもとづいて増田君の出身養護学校長から高校長に出された事前協議文書の密室性、差別性を問うている。

裁判をスタートさせたことで、県の対応に変化が出てきたことは確かだ。九三年の入試からは、事前協議文書は本人・親の希望をよく聞いて作ること、また本人・親が希望する場合は、事前協議の場に参加できるようにすることを、「通知」の中に盛り込んだ。さらに、東京や神奈川などで行われている受験場での代筆、音読、身辺介助などのための第三者の同席を試験的に認めた。しかし、これらが所詮ポーズでしかなかったことは、相も変わらぬ「定員内不合格」という結果がはっきり示している。

そんな結果にもかかわらず、これらの新しい動きが、親や教員の間に「点数がとれなくたって、高校に行ってかまわないんだ」という意識を育みつつあることは確かだ。県内には「養護・特殊適」と判定されながら普通学級に通っている子どもたちが三千人いると推定されるが、この子たちの多くはこれまでも「みんなと同じように高校へ」という思いを抱えてきた。その思いを「高校は義務教育じゃない」、「お前の行く高校なんかない」、「それより早く手に職を」と、教員そして親が抑えてきた。そのシバリが少しだけ緩み、来春は「連絡会」としてこれまでで最多の受験者を結集することになりそうだ。

**【これからどうしてゆくか】**

裁判の決着そのものは、せいぜい「通知」にもとづく事前協議手続きが、当事者を抜きにした非民主的な適正を欠くものであったというレベルに止まるだろう。県は、すでに当事者参加を認め、障害に関し慎重な表現を用いるよう学校に指示し、選抜上に影響を及ぼさない範囲での代筆受験等の配慮も試みている。結果を先取りした対応といえる。私たちの求めるものは「どの子も地域の公立高校へ」であり、まずは定員内不合格にねらいを定めて一掃することだ。しかし、そのためには、普通学級三千人、そして特殊学級や養護学校にいる潜在的高校生予備軍が、少しでも多く「当たり前に高校へ」と名乗りをあげ、あちこちで県立高校の門を叩く人が増えることが必要だ。

そうした状況を拡大していくために、この裁判も活用したい。裁判の証人調べ等の過程で、この事件の背景にある幼いときからの別学体制の存在や、問題の「通知」にもとづく事前協議も個人の「障害」の品定めに応じた配慮という点でやはり別学体制の延長にあることなどを、明らかにしてゆこうと考えている。

もちろん代筆受験など介助者参加を含む受験上の要求は、今後とも増してゆくだろう。が、その根本の前提は、定員内不合格を厳しくやめさせてゆくことをはじめ、「点数のとれない子」を含めていろんな「障害」をもった子を受け止める役割を、県立高校に負わせてゆくことだ。代筆受験等の要求は、これまで別世界の人として存在すら見えなかった子どもたちが、高校教員や教育局とはちあわせし、ぶつかりあうチャンスをつくる。県の言う「受験上の配慮」に終わらせず、「選抜上の配慮」へとつながるきっかけとしてこそ意味があるのだ。そして、これは、入学後の進級をめぐるやりとりとも呼応しあう。「受験上の配慮」で足れりとしている「通知」の事前協議制を今後廃止し、その代わりに定員内不合格禁止をはじめとする希望者全員入学に向け、選抜要綱そのものを変えさせてゆくための一歩を、今年から来年に向けて踏み出すことになろう。

（山下浩志）

## 増田裁判

### 【埼玉の制度と障害者の集中受験】

埼玉で、「どの子も地域の公立高校へ」と本格的に障害児たちが高校の門を叩き始めてから四年目の一九九一年三月、この高校入学運動にかかわってきた大人の障害者たち数人が、高校を受験した。かたくなに閉ざされている高校の門を、なんとかして開けようという支援行動であった。そこには、A君やB君が高校に入学できるようにという思いもあれば、自分自身がこれまで排除されてきた学校教育の機会を取り戻したいという思いもあった。また、障害者がまとまって受験することをとおし、別学体制の上に居座る入試選抜制度の矛盾を社会的に明らかにしていきたいと考えた。

増田純一さんも受験者の一人であり、浦和高校定時制を「社会人特別選考」で受験した。選考で大きな比重を占める面接は、まずまずうまくいったと思ったが、不合格。内申書と「事前協議資料」を情報公開にかけたところ、内申書はまったく公開されなかったが、事前協議資料は、初めほとんど墨塗り状態の公開であったが、オンブズマン制度にかけて、なんとか一部を残して公開された。しかし、文書の内容は、「全然ぼくのことじゃないことが書かれていたので、ぼくはびっくりしました」と増田さん本人に言わしめるような、予断と偏見に満ちた内容のものであった。埼玉県では、「高校受験にあたって、障害者がその障害を理由に不利益な取り扱いを受けることがないようにするため」出身中学校長と受験先高校長が事前協議することになっていて、事前協議の資料は出身中学校長が作成することになっている。しかし、「不利益がないように」と言いつつ、実情は増田さんの例のとおりである。

**【裁判の枠組みを見据えて】**

ここから増田裁判が始まるのだが、裁判の詳細については私たちが編集した資料集『買おうじゃんこのケンカ』を読んでいただくことにして、ここでは裁判が抱えている問題点について述べてみたい。

私たちは、「みどりの手帳」を持っていないのに持っていると書かれたり、障害の様子について例えば「下肢、尖足でやっと歩ける程度（よたよた）」とか「上肢のまひ、強い、字はよく書けない」とか書かれたりなど、事実と違ったり、より強調したりして書かれ、そのことが不合格につながったとして抹消請求を行った。しかし、そのことはこれまでに取り組んできた「どの子も」、「0点でも」といった高校入学運動の趣旨に反することになるという問題がある。「みどりの手帳」を持っていると書かれなければ、あるいは障害について重く書かれなければ合格のはずといった主張になってしまうと、実際にみどりの手帳を持っていたり、障害ももっと重かったりする人は、入学の対象からはずされることになってしまう。そういったことから、できる子の入学を認めさせようという裁判であり、玉置裁判と同質のものではないかという批判も出ている。このような増田裁判が抱えている矛盾を今後どのように克服していくのかが問われている。裁判には現行の法と社会的価値観の枠にしばられるという限界があり、なかなか困難な作業ではあるが。

要するに、事前協議文書をより正確に書く(より正しく判定することにつながる)ようにすることが裁判の目的ではなく、事前協議制度が「障害を理由に不利益な取り扱いを受けることのないように」と言いつつ、実際には障害者をくくり出し、差別を助長する役割を果たしてきたことを問題にしなければならないのだ。当初、事実と違ったり、障害の様子をより強調したりしている部分の抹消を求めていたが、偏見を持たれるような表現や、受け入れが困難であるという予断を抱かせるような部分まで広げて抹消請求を行った。そして、いまでは、文書の全面抹消により、事前協議制度こそが、障害者の入学を阻む役割を果たしていることを訴えていきたいと考えている。

**【県の動向と裁判】**

さて、高校入学に関する県の動きであるが、裁判が始まったことにより、玉置裁判と同時期であったこともあり、マスコミで大きく取り上げられたことなどから、社会の批判を恐れてか、二年目受験で増田さんをはじめとする幾人かの障害者が受験に合格した。また、不十分ながらも代筆や音読による受験を認めたり、事前協議の場に親や学級担任だけでなく第三者も入れたりするようになってきた。しかし、今年で六回目の受験に挑戦したA君はまたも不合格にされたのである。事前協議も受験もある程度受験者の要望に応えた方法で行うが、「どの子も」、「0点でも」というわけにはいきません、というのが現在の県の態度である。このような県の動きは、裁判の動きを意識したものであり、裁判を「みどりの手帳」を持っていると書かれたから不合格になったというような内容に落としこめてはならないと痛感するところである。

裁判には、毎回増田さんをはじめとする多くの車椅子の人たちが傍聴に参加する。裁判所の正面玄関にはスロープがない。裏にはスロープがあるが、みんなで車椅子をかついで正面から入る。また、裁判で手話通訳をつけてほしいと要求したが、それは自分たちで用意してくれという。裁判官の声は小さく難解な法律用語のやりとり。いったいだれのための裁判だろう。しかし、これが現実なのだ。ここから進むしかない。

(竹迫和子)

## 高校をめぐる状況

### 【高校入試改革の動き】

埼玉県では全国に先駆けて、この間高校への入試に関して、進路指導に使っていた業者テストの偏差値を追放し、中学校から出される調査書を入試選抜の資料として重視する方針に切り替えた。

一九九三年六月二十三日の県議会において、岡まち子県議は「偏差値を使わない入試を進める以上、中学から出される公的な書類は調査書が主体となるはず。進路先を決める上からも事前に内申書を含めた調査書を本人に公開すべき」、「高校入試における定員内不合格者を出さないことについて」の質問を教育局に対して行った。

この質問に対し、荒井教育長は「調査書は非常に重要な入学者選考の資料。非公開を前提としてはじめて公正・妥当に書かれると考える」。定員内不合格に関して、国が定める基準に沿った能力・適性が伴わない者に関しては、定員に満たない場合でも不合格は妥当との考えを示している。

地方自治は住民の参加と行政の公開性の確保を前提として両者の合意をもとに成立するタテマエなのに、国の基準（能力・適性に沿う）を機械的に適用し、生徒を「能力・適性」により、選別し、振り分ける下請け機関に埼玉の教育はなってしまっている。

【いま問われていること】

「どこかいい所」を求めず、目の前の差別を恐れず「ちゃんと差別されに」学校へ行く。「ちゃんと差別され」ながら、日常の積み重ねによってつくり出していくこと。生活の中から自ら向き合わなくてはならない課題を、逃げずに一つ一つ立ち向かいながら考え、解決の方法を模索しながら学校に通い続ける。こんなスタンスで「養護学校に適した」と判定された三千人を超す子どもたちが、今、埼玉では地域の普通学級に通っている。普通学級に通っている障害児は、圧倒的に知恵遅れ・自閉症等と呼ばれている子が多い。中学を卒業すれば、当然高校に行きたくなる、そのことに理由はいらないはずだ。

「共に」の運動は、創成期以来、常に「能力・適性」・別学体制の壁に取り囲まれ、常にその壁を何らかの形で克服してきた。

「身体に多少の障害があっても、高校を卒業可能な能力・適性があれば、身体障害者に関しては公立高校へ入学させる」ということが県教育局の判断のようで、現実に増田君は裁判を起こした翌年、浦和高校に入学を認められている。増田裁判においても、県の方針は、「公立高校を卒業するに足る能力・適性を期待できない」「知的障害児」たちを合法的に排除する論理で裁判に決着をつけることだ。今、埼玉の「共に」の運動にとって問われていることは、「権利」を争う「裁判」という抽象的な言葉のやり取りの中で解決の方法を模索することの限界をいかに克服するのかということであり、再び「現実の中から、現実を掴みだし、生活の言葉で打ち返していく」ことだ。（猪瀬良一）

## 0点で高校へ行く遠い道のり

【六年間拒まれ続けて】

息子が中三で高校受験を控えた年から始まった、足かけ七年にわたる埼玉県教育委員会との交渉の中で、変わったことは何だったのだろうか。

「身体に障害をもつ生徒が受験の際不利益に」ならないための通知という文章から「身体」が削られて単に「障害をもつ」となったこと、また、そのために行われる「事前協議」の場に中学から提出される「事前協議資料」を本人・保護者が提出前に見ることができるように（ということは異議申立てができるように）なったこと。後者に関しては「増田裁判」でその内容の公開を求めたため、中学校側がいかに問題にされないように書類を作るかということに気をつかうようになった。だがそれも、選抜するのは高校ですからね、そちらの言うとおり書きますからね、（だから落ちても）中学の責任ではありませんよ、と念押しする中で書類が作られる。

だが「増田裁判」は合否を覆せという裁判ではないから、教育委員会としては、「みどりの手帳」と書いてしまったのは誤記述でしたと謝ってしまえばすむことなのである。増田くんは次の年、「みどりの手帳」ではなく、「身体障害者手帳」と書かれた事前協議資料を提出し合格しているのだから。本人も去年のボクと今年のボクが違っているとは思えないと言っているのに、「みどりの手帳」の記述のある年には落とされて、それの消えた次の年には受かったということが、埼玉県教育委員会のいう、その学校の教育を受けるに足る能力適性云々ということを明確に表している。みどりの手帳をもっている（ような知恵遅れの）人は入れないということだ。

埼玉県教育委員会及び高校はその学校の教育を受けるに足るということを、別の言い方で「卒業する見込みのあるもの」とも言っている。卒業する見込みなどというものは、入学する前にわかるものなのだろうか。現に無事入学を果たした何人かの仲間が、進級させるさせないの話の中で、二年留年すると退学＝卒業できないと言われている。卒業する見込みがあるから入学させたのだから、なんとかして進級させ、卒業させるのが学校のすることだろうに。だがそうではなく、自助努力で卒業できる子のみが進級・卒業できるのだ。

それに照らして考えれば代筆受験とか、通訳とかを要求するようではそもそも合格するはずがないわけだ。冷静に考えてみると、受験の方法について要求をするのは、そのことによってなんらかの「点数」がとれるという場合を除けば、定員内不合格を認めさせないという前提があってこそ有効な手段なのだ。それがないところでは、受験の機会を重い障害者にも平等に与えてやったというアリバイにすぎない。

そのアリバイづくりのために埼玉県教育委員会と高校の管理職が、息子の受験に際して、予想問題ならぬ、判定会議の予想問答まで作成していた。

〇〇〇〇について

1、障害者の教育についての学校の基本的な考え方

・学検実施要項・同要領・通知等に従う

△後期中等教育の考え方に基づくもの（障害をもった者の後期中等教育）

△国の考え方を受けて県の方針……生徒の能力適性、障害の種別による学校種別——高校・養護学校

2、障害者の受入れの可否規準

・ある程度の得点があり、（規準は合議）本校での教育の可能なもの（教育内容・施設等）

△適性能力を判定したもの

3、中学との協議の内容（△聞かれたときだけ話す）

・教指二、1756に基づき、中学からの申し出により実施

・障害の状況の記録……プリント

4、不利益な取扱いをしないとの解釈（学検と選抜）

・障害のあることが、受検上のマイナスにならない

・障害のあることをプラスとして、特別扱いで受け入れることではない。

**お買い上げいただいた書籍のタイトル**

| |
|---|
| |

**本書のご感想及び、今後お読みになりたいテーマがありましたらお書きください。**

**本書をお買い上げになった動機**（複数回答可）

1.新聞・雑誌広告（　　　　　　　　）　2.書評（　　　　　　　）

3.人に勧められて　4.ＳＮＳ　5.小社ＨＰ　6.小社ＤＭ

7.実物を書店で見て　8.テーマに興味　9.著者に興味

10.タイトルに興味　11.資料として

12.その他（　　　　　　　　　　　　　　　　　　　　　　　）

ご記入いただいたご感想は「読者のご意見」として、新聞等の広告媒体や小社Twitter等に匿名でご紹介させていただく場合がございます。
※不可の場合のみ「いいえ」に○を付けてください。　　　　　いいえ

**小社書籍のご注文について**（本を新たにご注文される場合のみ）

●下記の電話やFAX、小社HPでご注文を承ります。なお、お近くの書店でも取り寄せることが可能です。

TEL：03-3221-1321　FAX：03-3262-5906
http://www.gendaishokan.co.jp/

ご協力ありがとうございました。
なお、ご記入いただいたデータは小社からのご案内やプレゼントをお送りする以外には絶対に使用いたしません。

郵 便 は が き

お手数ですが
切手をお貼り
ください。

102-0072
東京都千代田区飯田橋3-2-5
㈱ 現 代 書 館
「読者通信」係 行

ご購入ありがとうございました。この「読者通信」は
今後の刊行計画の参考とさせていただきたく存じます。

| | | | |
|---|---|---|---|
| ご購入書店・Web サイト | | | |
| 書店 | | 都道<br>府県 | 市区<br>町村 |
| お名前《ふりがな》 | | | |
| 〒<br>ご住所 | | | |
| TEL | | | |
| Eメールアドレス | | | |
| ご購読の新聞・雑誌等 | | | 特になし |
| よくご覧になる Web サイト | | | 特になし |

上記をすべてご記入いただいた読者の方に、毎月抽選で
5名の方に図書券500円分をプレゼントいたします。

△別室、ルーペ、車椅子
△学検、学習の記録からみて、能力適性があるのに、障害の理由で落とすことはない。
5、○○○は卒業後○年たち、その間の変化、成長等は中学からの資料だけでは不十分
•「通知」に基づいて実施
•卒業後の変化・成長を知る客観的資料・機関がない
△基本的に要項・要領に従う、中学からの資料を参考にする（卒後の資料はない）
6、無条件受入れの可否
•学検制度の根幹（選抜の意義）にかかわる
×普通科なので、要員・施設が整備されていない
×本人の能力・適性・意欲等の測定ができない（コミュニケーションができないから）
7、定員に満たないのに不合格とする理由
•選抜要領に基づき厳正公平に行う
•判定に際しては県教委と協議する
8、今回の対応は障害者への差別・選別である。
•実施要項等に従っている。

（△は○○先生（注・教委）から）

埼玉から始まった、偏差値を私立高校に提示しないということは、校内で行う業者テスト廃止にまで至った。生徒・教師の声を無視して埼玉県教育委員会だけは、どこからも批判は聞こえてこないと胸を

はる。結局は、埼玉県立高校のトップ校に優秀な子を集め、他の子たちには、いろいろなコースの科もあるし、高校だけがすべてではないのだからと言っているにすぎない。障害者が切り捨てられ、手のかかる子も切り捨てられていく。

そのような中で、定時制高校は四〇人募集のところに一人などというところもあるほど、定員割れをしている。教育委員会は定時制の改革を口にしているのに、教師の側には危機感がないように見える。本音のところ、手のかかる子でいっぱいになる定時制などない方がマシとでも思っているのだろうか。

せめて、定員内での不合格をなくすこと、それを実現しない限り、0点でも、「みどりの手帳」であっても高校に合格することはありえない。

(猪瀬佳子)

## 代筆受験、しかし結果は……

有《みち》が草加南高校(全日制)へ入学を希望して高校入試に挑戦して、今年で三回目になりました。一回目、二回目は試験も面接も有一人での受験で、実質何もさせてもらえずの試験でした。東京などで数年前から実現している代筆受験を埼玉でも交渉し、今年度の受験から代筆受験が実現しました。しかし代筆受験に対する考えが私たちと県とで大きく違い、その実施方法で直前まで交渉しましたが、県の主張する「公正」と私たちの主張する「障害者を不利にさせない」ことが最後まで一致せずに受験になりました。

二月二十五日の筆記試験は五科目の筆記試験が行われ、有の介助者一名、代筆者一名(共に有の介助になれている人)、音読者一名(県の指定した人)の三名が、試験会場の保健室に有と共に入りました。

そこには、その他にも試験監督二名、養護教諭、県の主事二名の計五名が（他の受験生はこんなに監督がつかない。これも差別？）。代筆者には耳栓をさせおまけにヘッドホンまでつけさせて、これでどうやって有とコミュニケーションをとって有から解答を聞き出すのでしょうか？　おまけに有とは三メートル以上離れろだとか、代筆者は有に問いかけてはいけないだとか、代筆者と介助者は顔を合わせてはいけないだとか、有と代筆者とのコミュニケーションを阻害させるようなことばかり。おまけに試験監督が試験が進むごとに難癖をつけ、試験を妨害しました。県との交渉のとき、試験問題は選択肢のみということだったが、草加南高校の監督は全部やれと強制しました。字の書けないものにどうやって字を書けというのでしょうか？

翌二十六日の面接は介助者が有と一緒に面接会場に入り、有の通訳をしました。

草加南高校は今年は受験者が定員に満たなかったので、「受験した者は全員合格させるように」という要望と八項目の受験のときの有や介助者や代筆者への様々な差別への求釈明を三月二日に県と高校に行いました。しかし、やはり今年も不合格にされました。

（原　有の父、原　和久）

## 高校ってどんなとこ？

**【高校入試への取り組み――中学校の対応】**

弘美が中一の頃、埼玉ではあちこちで、障害児の高校入学の取り組みが行われていた。定時制高校へ自主登校して、翌年入学した人もいた。弘美の中二のときに、高校へと言い出す可能性もあると、担任には話しておいた。受け入れる高校があればいいですがねえ、それは無理だと言わんばかりの話しぶりだった。

中二の夏からアンテナを張って、受け入れてくれる高校を探し出した。農業高校はどうかと訪ねれば、小学校四年生の問題ができればと言われ、偏差値はいくつかと尋ねられ、門前払い。昼間は、普通の子でも大変なんだから……と断られる高校も。

「0点でも高校へ」という視点から言えば、自主登校してでも……と思うのだが、やはり少しでも可能性があるならば、定時制にと挑戦した。そして、駅に近い、小川高校を受験することに決めた。それは、中三の秋だった。小川高校定時制に話しに行くと、夜間はいろいろな生徒がいて、刃物でのケンカもあるし、やめていく生徒もいるし、あまりよい環境とは言えないとの説明があった。障害児は受け入れたことがないという。受け入れたくないという気持ちは、伝わってきた。中三の担任に話すと、難しいことはわからないから、校長に話してほしいとのこと。中学の校長に話すと、その場で「学校として、真剣に取り組んでみる」と。ずいぶん話のわかる人だった。

中学校が本気で取り組むと、すごいものだ。校長、教頭、学年主任と、いろいろアドバイスをしてくれた。小川高校との事前協議のときも、保護者として一緒にどうぞと、大雪の日だったので、家の近くまで担任が車で来て、乗せて行ってくれた。事前協議の間、とてもなごやかな雰囲気で、中学校で三年間、普通クラスでやった実績もあるしということで、短い時間で終わった。

受験の日、中学校を通して、三通の手紙を小川高校に出した。中学で同じクラスだった子から、友達として弘美を応援したいという便りと、その子の親の便り（同じ年の子をもつ親としての気持ちを書いたもの）、そして私の親としての願いを書いたものだ。中学校長は、その日、よろしく頼むと電話をしてくれた。中三のクラスでは、入試に近くなると、生徒たちが、弘美に面接のしかた（おじぎ、言葉づかい）など、何度も練習してくれた。また、カタカナの「イ」が、いちばん解答に多いというので、「イ」を書くよう、教えてくれた。

中学校の本気での取り組み、クラスの子の協力、手紙を書いてくれた友達とその親、いろいろの人の手助けがあって、高校に入学できた。入試発表の日、「弘美ちゃんも入った！」と、クラスの子たちが大喜びしてくれた。

しかし、私は今でも考えている。カタカナの「イ」の文字も書けない子は？　おじぎができない子は？　どうなる？　でも高校へ行きたいと、何年も挑戦している人がいる現実。「0点でも高校へ」と願っている親がいる。その一方で、定時制を含め多くの高校生がやめていく。教育、人間形成、個性尊重とか言いながら、学校の枠に入れようとする高校教育のあり方をしっかりと見つめていきたいと思う。

**【小川高校定時制に入学して――友達できた。遊んだ。楽しかった】**

「高校生だ！」と弘美もはりきり、いろいろな面で成長した年だった。電車通学も二週間くらいで一人でできるようになったり、家に電話することも覚えた。

女子が一十人くらい、男子二十人くらいのクラスで、弘美も入って七名の女子グループができ、豊島園に遊びに行ったり、わが家で泊まり会をやったこともある。友達いっぱいの一年間だった。

**【弘美、涙の留年――特別扱いはしません】**

三月の話し合いで、高校側は、特別扱いをしないことにしますので、通知表に「1」が三ケ以上あるので留年ですと言った。「授業中うるさいし、もっと勉強できるかと思った。弘美だけ進級させると、ほかの子への示しがつかなくなる。勉強しなくても進級できる人がいるという不平等はできない。みんな、平等にやっていきたい」とのこと。

では、0点ばかりの弘美は、ずうっとこれから留年ですか？

「それは、授業中の態度も考慮し……、なにしろ初めてのケースなので……」

授業中の態度など、私は知らないので、授業参観を希望した。だめだの一点張り。なぜ？　どうして？　いまだに疑問である。

弘美は、新学期は泣いた。どうして私は一年生またやるの？　修学旅行は行けるのか？　など、弘美は納得しなかった。弘美としては、びっくりするほど成長した一年だったのに。電車通学も一人ででき、時計がわかり（自分の必要な時間だけ覚えた）、手紙を書いたり、電話もできるようになったし、学校もほとんど休まず通ったのに……と。

**【弘美また留年——三度目の一年生】**

「昨年度より授業態度がもっと悪くなり、ノートはとろうとしないし、うるさいし……」と担任教師。

弘美はショックだったようだが、昨年より落ち着いてあきらめていた。私は、先生方に、親の気持ちということで、話し合いを求めた。どうして弘美を養護学校でなく、高校へ入れたのか、共に育つ意味の大切さなど、職員会議前に話すチャンスは、教頭がつくってくれた。しかし、先生方は、下を向いて聞いているのみ、何も話をしてくれなかった。この教頭と校長は、三月他校へ転出していった。

十二月頃、弘美と仲のよかったKさんが退学していった。理由は、小川高校の国語の教師の言葉に傷ついて、学校に話し合いに行ったが、教頭、担任が国語教師をかばって話し合いをさせてくれず、Kさんの思い過ごしだの一点張りに、嫌気がさして退学した。私も出かけたが、Kさんのプライバシーにかかわることなので、と学校側はとりあってくれなかった。その国語教師は、嫌みをいつも言っている人で、他の生徒も嫌っている。傷つくKさんが悪いのかしら？

夏頃、他校からSさんが転校して来た。担任と話をしていたら、「Sさんは、成績も抜群で、素直で、やさしくて、この学校に来るにはもったいないない生徒です」と私に話した。そんなもったいないような生徒と、もったいなくない生徒がいるのかしら？　そういえば、ある生徒が、「顕微鏡を使って授業してほしい」と言うと、「定時制の生徒に渡すと、壊されるからだめだ」と言った教師がいる。定時制の教師自身が、生徒を差別している。

（林　弘美の母、林　まり）

## ちょっと変わった高校生活

**【とんでもない学校に来てしまった】**

要一朗が高校生になって、もう四年目に入りました。

三年前の春、九九パーセント大丈夫だろうと思いながらも、残りの一パーセントにはまったら……と眠れぬ夜をいくつか数え、一パーセントのどつぼにはまったときの覚悟も胸に秘めて足を運んだ合格発表でした。断るまでもありませんが、九九パーセントの大丈夫は、点がとれての大丈夫ではありませんけど。とにかく目指す番号を目にしたときは、やはりうれしかったですね。しばらくはその場を去りがたく、「障害児（の親にも）だって、これくらいの喜びは与えられたっていいはずだ」と、不覚にも涙がこぼれてしまいました。

さて、要一朗も念願の高校生活に入るわけですが、私は要一朗が通学に慣れるまでの間は一緒に通い、あとは一人で通わせようと考えていたのですが、定時制はそんな甘いものじゃなかった。入学式の帰りには、とんでもない学校へ来てしまったものだ、こんなところへ要一朗一人を通わせるわけにはいかないと思ったのです。

○○組の舎弟かと思える子、自分の周りにバリアを張って一切を寄せつけまいとしているかのごとき子、上目づかいに周囲を見回している子。知らないもの同士が集まったときの雰囲気がどんなものであるかくらいは、私も想像がつきましたが、そんな生易しいものじゃありませんでした。全体的にささくれた感じで、視線もトゲトゲしく、下手に視線を合わせたらかみつかれそうでした。パンチパーマをかけた子や、ソリを入れた子にきつい目で見られると、あわてて視線をそらせたりして、今考えると笑ってしまうようなことも何度かありました。

何日かして、落ち着いて周りを見ると、大半はごく普通の少年、少女たちでしたし、恐ろしげに見えた子どもたちも話してみると、外見に似ず心優しいひょうきん者であったりして、ほっとしたものです。そんな中で、比較的おとなしい子や女の子たちは、なんとなく要一朗の周りに寄ってきて、からかったりしながら遊んでいることが多かったように思います。

【正々堂々の親子通学】

そして、そんな子どもたちとの何げない会話の中に、胸のつまるような話がいくつもありました。それぞれの家庭の事情であるとか、自分をかえりみてくれない親の話とか、とことん傷つけられた中学時代の話とかを、ポツリ、ポツリと吐き出す子どもたち。まだ幼さを残したこの子が、こんなつらい状況の中で生きているのかと、聞いているこちらのほうがつらく、涙がこぼれたこともありました。

要一朗と一緒に通うのは、慣れるまでと思っていた私は、引け時を逸して一年間が過ぎてしまい、二年目に入ってそろそろ限度だと思っていた頃、給食室の皿洗いをやってもらえないだろうかとの話があり、内心要一朗と離れることは血を流すよりもつらいと感じている私は、わたりに船とこの話に乗ったのです。そして、現在は、正々堂々要一朗にくっついて通学しています。

私が授業に出られなくなってからは、それまで私のプリントをそっくり写していた要一朗のために、何人かの先生は課題のプリントと一緒に答えのプリントも作って、それを写させるという形をとって下さっています。これにはおまけがあって、そっくり答えを書き込んだ要一朗は、赤ペンで〇をつけ一〇〇点と大きく書いて提出しているのです。

この形も最初のころは国語の先生が、空欄を自分の字で埋めなければ気の済まない要一朗の性格を知って、プリントの端に答えを書いて教えていたらしいのですが、端に書かれた文字を消そうとして、プリントを破いてしまうのを見てたどりついた方法のようです。これはありがたかったですね。よくそこまで要一朗を見抜いて下さったなと思っています。

（中村要一朗の母、中村順子）

## 三十代の高校生活

【脇役が主役になった】

私は、三十四歳になって初めて、普通の高校に入りました。入学式には、セーラー服を着て、式典に出ました。三十代のおばさんがそこまでやるなんて、そんな目で見る人が世間には多いと思います。普通の三十代なら、結婚して子どもが二人くらいいても不思議じゃないのに、なんでいまさら高校にと思うでしょう。

私は、長年、高校問題にかかわっていて、どんな障害をもった子も高校に行くのは当たり前のことだと考え、猪瀬良太君や武内もとみさんたちを応援してきました。しかし、自分は養護学校で十二年間を過ごし、勉強はほとんどやらず、親が恋しくて泣いてばかりの子ども時代を送ってきました。養護学校は、勉強ができなくても、高等部三年になると、自動的に卒業させます。養護学校の担任が冗談で、「あなたたちは、いつまでたっても卒業させないよ」と言った記憶があるくらいです。

そんなわけで、私は、高校問題にかかわる中で「普通高校ってどんなところなんだろう」という気持ちが強くなりました。高校生活を自分が体験する中で、どうしたら良太君やもとみさんと一緒に通える高校に変えていけるかを考えていきたいと思いました。それで、学科試験のない社会人特別選考を受けました。一年目は落ちましたが、二年目は入りました。

高校は、養護学校とちがって設備がなく、自分から働きかけないと変わりません。トイレは、同級生が手伝ってくれますが、問題は設備です。私が高校に入ったときは、まだトイレがポータブル・トイレだったんです。ポータブルだからグラグラしていて、手伝う生徒も「やりづらいね」と言います。私は、「このトイレ、なんとかしてよ」と担任に言いました。生徒も、私と一緒になって、話してくれました。担任は、「この問題は、行政のからむ話だからね」と、そんなことを言ってました。そのたびに、教頭、事務長、教育委員会の所に足をのばしました。そして、ようやく夏休みに、使いやすくするための工事が行われました。

【缶詰事件】

学校行事になっている遠足、これも大変でした。場所は横浜の山下公園で、私は行きたいと担任に言いました。担任は、「ちょっと、それについては、教頭さんと相談してください」と答えました。

校長室で、教頭さんと話し合いました。教頭さんは、「実は、遠足のことですが、野島さんは遠足に行きたいと聞きましたが、あいにく野島さんにつく介護人がいないんです。ほんとうは介護人がいれば行ってもいいですけど、もしいないとなれば家庭学習です。そのときは出席扱いします」と言いました。私は、「いやです。ふだん一人で出歩いているんです。横浜も一人で行きました。介護人がいなくても大丈夫です」と、話しました。

教頭は、校長室を出たり入ったりしていました。担任とも、副担任とも、言い合いになりました。私は「行きたいです。なんで行かせてくれないんですか、私は一人で行けるのにと、何度も言ってるでしょう」と言い続けました。そのうち、私一人を置き去りにして、みんな出て行ってしまいました。校長室には、だれも入ってきません。「開けて下さい」と何度も叫んだのですが、だれもドアを開けてくれる人はいませんでした。

その日は知り合いの家に泊まることになっていました。その家まで車で送ってくれる予定の介護の人が、私があまり遅いので、学校の中まで見に来ました。校長室の前を通りかかったら、中から私の声が聞こえたので、すぐ開けてくれました。私は、「この学校ひどいよね、私を閉じ込めて。こんな学校、新聞に訴えてやる」と叫びました。自分が大丈夫だと言ってるのに、なぜ介護人がいないと遠足に連れて行ってくれないのか、不思議です。なんて言っていいのかわかりませんが、まだ障害者を普通に扱っていないことは確かです。

次の日、「おはようございます」と、遠足の集合場所に行くと、昨日のことがうそのように、車椅子を持ってくれました。「これ、重たいよ。駅員さんに手伝ってもらおうよ」と私が言うと、「いいよ。先生たちで持つから」と言われました。先生方で車椅子を持ってくれ、電車の中もピッタリとついてくれました。厳重に見張っているようでもあり、よくとれば付き人が何人もついているようでもあり、私ってえらいのかなあと思いました。

## 【JRにも大きな衝撃】

電車通学のことについて、ふれておきます。私は、生まれて初めて定期を持ったことがうれしくて、何度も取り出してみては、ニヤニヤ笑っていました。

毎日同じ時間に駅に行くと、「また来たよ」という駅員の声が聞こえます。南越谷の駅員は、私の電動車椅子をかついで、腰を痛めて入院したそうです。高校の最寄りの与野本町駅は駅員が少なく、大変そうなので、私は「駅員はいいよ」と言って、通行人に呼びかけました。それでも、かなり駅員がかつぐことになり、その結果三カ月後の七月十日には、スロープができました。予算はＪＲが出しました。かなり急な傾斜で、それに専用ではありますが……、「久美子スロープ」です。駅を毎日利用することが、ＪＲに大きな衝撃を与えたことは確かです。

ほかの駅では、駅員に声をかけると階段昇降機を出してくるところもあります。私は「いやだ」とつっぱね、駅員は「わがまま言うな」と怒ります。あまりしつこいんで、昇降機に乗ったこともあります。昇降機が充電してなくて、階段を上がる途中で落ちそうになりました。「だから危ないって言ったでしょう」と言ってやりました。

これからの時代は、いつでも、誰でも使えるエレベーターが、必要なんです。

(野島久美子)

## 特別な課題じゃないんだ

### 【義務制後の状況と高校】

養護学校義務制以後、普通学級就学を希望する親子はかえって増え、その運動の盛り上がりの中、「親の意向を尊重する」という言葉で、希望する親子には普通学級での生活がとりあえず可能になってきた。一方、養護学校では、児童数が小中学部にあっては減り続け、希望者ゼロという学校すら出てきている。しかし、これが高校段階になると、その比率は一気に逆転してしまう。高校が固く門を閉じている以上、進学先は養護学校しかない。普通学級、特殊学級で生活していた子どもたちは、義務教育を押し出されるようにして養護学校高等部に入ってくることとなる。

中学まで普通学級でがんばってきた親子が、卒業の段階での選択として考えられるのは、①全日制高校への進学、②定時制高校への進学、③高校へ行かず就職、④養護学校高等部への進学、であろうか。具体的な取り組みとしては、定員を割っている定時制高校が入りやすいので、そこへ的を絞ることになりがちだが、多くの親子がまず願うのは、生活リズムや昼間の時間の過ごし方を考え、地域の全日制高校への進学であろう。中卒で就職というのは早すぎるというのが世間の相場だし、ここでのめどが立たない以上、養護学校高等部への太い流れは変わらないと思われる。

## 【このままの私を認めて】

そうであるが故に、地域の全日制高校へ、なぜ入れないのかという問題を正面に据えて考えてみることは絶対に必要であろう。そこでは義務教育とはちがって偏差値による輪切りが堂々と行われ、差別・選別の対象は「障害児」だけでなくすべての子に広げられている。前々教育長は「教育は学力だけじゃないですよね?」の質問に「もちろんそうです」と答えた。親も子もほとんどの人が、点数がとれなきゃしょうがないと信じている(信じさせられている)世の中で、「0点でも高校へ」という切り込みは、かつてないほど強烈な響きをもっている。それは「できるできない」という論理で養護学校へ追われ、施設へ隔離されてきた重度の障害者が社会に登場するためには絶対に突破しなければならない叫びであった。「できなくてもいいじゃないか、このままの俺を認めてくれ」という存在を前面に出した声であるからだ。

しかし、これらのことは今あらためて出てきた問題ではなく、小学校、中学校と普通学級で生活してきた親子にとっては、毎日毎日繰り返してきた言葉なのだ。法律がどうなっていようが、専門家がどう教育効果を展開しようが、それに対して私たちはいつも生活の言葉で、家族のこと、友達のことなどを淡々と語ってきたではないか。それはまったく話し合いとしてはかみ合ってはいなかったが、そうやって普通学級に居続けてきたし、確実に生活を広げてきたのだ。

その意味では「高校問題」として特に今までと違った課題があるわけではないように思う。「高校は義務教育とはちがう、その学校で教育を受けるに足る能力と適性云々」というのは、行政が勝手にはめてきた枠にすぎない。その枠にとらわれないことが肝心で、小・中と積み上げ、切り開いてきた地平を行政にも認めさせ、さらに突き進むことが大切であろう。そこのところを押さえたうえで、あえて「高校問題」独自の課題といえば、どうやって風穴を開けるかということで、それは裁判や交渉等さまざまな角度から切り崩していかねばならない。

（木村俊彦）

▼連絡先　どの子も地域の公立高校へ・埼玉連絡会
E-mail: donokom987@yahoo.co.jp

# 「0点でも高校へ」福岡からの報告

「0点でも高校へ」福岡・連絡協議会

## まえがき

福岡県の自治体は九七市町村あります。福岡県教育庁は福岡市、北九州市の政令都市を除く公立義務教育学校の管轄区域を福岡教育事務所、北九州市教育事務所、北筑後教育事務所、南筑後教育事務所、筑豊教育事務所、京築教育事務所の六区域に分けています。また、公立高等学校の通学区域を一五学区設置しています。福岡県教職員組合はこれらの管轄内に活動の拠点として二二支部を設置しています。また、福岡県高等学校教職員組合は一八支部を設置しています。このような組織を横目にみながら各地に様々な「障害」児・者、親、教師の会、団体や各個人が自らの足もとの地域で差別に対してしたたかな闘いを組み生活しています。

一九七九年養護学校義務化に伴い、各地で教育委員会とのトラブルを乗り越え「地域（校区）の子は地域（校区）の学校へ」をスローガンに普通学級で過ごしてきた子どもたちは、二十歳を越え地域に根づいて生活している人たちや施設に行かざるをえなくなった人たちもいます。それらの様々な状況の中で地域で共に生活してきた仲間たちから「一緒に高校へ行こう」という声が出されてきたのも事実です。しかし、この一二年だけを振り返ってみると、水面下の取り組みとして高校への入学はありました。二十四歳になるMさんの母親は、

「『0点でも高校へ』の取り組みだったのだなあ、と感じている。当時は高教組も強かった。だから、受け入れ態勢もあった。定時制を受験し、ダメだろうと思っていた。この取り組みのとき、ある人から『この子の進路は高校だけじゃないやろ』と言われた記憶がある。高校としては『障害』児としては受け入れていない。進級のときに、単位が取れないものだから、高校側から『この子にとっては養護学校がよいのではないか』と言われた。それに対しては『学力保障とかは考えていない。居るだけでいい。留年してもよい』と返さざるをえなかった。そして、合格してしまった。入学して『この子（障害者）が進級して、できる子（健常者）が進級できないというのは問題である』と通告を受けたので、『その子の努力を認める点数のつけ方を考えてほしい』と返していった。そういった状況のなか、高校の教師たちは出席点を考えていった。毎日学校に通うことが学習への関心態度の意欲の意思表示として評定したのだった。まわりの子どもたちは『少し違うな』と思いつつ、結局生活する中で受け入れていった。そして、ほとんどの生徒たちも進級していった。親としても高校のPTAの役員をしていき、教師とつながりをつくっていった。そして、卒業した今でも友人から電話があり一緒に酒飲みに行ったり、カラオケにつれられながらつきあいは続いている。子どもは親が思っているより、たくましく、生きる力を持っている。夜遅く出ていって警察から事情聴取を受けたのだが、しばらくすると、平気な顔で家に帰ってくる。こういう体験は実際、社会に出てから起こりうる。それをしたたかに逃れていくやり方とか

を教えてくれているのは友達だった。また、本人はお金の価値というものはわかっているか、いないかはわからないが、買い物にいくときは千円か五百円を持っていく。品物の値段ちょうどというのではなく、そのお金をだせばおつりを持って帰る。まわりのひととの関わりの中で生活し、生きている」と語る。

このような取り組みをしていくなかで、入口の問題として入学する子もあったが、多くは「養護学校のほうが将来幸せです。養護学校や施設があるのになぜ高校を受ける」。また、「高校は施設設備ができていません」。そして、「だれでも入学試験は受けられますし、点数をとってもらえればいいですので、障害者だからといって差別したりしません」という平等主義で話し合いに応じず、入学願書を提出すると特別委員会が高校内に設置され、「声をだせば退室できる。指示に従わなく席を立った場合退室できる」等の十数項目の申し合わせ事項が職員会で話し合われ、別室に移され受験不可能と通告され、不合格になっていった。

このような事象は福岡県教育研究集会で報告もされていた。聴覚障害者にとって、英語のヒアリング問題導入について、視覚障害者に関しての点字受験、身体障害者の代筆受験などの交渉が各地で取り組まれていった。しかし、知的障害者と言われる人たちの高校へ行きたいという思いを教師、親たちは現実の点数制度から逃げていた。しかし、地域で共に過ごしてきたまわりの子どもたちは「あいつは高校どうするとやろ」、「一緒に高校へ行こう」、「なぜ高校は障害者を入学させんと」という疑問や突きつけを中学校教師や親たちにしてきた。そこで、同じ状況の八女地区（南筑後教育事務所管轄）、久留米地区（北筑後教育事務所管轄）、筑紫地区（福岡教育事務所管轄）の三地区のメンバーが集まり、九一年二月に

「0点でも高校へ」福岡・連絡協議会をつくり、県教育委員会へ入学試験改善の要望書を提出していった。また、講演会を開く中で地域情宣活動や学習会を組織していった。そこから、各地の具体的運動や交渉を積み重ねていった。福岡県内での一部の取り組みではあるが、三地区の取り組みを叩き台として紹介し、今後ともこれらの運動をしなくてもよい時代がくるように、したたかな運動を展開したいものです。

（堀江雄一、山家小学校教員）

**【資料1】** 六・二八講演会趣旨

七九義務化以降、「障害」児は養護学校へと分けられてきました。その一方、地域の中で友達と一緒に「校区の学校へ」と普通学校の中で生活をしていった子どもが多くいます。そして、中学を卒業し、高校受験に到った子どもが多くいます。現在、高校進学率は九五・二%に達し、高校は一部の子どもだけのものではなく、「国民的教育機関」になりつつあります。にもかかわらず、「高校入試選抜制度」は「適格主義」のもと、「高校へ行きたい」、「友達と勉強したい」という訴えを踏みにじってきました。

適格主義の考えが明らかにされているのが、募集定員に対して受験者が定員未満の場合でも、全員に試験を受けさせ、その中の数人を不合格にしてしまう時です。今年度も昨年度に引き続き、T高校で定員四〇名に対し、受験者三七名、合格者二三名⇩不合格一四名（一次試験）を出しました。また、「地域の高校へ」という親の願いで準高生・聴講生を希望したにもかかわらず、結果として養護学校を選ばざるを得ませんでした。このような中で、推薦入学という形で地域の高校へ入っていくこともできました。これは大いに評価できるものです。しかし、まだまだ「障害」児・者の進路の一つとしての高校進学については問題が山積しています。

入試要綱に定員を明示するということは、明示した人数は採るという社会的契約です。私達は、県教委・当該高校に速やかに社会的契約不履行の解決、すなわち「定員内不合格を行わない」、「定員を確保する」という入試要綱改善と、当該高校に対して入学問題をしっかり見据えて欲しいということを要求するものです。そして、希望する全ての子が高校へいく運動を繰り広げていきたいと思っています。

この要求を実現するための一つの取り組みとして、昨年度の河野克子さん、紹君を迎えての「風をおこそう」講演会に引き続き、本年度も広島の陶山ルリ子さんを迎えて「風をおこそうＰａｒｔ２」を企画するものです。

**【資料２】 福岡県教育委員会宛ての要望書**

一九七九年の養護学校義務制の実施は、「『障害』児・者は養護学校へ」と地域の普通教育から分けられるものでした。その一方、隣近所の幼なじみや兄弟姉妹たちと一緒に同じ学校へ行きたいという願いから、「校区の学校へ」と普通教育の中で生活していった子どもたちが多くいます。そして、地域の中で様々な人間関係をつくりながら中学校を卒業し、高校受験に到った子どもたちがいます。

現在、高校進学率は九五・二%に達し、高校は一部の子どもたちだけのものではなく、「国民的教育機関」になりつつあります。にもかかわらず、高校入試選抜制度は「適格主義」の下に「高校へ行きたい」、「友だちと勉強したい」という訴えを踏みにじってきました。私たちの基本要求はあくまでも学力によらない進学の実現です。各都道府県においても現在入試制度の配慮がなされつつあります。国際障害者年（長期計画一〇年）が経過した今、本県では口述筆記や英語ヒアリングテストなどの配慮がみられましたが、様々な課題が山積しています。

以上のことを踏まえて、「障害」者の受験にあたって一定の配慮を重ねること、また、直面する緊急課題として「定員内不合格」問題に具体的に取り組むことを要求します。

「定員内不合格」の問題点は募集定員にたいして応募者が定員未満の場合でも、全員に試験を受けさせ、その中の数人を不合格にしてしまう点です。今年度も、各学区で定員割れという結果がみられました。入試要項に定員を明示するということは、明示した人数を入学させるという社会的契約です。そして、応募者が定員未満なのに不合格にされた生徒というのは、「入学してはならない生徒」として差別視されていることになります。

私たちは、福岡県教育委員会・当該高校に速やかに社会的契約不履行の解決、すなわち「定員内不合格を行わない」、「予算基準にある定員を確保する」という入試要項改善を要求するものです。以下の点を要求します。

一、受験や入学にあたり、「障害」者がその「障害」ゆえの不利益をこうむることがないようにすること。

二、「定員内不合格」の解消をすること。

三、誠意をもって回答する公の場を設定すること。

一九九一年七月十八日

「0点でも高校へ」福岡・連絡協議会代表　村田京子

## 筑紫野市「障害」児・者問題を考える会の取り組み

考える会の中でも、子どもたちが二十歳を迎える年齢になってきています。地域の学校へ通った子どもたちが、高校へ行きたいと当然思うようになりました。

一九九三年、子どもの進路を親、子ども、教師を含めて思いを出し合い、全員が高校へ行きたい、行かせたいとなりました。考える会は今まで、高校へ行ける子どもだけの進路でしたが、今年は違います。全員高校へ行きたいと言ったわけです。「さあ、どうしよう」みんなで頭をひねりながら、「行きたいと言っているんだから行かせようや！」「でも、入れんとちがう」。「どうやったら入れるやろね」。「公立、私立、どこでも受けさせてみよう」。

まず、公立。「子どもはどこ行きたいとね！」「農業高校に行きたいと言いようよ！」「そしたら、農業高校入れるためにどうしようか?」いろいろ意見を出しながら、「推薦がある! 推薦で入れよう」。「推薦を書いてくれるかな、管理職が!」「書かせるったい」。

まずびっくりしたのは、中学校の教師、「推薦は、学力のある子どもじゃないとね」という言葉。しかし、「学力がないけん、推薦をとるったい」という親の思いに、これからどうしようかと、共にすべてわからないところから始まり、管理職と教師の争いでした。やっとの思いで、推薦をしてもらえるようになりました。

もう一方では、教育委員会との交渉でした。「考える会の子どもが高校へ行きたいと言っているが、行政はどう思うね!」「今の状況では難しいよ」。「難しいことは、行政はせんとね!」「私ができることはするたい!」「そしたら動いてほしい」。「どこへ動いたらいいとね」。「県の高校教育課と、高校の校長に会うてほしい」。

会の考えは、①行政及び当該中学校の校長にまず動いてもらう、②高校の教師と話し合う、③すべての子どもの進路を保障する、この三点を決めて、これからやろうとなりました。でも、現実は難しいのです。行政、中学校の校長が、高校・県などに動いてみても、果たして高校へ行けるか不安でした。親も高校の教師をつかまえて話し合い、中学校の教師は高校の教師と連携を取りながら進め、結果は三人受けて、公立は全員不合格。

すべての力を出したとは言えないが、親たちの中では、「やれるところまでやった」という言葉と同時に、また、「来年につなげるように返していかねば」という声が出ました。だからといって、子どもたちの進路が閉ざされたことにはなりません。片方では、私立高校との話し合い。これも、行政・中学校の校長・教師も公立のときと同じように動いてもらいました。

ここで、思ってもみなかったことが起こったのです。一番高校へ入りにくいと思っていた子どもから進路が決まっていったのです。推薦と面接だけで内定。内定の後、筆記試験。合格が決まった子ども、まだ決まらない子どもたちがワイワイやる中で、一人ずつ進路が決まっていきました。七名の子どものうち、五名が私立合格。二名は養護学校高等部。いろいろと親も考えて決めた結果です。なぜ公立に入れないのか。やはり切り抜けるのは公立です。さて、来年どんな運動の立て方をするか……。

私立に入ったものの、母子家庭の家はお金がかかる。合格したものの、お金がないからやれない、という問題が出てきました。会の代表者の中でもこのことは大事なことだし、これからも出てくる問題であり、頭を悩ませました。高校を受験するすべての子どもは、私立を受けるとき、当然公立よりもお金がかかることは最初からわかっていたはずです。「障害」があろうが、なかろうがお金の問題を解決しないかぎり入学できないし、そのことを教師と親とが家庭状況を考えたとき、本音で話し合ったのか、私立に合格したものの、やれなくなることになるのはなぜか、会の中でも話し合いました。福祉課で母子年金を取り、その片方ではどうしたらお金を出してこれる所があるか、いろいろな書類を見て勉強会をし、最終的には福祉課からお金が出るまで、立て替えすることになりました。

なぜ、親が教師に「お金がないから私立には行かせません」と言えなかったか。親自身が、うちの子どもには手がかかると思っているのではないのか。だから、教師と連携が取れてなかったのではないのかという問題点を残し……。それじゃ、親の生活権はどうなるのか。生活できないで私立高校にはやれないはずだ！　いろいろな意見が会の中で出てきました。「なぜ、高校にこだわるのか？」この問題は今からも続くことですし、今年だけの問題ではないと思います。

なんだかんだありましたが、四月には全員入学。会全体で、おめでとう、と子どもたちの卒業祝いをしました。しかし、闘いはこれで終わってはいません。来年また、現在中学三年の子どもたちが五名います。今年よりももっと前進して、運動を立てねばと思っています。

高校を卒業してもやはり地域です。場所づくりに向けて思案中です。現在、高校生をもつ親の会をつくり、各高校の状況を含めながら、情報交換を取り合いながら、一日一日が足早に過ぎていくのを感じるこの頃です。考える会の一人の問題はみんなの問題。でもまだ、全体の場では親が出せないところがあります。「なぜ?」と思いますが、それは周りの問題、私たちの問題でもあると思っています。

ワイワイ、ガヤガヤやっている中で、何か一つずつ見えてくるような近頃です。


（筑紫野市「障害」児・者問題を考える会）

## 風をおこそう

**【高校に行きたい――一緒に高校行くのが当たり前なんやね】**

私は、筑紫野市で「『障害』児・者問題を考える会」という会をやってます。一二年前につくりました。三人の子のうち真ん中の子どもが（美保、今年十九歳になります）「障害」者です。

会の活動の中で教師に誘われたこともあり、地域や県単位の同和教育研究集会等、様々な集会に参加しました。そういうところに少しずつついて行くうちに、東京の話、広島の話、大阪の話、いろんな話を聞く中で、やはり、親が立たないといけない、教師ばかりに寄り掛かっていても、教師は子どもを一生みることはできないし、よくつきあっても、二、三年だろうと思ったのです。二、三年のつきあいしかできない先生にお願いしても、本当に子どもをみれるはずがないだろう。そう踏まえながら、教師たちと一緒にやっていこうと考えるようになってきました。

そういう活動を十何年間続けていく中で、うちの子も大きくなり、小学校を卒業し、中学校の入学でも就学適性委員会にかけられました。しかし、普通中学に行きました。普通中学にやったとおもうと、今度は高校の話になります。

今、高校の進学率は全国平均が九五・四％です。九五・四％の子が高校へいく中で、当然、うちの美保も高校に行きたいって言い出します。「本当に、『障害』をもってて点数もとりきらない子どもが高校に行けるのか」いうことがひとつありました。それと同時に、美保は重度の聴力障害です。ほとんど聞こえません。それにプラスして英語のヒアリングが導入されてきました。点数もとれない、ヒアリングも入ってくる。これは一体どういうことかということで、市と交渉しました。

最初、市教委に行き、「うちの子どもは高校に行きたいと言いよっとだけど、あんたたち、どげん思うね」、「教育長、うちの子どもの保障をしてくれ」と言いました。すると、教育長は「そこまでできんばい」と答えましたので、それなら、高校入試で点数がとれるようにヒアリングをなくすように市と交渉しました。と同時に、現場の学校（天拝中学）で、「うちの子が『高校に行きたい』と言うので先生、どげんするんね」と教師に言うと、「うんうん、そしたら、行くようになんとかせないかんね」と対応してくれました。

それ以前に、中学入学式のその日に、校長と話し合いをもっていました。「ここの学校に今まで親が高校へ行かせたい、子どももも行きたいと望んだ親の願い、子の願いがかなわずに高校に行けなかった子どもはいるんですか」と確認をしました。そしたら、校長が鼻も高々に「いません」と言ったんです。それで、「じゃあ、うちの美保も行けるんですね」と言いますと、校長は黙ってしまいました。それを三年間、毎年確認してきました。中学に入るとき（小学校もそうでしたけれども）、私は「考える会」の中で親全員に一カ月に一回、校内で「障害」児をもつ親、各担任、障担、管理職を入れて保護者会をもとうという提案をし、それを毎月実行してきました。天拝中でそういう関係をつくりつつ、筑紫野市の中の各学校でもそのような保護者会をもつべく「考える会」の中で意志統一をして、それを全員でやってきました。

しかし、そういう状況をつくりながらも、では「高校に行けるか」というと、行けないわけです。しかし、その校長は「うん」と返事をしたわけで配置換えでもない限り逃げられない。「美保が『障害』をもっているから、高校に行けないのか」と詰め寄ると、「努力します」ということになりました。「それならば努力を徹底的にして下さい」とお願いしました。

そして、中学三年になって、いよいよ高校入試です。周りの子どもは塾とか、どこへでも行きます。しかし、美保は行けません。学力も落ちています。点数もとれない。偏差値なんてありゃしない。そういう中で、子どもたちがどうしたかというと「やっぱり、美保ちゃんも一緒に高校に行くのが当たり前だもんね、みんなで行こうよ」と学年の全体の取り組みを始めました。学年全体の取り組み、そして、「基礎学力の足りない子は基礎学力をつけろ」、「高校へ行くためにはどうしたらいいかって。点数が足りないいんなら、一点でもとる方法を考えなければ」と、えらい叩き込まれたのです。

私としては点数にこだわることに矛盾を感じましたけど、しかし、私たちの運動というのは子どもが「学校に行きたい」というのに対して、「じゃあ、入れよう」ということが出発点です。子どもが「点数がとれない」と言っている、なら0点では入れないなら一点か二点とるように数字だけでも覚えさせよう、例えば1だけなら書ける、○だけなら書ける、×だけなら書けると。解答欄に数字を1なら1を全部入れていく、知っている数字を入れる。そうすれば0点ではない、一点か二点、三点ぐらいはとれる。ただ、国語なんかも全部数字で、あるいはかたちで入れよう、そういうことでした。

美保の場合は一点でも多くとれるように「教えろ」ということで、学校の学年全体の学習会が続けられました。子どもたちが授業が終わり、クラブが終わって学校に残って、教え合い学習をしました。五クラスあり、一組、二組、三組、四組、五組の生徒が順番に、という取り組みをする一方、先生たちも、朝早く来ることができる先生、夜に残ることができる先生、と分けて、分担してつきあって下さいました。しかし、最終的には、子どもたち同士が教え合っていました。そういう姿を見ながら、全員高校に行こうよと、中学校の先生が本当によくやってくれたと思います。

**【県との交渉について】**

教師との連絡を図りながら、また子どもたちの協力と励ましを得て、取り組んではきましたが、問題は多く、本人の希望どおり高校への道を開くことができるかどうか不安でした。特に大きな問題は県教委がヒアリングを導入したことです。美保は高度聴力障害、スピーカーから流れる音などまったく聞き取れないのに、どうしてヒアリングテストが受けられるのでしょうか。聞き取れないものを聴くように言われても努力することができないのです。音の入ってこない0点しかとれない子どもは、高校への道は望まれないのでしょうか。子どもを分断していくための手段と思われて仕方ありませんでした。

中学校の教師・仲間と一緒に対県交渉が始まりました。そして、

1、入試要綱発表までは、途中経過は言えない
2、「障害」児の高校進学を拒んだりしない
3、具体的には、現場の校長同士の話し合いである
4、世間の納得する、誰が見ても納得するところで検討する
5、ペーパーテストに向けて検討中
6、他県はどういうやり方をしているか調べた

以上が十一月までの回答でした。その後、以下の三点が提示されました。

1、みんなと同じ教室で受験する
2、音を大きくし、別室での受験も可能
3、点数比例配分

「1、みんなと同じ教室で受験する」については、入試要綱にも取り入れられ、「障害」児にも高校の門が開かれたこと。「2、別室で受験すること」も難聴児にはいろいろな子どもがいて、音を大きくして聞こえる子どももいるし、その子どもの配慮の一つの段階と考えていること。「3、点数比例配分」については、まったく音の入ってこない子どもにとって、点数比例配分は、一つの交渉の中で勝ち取ったことでした。

これらの回答の中で、特別措置対象となるのは、原則として、

・両耳聴力三〇デシベルとする
・校長の申請書を必要とする
・各中学校長が提出する「英語ヒアリング特別措置申請書」を必要とする
・聴力のデシベルを具体的に書く
・中学校における生活状況及び指導上の配慮について記した文書が必要
・診断書の写し

交渉の中では、「障害」を理由には、絶対落とさないことも再度確認をとるとともに、十一月二十二日の校長会の発表まで針のむしろにおかれていました。

十一月二十二日の校長会のとき、入試要綱の中身に、私たちの要望が聞き入れられ、前述の三点の回答が出され、一年間の闘いは、終止符を打ちました。しかし、「0点でも高校へ行ける闘い」は、終わっていません。ひとつひとつ切り開いて、何年かかるかわかりませんが、「障害」児に高校の門を開くためにも言い続けていかねばならないと思います。

【すべての子どもが高校に】

美保は私立を落ち、公立高校（農業高校）に入学しました。点数がとれたかとれなかったかはわかりません。ギリギリだったかどうだったか、未だにそこは明確ではありませんが、みんなは「点数がとれたから」と言います。私も、「ああ、そうだね、とれたから合格したんだね」と思うことにしてま

す。美保は農業高校に三年間通って卒業しました。

そして、いま「やっぱり、ちがうんじゃないか」ということで、「0点でも高校へ」という運動をやってます。「0点でも高校へ」とは、すべての差別をなくす、「すべての子どもが高校へ」ということです。現行制度のままで「0点」で高校に合格するとは本当は思っていません。いくら定員内合格を目指しても、切られます。定員内合格を目指して四度受験し、四度とも落とされた子もいます。定員割れなのにです。高校に適応しないという理由で。これは、校長判断で決めていいわけです。

私たちは県交渉に何度も行きましたし、座り込みもしました。しかし、高校側は「総合判断で決めた」の一言で切ってしまいます。「何の総合判断か」といろいろ突きつけても、「これは私だけの意見ではなく、教職員全員の、教職員の意見と私の意見で、総合判断で不合格になりました」と言うんです。教師に一人ひとり当たってみても話そうともしないんです。高校の教師って卑怯ですね、口をきかないまま目も合わせようとしない。いくら廊下で会っても知らんふり。すごい管理体制です。

以前と何が違うんだろうかと考えたら、今、現実に、「あの子はこうだから、養護学校の高等部に行くのが当然だ」と、子どもを振り分ける方向に使われている。

しかし、養護学校を希望した子どもが全員入れるかと言ったら、そこでも切られています。盲学校もそうです。盲学校も定員割れで切っています。すべてとは言えませんが、定員割れを起こしている学校が「総合判断」で子どもたちを切って受け入れていません。

そんな中でも、私たちは「やっぱり、高校に行きたいよね」という子どもがいれば高校に入れるのが当然だろうと思います。もちろん、進路としては、高校だけが生きる進路ではない。しかし、生きる一つの段階として、学校教育をみんなと一緒に受けられるものなら受けさせてやりたい。その中で、この三年の間に親自身が考える。この一つの段階として、高校にやりたいということを親が素直に言うようになります。高校だけが進路じゃないことは親もわかってはいますが、もしもこの子がどこも行き場がなかったらどうするのか、まわりは何の手だても術もないのだから、できないわけです。高校のその三年間というのは考える期間なんです。この三年間、なにをすべきなのかと、今、うちの「考える会」でも話しています。

この間、交渉のやり方、いろんなやり方、何もかも先生に支えられて教え込まれました。先生から学んだことがすごくありました。私のときは親として立てないでいると、教師が全面的に出ました。しかし、全面的に出る中で、行政との交渉等で立てるときには全面的に親を立ててきました。教師は一歩も出ません。そういう運動のつくり方を教師がしてくれました。私は教師がいなかったら私たちの会もできてなかっただろうし、運動の立て方もたぶん、知らないままだったと思います。本当に、東京や大阪、広島などの立っている親たちもそうですが、親だけでは立ててないです。何らかの形で教師が関わって後押ししてます。その中で、闘い方を覚えたり、交渉のやり方を覚えたりで、私も全面的に教えられてきました。

そのことも含めて、「0点でも高校へ」という道を進みながら、今、場所づくりの方向性を考えています。今からが「闘いだね」と感じながら、九月にはどういう計画で行政に迫ろうかという相談をみんなでしているところです。

(佐伯美保の母、佐伯美喜子)

1.「筑紫野市『障害』児・者問題を考える会」の事務所は、親、行政が一体となり、つくり上げました。
2.佐伯美保さんは、現在会社を辞め、地域での闘いに備えています。

## 「希望者はだっでん(だれでも)高校に行こう会」のあゆみ

**【同世代の友だちと同じ所で青春を!! (一九九一年二月発足)】**

久留米には「サークルでんでん虫」という親の会があります。数年前までは就学前の子どもを持つ親の悩みが主でした。しかし、地域の小中学校で多くの友達と共に過ごした子どもたちの中学校後の進路が気になりだしました。ちょうどその頃「でんでん虫」の会合にN高校の先生が見えられ、どこかの高校で受け入れてくれないものかと話題にあがるようになりました。また、大阪での「準高生」の取り組みについて話を聞いたのでぜひ見学したいということになり、夏休みに十数名(親・子・教師)で大阪まで出かけました。松原高校の取り組みを聞き、ぜひ久留米でも取り組みを始めようと確認しました。

その後、各種の「同和」教育の学習会に参加し、ぜひ高校へ行かせたいという親の思いを伝えました。そして、高校への取り組みのための学習会をもちたいということで、「希望者はだっでん高校に行こう会」が発足しました。

また、この会を支えているのは、親の熱い思いだけでなく小中学校を一緒に過ごした子どもたちの声です。

「ぼくはこんど中三になる。ぼくにはたくさんの友だちがいる。その中には『障害』者がいるが、別にいやだとかは思ってはいない。逆にいっしょの高校に行きたいと、ぼくは本当に思っている……。『障害』者といってもみんなと同じ人間なので、だれでも友達といっしょの高校に行きたいにきまっている。だけど、『障害』者には字が読めないとか、手が不自由とか、歩いて学校に行けない人がいると思う。だからそこは、友だち同士が助け合っていけばいいと思う」

**【久留米市立N高校へアタック開始】**

この会の第一歩は、N高校へ親の思いをつづった手紙をもっていくことからはじまりました。

「中学校のつながりをつなぐ意味でも『障害』児の進路をつくる意味でもあえて地域の高校へ行かせたいと思います。現行の制度の中ではむずかしいでしょうが、私達は、資格や卒業証書がほしいのではありません。『準高生』のようなものでもよいのです。息子に高校生活を三年間すごさせて下さい。中学、高校と一緒にふれあった子ども達が、大人になった時、きっとその社会は「障害」者や弱者にとって住みやすい社会となることでしょう」

「まわりの子どもたちは最近よく『〇〇君は卒業したらどうすると?』と聞くそうです。『準高生』のことを話すと、『できっといいね』、『そのために私たちに何かできることはない?』という返事がかえってくるそうです。一緒に行く気になってくれています」(親の手紙より)

この話し合いでは、「お母さん、お父さんの気もちはわかりますが、自分の一存では動けない。教育委員会から〇〇してほしいと言われれば動きますが、学校独自では動けません」という校長先生の返事でした。そこで、校長先生との話し合いと同時に、教育委員会（県・市）への働きかけや教員同士（高校の先生方）の話し合いを進めていこうと確認しました。

【N高の学食っておいしかったよ‼】

N高校の先生との話し合いをしていくうちに、授業以外の交流ならばということになりました。最初は、体育祭の予行演習を陸上競技場で観覧しました。予行演習だったので、高校関係者以外見学者はMさんと親が六名でしたが、Mさんの存在に気づいた中学校のときの同級生が笑顔で手を振り、声をかけてくれ、Mさんも笑顔で応えていました。

その後、N高校の学食に行くことになりました。Mさんをまじえて、母親や仲間で交替で行くことにしました。はじめはただ行って食べてくるだけでしたが、そのうちに生徒たちも「あの団体はなぜ学食に来ているのか？」と先生に質問するようになったそうです。Mさんは自分の好きなメニューを選んで、さいふからお金を取り出して食券を買う学食の楽しさを味わいました。学食のおばさんたちとも顔見知りになり、世間話をしたり、しばらく行かなかったりするときは、逆に気にしてくださるようになりました。最初は、遠ざかって見ていた生徒たちも隣に座ってくれるようになり、話しかけるとボソボソと答えてくれる子もでてきました。

【書道クラブへの参加】

N高校の先生方との話し合いもつづき、その中で学食だけでなく他の手だてはないかと相談をし、結局、書道クラブに参加できるようになりました。五回ほど参加した頃、校長先生からもクラブに来ることを勧められるようになりました。実績を一つひとつつくっていくことの大切さを感じました。

**【県教委交渉、市教委交渉続く】**

会発足と同時に、筑紫・久留米・八女三地区のネットワークをつくり、県教委交渉を繰り返し行ってきました。

- 受験や入学にあたり「障害」者がその「障害」ゆえの不利益をこうむることがないようにすること
- 「定員内不合格」の解消をすること
- 誠意をもって回答する公の場を設定すること

以上三点を要求した要望書を県教委へ渡し、回答を要求していきました。しかし、県教委側は論点をすりかえ、はっきりとした回答は得られませんでした。再度の交渉の中で、

- 入学すれば卒業まで責任があるので就学可能な生徒に対して入学許可を行う
- 定員割れの学校もあるが、ある程度やむを得ない場合は仕方がない
- 個々の受験生の判定は校長に権限がある
- お父さん、お母さん方の気持ちはわかりますが、制度的には希望者を全員入れるようにはなっていない

という冷たい回答でした。

県教委交渉と並行しながら、久留米には市立の高校が二校（N校・K校）あるということで、久留米

市教育委員会との交渉も続けてきました。

中学校の校長を窓口として、交渉の日時を設定し要望書をもっていきましたが、

・義務教育ではない

・選抜制で点数をとって入学してきている

・手厚い教育はむずかしい、進路保障はできない

と現状肯定ばかりの話でした。教委との交渉はなかなか進展しませんが、あきらめずくりかえし、やっていこうと思っています。

【N高の社会の授業にMさんのお父さん参加!!（一九九一年十二月二十日、一九九二年一月二十二日）】

N高の先生方との話し合いの中で、社会の授業で親の願いを話してもらおうということになりました。そこでMさんのお父さんが、Mさんが生まれてから今までの一六年間のことをN高の生徒たちに話されました。この授業の後、生徒たちは次のような感想を書いています。

・私も初めごろはなんでくるとー、いやだなあーと思った。でもHRでそんな話があって、おんなじ人間だからいっしょに生活・学校生活を送ってもおかしくないと思う。

・どうしていっしょにすごせないのかなと思った。めいわくすることもあるけど、いっしょに楽しくすごしたい。

・普通の人は高校に行けるのに障害者の人は行けないというのはおかしいなと思った。

・私も小学校の頃、少し障害のある人と友達だったんだけど、中学校になったらふつうに話ができな

くなった。自分がとても嫌だった。それは障害者の人と話をしていたら自分がきらわれるというような気持ちがあったからです。

・高校に行くためにはいろんな壁があると思うけれど日本の教育制度を見直すべきだと思う。

【一九九二年、三月】

・N君、Mさんは、N高校を受験

・H君は、T高校福祉科を別室受験

結果は三人とも、不合格でした。Mさんは、養護学校高等部へ進学し、H君は在宅しながら、また、「夢工房」(共に生きる場)に行きながら、運動を続けていきました。その後、N高の美術クラブへの参加交流・T高校の学食に行き、高校の先生と話し合いが続いていきました。

【教育に新しい風を!! 教育委員を自分たちの手で選ぼう(一九九二年九月十二日)】

県教委、市教委交渉、まわりの友達の署名活動があったにもかかわらず、行政の壁は厚く、残念な結果に終わりました。「障害」児の進路を考えると教育行政そのものを考えていく取り組みが必要になってくるということで、東京都中野区の教育委員準公選制の映画を映写しようということになりました。久留米独自の学習会だったので、慣れないことも多く、とまどいながらの準備が続きました。

・「障害」児・者も高校へ　どの子にも開かれた進路を保障しよう

・「障害」児・者も地域に生きたいという願いを大切にしよう

・住民の声を教育に反映しよう
・開かれた教育委員会にしよう
・一人ひとりの子どもの人権を保障しよう
以上五点をスローガンとして、映画上映とパネルディスカッションをしました。映画の内容が少しむずかしかったという反省もありましたが、パネルディスカッションを通して、親の気持ちを一人でも多くの人にわかってもらうきっかけができました。


【一九九三年、三月】

会が発足して三回目の春、過年度生を含め、一〇人の「障害」をもった子たちが高校を受験しました。一度は、進路を決定しながらも、「やっぱり多くの子どもたちがいる高校がいい」という子どもたち、一年間在宅しながら運動を続けてきたH君、そして、中学校の仲間と共に受験をした子どもたち……。市民団体とも連携しながらの取り組みがあったにもかかわらず、結果は、全員不合格でした。


四月になり、三年間の総括をし、「なぜ高校に行きたいのか、入りたいのか」をもう一度みんなで問い直しました。「だっでん高校に行こう会」の原点にもどろうと論議をくりかえしています。

高校はたったの三年間、でもその三年間はとてもステキな三年間です。現実の壁は非常に厚く、厳しいものがありますが闘いはつねに明るく、しつこく、ねばり強くをモットーに、新しい一年がまたスタートしました。

（希望者はだっでん高校に行こう会）

## 仲間と共に学ぶこと——0点でも高校に行きたい

現在、本校には、いわゆる「障害」児といわれる子どもが数名通っている。そのうちの一人、勉はダウン症である。地域の小学校から本校に入学し、現在三年生である。

勉はこの三年間、ほとんど休みなく、遅刻も早退もなく、歩いて二十分の距離を元気に登校してきた。授業中はきちんと席につき、黒板の字を写したり、きちんと教科書を開き参加している。掃除は冬の寒い中、痛々しいくらいに腫れあがったしもやけの手でぞうきんを持ち、自分の分担の掃除を最後まできちんと拭きあげる。体育も一五〇〇mをいちばん後ろから最後まで走り続ける。誰も、彼が「障害」児だからといって特別扱いはしない。

一年生のとき、私たち教師は、勉用の特別の教材・ドリルを準備した。それは、一時間の授業が彼にとって「有意義」でありますようにと、願ってのことだった。「彼なりの力」をつけたかったのだ。しかし、彼はその教材、ドリルをすべて捨ててしまい、友達と同じ教科書を出し、憤然と「これをする」と言う。ここでハッとしてしまう。「有意義」とはどういうことなのだろうか。勉にとっての「有意義」とは「仲間と共に学ぶ」ことだったのである。日ごろ、「共に」ということばを軽々しく口にしてきた教師は勉にみごとに突きつけられてしまった。「彼なりの力」と教師が言うとき、勉にどんな力をつけたいのか、どう生きてほしいのか、はっきりしなかったのではないか。ひいては、他の子どもたちにも「どんな力」をつけたいのか、「どう生きるか」につなげなかったのではないのか。勉は自らの意志で「生き抜く力」を求めていたのだった。こんな彼に、まわりの生徒の学ぶところは大きい。ある母親の

「勉君は養護学校のほうがいじめがなくて幸せじゃないと?」という質問に、その息子はきっぱりと「いじめられたら俺たちが守る。勉は西中に来るのが当たり前、なんであんな遠くへ行かにゃんとね?」と抗議したという。またある女生徒は「勉君は『障害』はもっているけれど、人間としての温かさ、優しさはピカいち、先生方は、そういうところをもっと見て、認めてほしい」と訴える。勉にはまた親友がいる。本校においては成績は、いわゆる、トップクラスとされるMである。このMが勉をいつも尊敬している部分のひとつは「なんでもたくさん食べる」ということだそうだ。Mは好き嫌いが多く、少食である。勉を見ていつも「すごい奴だ!」と驚いてしまう。

Mは勉と一緒にキャンプやクリスマス会に参加している。「先生、卒業しても、必ずさそってよ」と何度も念を押す。学級の専門委員会活動も「勉と一緒にやりたいことがある」と言って、同じ班を選んでいる。地域で催される「おこもり」という行事にも勉を誘って楽しんでいる。最近は勉の好きなCDをMが録音し、勉は毎日二時間大きな声で歌うのが日課である。

こんな勉も現在、中学三年生。勉は「高校へ行く」と言う。まわりの子が全員高校を希望している中、当然だといえる。しかし、今の、高校入試制度の中では「点数がとれない」ということは、可能性はゼロということなのだ。

勉の親は「四人きょうだいの長男として生まれた彼をずっと他の子と同じように育ててきた、いや、長男としてもっと厳しかったかもしれない。他の弟妹と同じように、自転車、サッカー、登山、ローラースケートと頑張ってきた。今さら、おまえは知恵が足りんから、他の子と違う。だから、高校はあきらめて、家の中にいろとは、誰も言えない。地域で生き抜くことを保障したい」と言う。

先日、希望高校の体験入学に参加した。内容は、顕微鏡をのぞいてメスを使うという難しいものだった。しかし、勉は約二時間、必死で集中して取り組んだ。手を貸そうとすると、「自分でする！」と手をはらいのけた。非常に楽しく満足したらしく、その夜から、その日の「体験学習のしおり」だけは枕もとに置いて毎日眺めて眠るという。そんな勉を毎日見ながら、親は「仕事が手につかない」と訴えている。

私たちは、この親の思い、子の思いを受けて、会議を開き、この子の進路保障を取り組まねばならないと確認した。その後、高校「同和」教育研究協議会や県同教進路保障部会などに問題提起をしているところである。

私は、勉とつきあってきて、「障害」者と健常者とどこで線を引くのだろうとわからなくなることがある。勉は他の友人と同じようにいたずらをし、音楽を愛し、恋をし、時には教師に反抗もする。私が休んでいて、家に電話をすると、嬉しそうに「先生、どこにおると？」と真っ先に聞いてくれる。ほっとさせられる。なぜ勉が高校生として生きていく機会を奪うのだろう。点数という勉にとって「障害」ゆえに乗り越えられないもので、その機会を奪っていくのか。

「障害」者差別の問題は健常者といわれる私たちの問題なのだ。　（荒木裕子、八女市立西中学校教員）

**【資料3】**「僕も高校へ行きたい」（「障害」児教育研究大会レポートより）

1、はじめに

。なぜ、高校へ行くのか

◦近年の高校入試制度の変化
◦点数、能力へのこだわり
◦高校の序列化
◦従い、流され、利用し、……
◦学校とは何か、教育とは何か

2、親の提起から、勉のこと

◦親の思い
◦地域懇談会のあとで（一九九〇年夏）
「先生、こどもがタバコすうたとか、いじめがあったとか、自転車通学の態度が悪いとか、服装違反はどうのこうのとか……そんか話ばぁーかりで、「障害」児教育の話はどげんなっとっとの、「障害」児のことは全然でてこんじゃんの、どげんなっとっとの、……。勉の高校のことを考えれば、不安もあれば、迷いもある。朝考えることと、夕方考えることと違う、ばってん、だれかせやんこつ、『地域の中で同世代の友と共に』ということば広めていかやん」

3、取り組みの経過とその後

八九年四月　松原君八女市立西中学校入学
九〇年　松原君（二年生）、親、担任、「同推」で進路（高校）のことで話し合う。「なんで、最初から私立（高）の話になり、なんで私立（高）に限定せやんと、公立（高）ばねらってよかろうもん。そのための公立（高）やろもん」（親）

十月　高校教師に連絡をしはじめる（どんなふうにしたらいいか）
九一年一月　八女地区母と女教師の会で「勉のこと」で提起（親）
　　　　　　高校を訪問（親）
二月　高校を訪問、親、担任、西中教師数名で高校の数名の先生方に提起
　　　久留米地区「だっでん高校に行こう会」、筑紫地区「問う会」と親、西中教師数名、支援者で合同
　　　の会合をもつ
三月　親、教師、西中教師、支援者で「0点でも高校へ、八女地区高校進学を考える会」を発足——定例
　　　会を月二回実施する
四月　教宣のため種々の集会などに参加する（以降も断続的に続く、やきそばづくり、販売なども行う）
六月　「風をおこそう」講演会——三地区合同で実施（河野克子さんを招いて）
七月　西中三年生生徒集団に「勉の進路」のことで提起
八月　県教委交渉——三地区合同で（「障害」児の進路保障、定員内不合格を出さないよう）
　　　「考える会」で高校を訪問
九月　「考える会」で高校を訪問
十月　松原君、高校体験入学、文化祭見学
　　　県教委交渉（三地区合同）
　　　県南「同推」会へ「障害」児の進路保障、定員内不合格の問題ということで提起
十一月　県教委交渉（三地区合同）
　　　親、高校を訪ねる
十二月　親、西中教師、支援者、高校教師で熊本の高校を訪問する

高校教師数名と西中教師集団で会合をもつ
西中校長より入試に関することとして高校校長に申し出（県教委の入学者選抜要項にそって）
各団体連合による署名行動（定員内不合格を出さないようにと「障害」児の進路保障にかかわって）

「考える会」や西中教師を中心として街頭署名

九二年一月　「勉のこと」として西中教師集団、三年生生徒集団による文集作り
　二月　県教委交渉（三地区合同で）
　　　県立八女農業高校へ推薦入試願書提出
　　　定員内不合格を出さないよう、「障害」児の進路保障ということで、高校校長に申し入れ。同時に署名渡し（親、担任、「同推」、八女地区「同推」代表）
　　　推薦入試
　　　発表（合格内定）
　三月　合格発表
　　　松原君卒業
　四月　松原君八女農業高校入学

4、取り組みの経過から私たちが学んだこと、考えたこと、めざしているもの

結果はどうであったにしろ、松原君の高校進学について明確な方法ややり方がわからないながらも、「とにかく、なんかせやん」という気持ちで進んできた。この動きにインパクトを与えたのは親の熱意であり、担任であった。松原君入学以来「同和」教育とは、「障害」児教育とは……安閑としていた西中教師集団を、ゆさぶりつ

づけた三年間であった。職員室の空気、職員の意識をゆさぶりつづけたことが、点数主義に毒されている教師たちの意識を変えていったのだろう。そのことが「推薦の書類」の印鑑にむすびついていったのだろう。松原君の暮らしや学校での様子や人間関係をみつめる中で、また進学の取り組みを進める中で、一番変えられたのは教師たちではなかったろうか。

もう一度書くが、この取り組みを押し出したのは親の熱である。具体的にいうならば、先に書いたことも、その熱の伝わりだろう。親の考え方「共に」ということは、取り組みの途中で何回も何回もきいた。松原君が小学校、中学校と地元の学校で過ごしてきたことも、そのあらわれだろう。そのことがまわりの友人関係の中に「勉も一緒があたりまえ」という感性を培っていたのだろう。その感性は教師の徳目的な授業ではなく、まさしく一緒にいることとそのものから生まれてくるものだろう。

今、子どもたちは、バラバラにされている。いや、バラバラにしている。冷え冷えとした人間関係である。「他人ごと」の集団である。勉のことでまわりは温かくなった。「他人ごと」ではなかった。つながり合う集団が私たちのめざすものであり勉の進学の取り組みはそれに対してひとつの道筋をしめしてくれた。

（八女市立西中学校教師集団）

＊　松原勉さんは一九九一年四月の八乙女農業高校入学以来、一年生を二回、二年生を二回、三年生を一回、計五年かかって卒業しました。その間の取り組みは、担任した高校教師・安部宣人さんによって日教組教研四二次・四四次に報告されています（その後、『地域の学校で共に学ぶ』一九九七年、現代書館に所収）。

（北村小夜）

# 新潟における障害児の高校進学問題をめぐる動き

## 共に生きる教育を求める新潟県連絡会

新潟での「障害児」の普通高校受験問題は八一年に「車椅子入学拒否」というセンセーショナルな事件もあり、早い時期から取り組まれた。新潟県高等学校教職員組合（以下、高教組）などの組織的な取り組みもあり「テストをクリアすれば公立高校に入れる」という一定の水準をつくってきた。

しかし、市民運動と親・当事者である子どもや教職員組合などの組織的運動との連携が、必ずしも十分でなかったこともあり、分ける教育のおおもとである「能力中心の選抜」を問題にすることはとうとうできなかった。

その一方で、小・中学校を地域の普通学級で育ってきた「点をとるのが苦手」な子どもたちが中学を卒業し高校進学の問題にぶつかり始め、新たな運動の構築が求められている。

### 前史

養護学校の義務化が強行された七九年のことである。あと一週間もすれば〝夏休み〟という頃、養護学校の中等部に通っていたHさんが母親と一緒に、ボクがその頃勤めていた「はまぐみ小児療育センター」の外来を受診した。彼女は中学部三年。「ゴーシェ病」という病気で骨にもろい部分があり、骨折や手足の痛みや変形を起こしやすい。そのため、小学校の低学年までは自力で歩いていたが、長時間歩いたり立ったりしていると、大腿骨の骨頭がつぶれて股関節の変形や痛みが出てきてしまい、「できるだけ歩かないで車椅子を使うように」と言われ、今まで松葉杖で歩くのは必要最小限にしてきた。

相談の内容は「最近、股関節も痛くないし、調子も良いので松葉杖で歩いてよいか」とのことだった。

「無理をするとまた痛くなるよ」

「将来、大学に進み福祉の勉強がしたい。そのためにも高校は普通の高校に行きたい。新潟の高校では車椅子ではダメだけれども、松葉杖だったら受け入れてくれるかもしれない」

「高校に入るために、自分の身体を痛めつけても仕方がないヨ。具合が悪くなったらモトモコモナイ。車椅子のままで受け入れてくれる学校を見つけだすことのほうがいい」

ということで、新潟市にあるキリスト教主義私立高校の話をして、そこに相談に行ってみたらと紹介した。キリスト教主義にもとづく人格教育を掲げている学校だったし、個人的にも知り合いの先生が何人かいたので、相談に乗ってくれるよう電話をしておいた。真剣に受け止めてくれると思っていた。

数日後、その親子が再び外来に来た。「普通高校の受験はやめた」というのだ。理由をあまり話したがらなかったが、とぎれとぎれこんな話をしてくれた。

学校見学に行ったところ、わざわざ校長先生が出てきて学校を案内してくれた。物腰はとてもていねいで親切だったのだが、その後、校長室に呼ばれてこんな話をされた。

「あなたは脚が悪いかもしれないが、上半身は悪くないのだから養護学校で一生懸命訓練を受けて残された機能を十分発揮できるように専門の教育を受けたほうがよい」

「今までずーっと養護学校でやってきて、それではダメだと思い、一大決心をして見学に行ったのに……私たちの気持ちを全く理解しようとしなかった。普通高校に挑戦するのはやめます。自分で頑張って三年後には自力で大学を受けます」

「そんな学校じゃあないはず。それに、校長だけでなく他の先生にも障害をもった人のことを考えてもらわないと……」と言うボクに、「いいんです。もう決めたことだから。世の中はそんなに甘くないということがわかりました。ただはじめからダメなのだったら、あんなに親切にしなければいいのに……」ここまで言うとワーッと泣きだしてしまった。

彼女は、約束どおり三年後には福祉系の大学に進んだが、卒業を目前にして、事故で亡くなった。このときの苦い経験は、忘れられない出来事の一つになった。個人的な善意だけでは如何にもならないものがあるということ。そして、第三者にはなにげない失敗であっても、当事者にとっては消すことのできない傷を残してしまうということを知った。

## 小さな挑戦者・キューピーのこと

その翌年のことである。ボクの勤めていたはまぐみ小児療育センターに入院していた、キューピーという愛称で呼ばれていた脊髄損傷の女の子が、「普通高校に行きたい」と言いだした。

彼女は九歳の発症以来、病院内に併設された養護学校の分校に在籍していた。中学二年生のとき、退院して本校に通うことになった。が、しばらくして親しい人たちに「養護学校はあまり楽しくない」と相談するようになった。彼女が、たまたま褥瘡をつくり再入院してきた。この頃から「養護学校の高等部でなく、普通の高校で勉強したい」という彼女の気持ちを実現するために動きだした。

施設では彼女に関わっているいろんなスタッフがいる。学校の先生、医療スタッフが定期的に集まり子どもの指導等について話し合いをもつ。その席上で、本人の気持ちを最大限実現できるように努力をしていこうと話し合った。病棟では受験勉強にあわせて消灯時間の延長を行ったり、普通高校への通学を念頭においての訓練を行った。一方養護学校の担任の先生を通して高校の選考を行った。本人の体力等も考慮にいれ、新潟市立で定時制だが昼間部のある明鏡高校を受験することにして準備を進めた。

事前の話し合いでは、高校側から「設備が不備でとても受け入れられないから願書を出さないでほしい」ということを非公式に言われたこともあったが、最終的には「身体の障害を理由には不合格にはしない」ということで受験を迎えた。

## 「車椅子入学拒否」事件

受験そして発表。結果は不合格だった。彼女を取材していたマスコミは、「車椅子の少女に非情の春、世話する設備ない、新潟の市立高校不合格に、学力は十分と認めながら」。「車椅子の少女に冷たく、設備不十分と不合格、新潟の市立高、成績は合格圏だが」と報道した。

校長は自分たちが「彼女を差別した」という意識など全くなかった。それどころか、自分たちは精一杯、誠実に対応したと思っていたにちがいない。だからマスコミに「合格はしていた」と発言したり、発表の当日校長が、わざわざ、不合格の説明(?)のために、はまぐみ分校に来たりしたのだろう。

本人は養護学校の担任から、結果を聞かされ、自分のベッドで布団をかぶり一日中泣いていた。担任は学校の先生らしく「精一杯やってダメだったのだから悔いてもしょうがない」と慰めた。しかし、ボクは納得がいかなかった。本人もそうだったに違いない。だから泣いているのだ。

「このまま黙ってしまうの⁉ 諦めてしまうの⁉ 今ここで諦めてしまったら一生カゴから飛び出せないかもしれない……」

しかし、彼女は黙ったまま泣いていた。

「あなたが声をあげられなかったら、ボクら大人がおかしいと声をあげてもいいだろうか」と聞くと、彼女は布団の中でコックリうなずいた。

発表の翌日、はまぐみ小児療育センターの職員有志三〇名の署名した「抗議文」を明鏡高校長と新潟市長宛てに提出した。「施設設備……職員の対応ができないという理由で、障害をもった者が、学校から締め出されることは……社会復帰に対する妨害であり差別である」との抗議や親の抗議に対し、市教育長、市長も「十月頃までに転校の希望があれば、市教委も対応していきたい」、「財政的にも、できる限り応ずるつもりではいる」と答えざるを得なくなる。

結果として一年間養護学校高等部に在学し、二年生から明鏡高校に転校する、それまでに市・学校側は条件を整備することで決着した。

## 事件の波紋

彼女の問題は、地域で生きようとしている障害者にとって大きな波紋を投げかけた。

その頃、新潟市を中心に障害者の住みやすい街づくりをと活動していた障害者団体である「車イスで街に出よう会」の例会でもこの問題がとりあげられ討議がされた。また、障害者、ボランティア、教師などにより抗議の意味で「車イス入学拒否を考える市民集会」がもたれたりした。その中で障害者の人たちから「彼女には、私たちのような思いはさせたくない」。「彼女の問題は、オレたちが街へ出ていこうとするときにぶつかる問題と同じだ」。「施設や設備の問題じゃあなくて、人の心の問題なんだ。いくら設備がよくなったって、おれたちが介護者なしで車イスで一人で街に出たとき、自然に手を貸してくれる人がいるかどうかだ。彼女が受け入れてもらえなかったのも、高校の先生の気持ちが一番のカギだと思う」。「事前の話し合いが足りなかったなどということではなく、特別な配慮が必要だから不合格にしたということが、そもそも『差別』なのだ」。「健常者にはなかなか障害者のことはわからない」。「障害者は生きてゆくこと自体が闘いであり、健常者は何もしてくれない」との声が上がった。

しかし、運動の進め方をめぐって、「なぜ、当事者である本人が出てこないのか」、「当事者を抜きにした運動は健常者の自己満足でしかない」との声も出され共闘組織ができるには至らなかった。

高教組はこの事件をきっかけに、組織内に障害児学校部会をつくり、障害児教育をめぐっての学習会や県・市教育委員会との交渉をもち始めた。高教組の基本的な方針は、「共生・共学でどんな障害児も受け入れる」であった。具体的には、「現状では『選抜』をクリアしたものに関しては障害を理由に不合格にしない」、「障害児の受け入れのための条件設備を行い、車椅子生徒のいる学校にはエレベーターを付ける、階段昇降機を購入する、介護職員をつける」よう申し入れを行った。

しかし、執行部の方針とは裏腹に、皮肉なことに障害児学校部会を構成する現場の組合員は、養護学校の先生や寮母さんたちだった。自分たちの処遇改善と同時にこうした要求が重なったとき、ややもするとそれは排除の論理をも内包していた。

こうした食い違いから、労働組合と市民運動の連携も、個人的なつながり以上には進まなかった。そうした中で、それぞれが独自の歩みを歩むことになった。が、公立高校に関しては選抜をクリアしさえすれば「障害を理由には不合格にはさせない」という状況をつくり出した。

## 共生・共学への胎動

また、彼女をみていた養護学校の多くの後輩たちにとって励ましとなった。彼女と同じ脊髄損傷という障害をもつS君は、普通学校に戻る決心をし、その年の二学期、地元の中学校に戻っていった。

彼は、キューピーの事件のあとこんな詩を作っている。

つばさ

この世に生まれてきた時は
大空を飛んでいたワシが
ある時、たった一晩で翼をなくした
たった一つの翼を
神様はワシにそれでも生きろというのか
翼をなくしたワシに生きろというのか

ワシは生きるだろうか
もう一度自分の翼で飛ぶことを
夢見るだろうか
悩みにうち勝てるだろうか
翼をなくしても
神様はワシに
それでも生きろというのか
翼をなくしたワシに
生きろというのか
もう一度大空を
自由に飛べるだろうか
勇ましく、力強く
きっともう一度……

彼は、関西の大学に進み大学のサークルで解放研究会にふれ、卒業した今も障害者解放運動にかかわっている。

また在宅訪問から地域の特殊学級に替わりたいという、加茂市のNさん、三条市のSさん。特殊から普通への転籍をめぐって、新潟のTさん、加茂のSさん。就学をめぐっても、上越、糸魚川、大和町、亀田町、新潟市等々、県内各地で地域の学校へという運動が起こってきた。

これを機会に、共に生きる教育を求める新潟県連絡会が結成された。上越・中越・下越に支部を置き、定期的に集まり、親睦を深めると同時に情報の交換を行った。また、豊中の統合教育を紹介した映画「たとえば『障害児教育』」の上映会を県内各地で行った。この映画をきっかけに、大和町では町議会議員の視察団が豊中の統合教育の視察に行ったりしている。上越養護学校から普通中学への転校を希望していた六日町のN君の問題にも取り組み、二年越しの県教委との交渉の結果、転校を勝ち取った。

高校進学も、明鏡高校だけでなく六日町高校、上越の高田南城高校、新潟東工業、豊栄高校等々への入学もあり、着々と進んでいった。そして、希望し「選抜」をクリアしさえすれば、一応は普通校に行けるようになった。

しかし、キューピーの事件にしても、その後公立高校の扉をこじあけていったのは、ほとんどが中途障害者（事故や病気で障害者になった人）だった。彼らは、障害をもつまえに、かつて普通学校で学んだ経験をもっていた。よかれあしかれこうした体験が、養護学校の教育に対して、こんなはずではないという想いとなり、満足できないで戻るケースだった。特に、養護学校の教育では思ったような勉強をしてもらえず、将来のことを考えると普通に行きたいというものだった。

これに対して、脳性マヒをはじめとする生まれつきの障害をもった人は、親も子も小さいときから「人生こんなもの」と諦めきっているのだろうか、幼稚園や小学校低学年では友達が欲しいからと普通に挑戦するものの、普通高校に挑戦する人は障害の非常に軽い人を除いては現れなかった。そのため、現在の「能力中心の選抜」「テストの点数による振り分け」そのものを問題にするまでには至らなかった。ちょっと厳しい言い方をさせてもらえば、養護学校の中のエリートたちが、自分たちにとって、よりレベルの高い学校を求めての、個人的な挑戦でしかなかった。そうした意識を乗り越え、障害者を排除する健常者を中心にした社会のあり方そのものと正面から向かい合っていこうという当事者が出てくるまでには至らなかったし、そうした人を支える仲間づくりができていなかった。

しかし、とりあえずは「障害児は養護学校へ」という流れに一つの風穴をあけたことは前進であったといえる。

## 加茂市の関直美さんの挑戦

そんな中で、加茂市に住む関直美さんの問題が起こった。直美さんは脳性マヒの障害をもち、小学校・中学校と地域の特殊学級で育った。何とかして養護学校に追い出そうとする教育委員会。〝一人ぼっちの隔離された特殊はいやだ、仲間が欲しい、友達が欲しい〟と訴える親・本人の闘いが、小学校入学当時からずっと続いていた。ときには、共に生きる教育を求める連絡会の仲間も加わっての教育委員会との話し合いももたれた。しかし、大きな進展をみることはなかった。

そんな彼女が、いよいよ高校受験ということになりボクも相談を受けた。「地元加茂にある私立高校に、知り合いのツテを頼ってお願いに行ってみようか、それとも公立高校に挑戦しようか」ということだった。

試験では、文字が書けないから代筆・ワープロの使用、時間の延長さえ認めてもらえれば十分合格圏内にいる。それなら問題はない、新潟では八一年以降、選抜をクリアすれば入れている。試験に際しての条件さえ勝ち取れば問題がないということで、高教組を紹介した。

高教組を介して教育委員会とのあいだで、ワープロ受験、時間延長、別室受験を認めさせた。今までの経緯からすれば問題がない。「おそらく大丈夫だろう」と思っていたが、結果は「不合格」だった。

本人は、自己採点で「テストでは合格圏内に入っているハズ」だと確信していた。しかし、学校側は「総合的に判断をして不合格」というだけである。試験制度は一切秘密主義だから、それ以上確認するすべはない。加茂高校の内部でも合否判定会議の中で議論があったという情報も聞いていた。

この時点で、関さん夫婦とどうするか話をした。

ボクは受験に際しての、いろいろな条件や枠は広げられたかもしれないが、結果的にみれば障害の程度が考慮され「総合的にみて不適格」とされたのであって、これが選抜というハードルを越えれば入学ができるという今までの運動の限界なのではないか。これを機会に、もう一度、数年前の「明鏡高校入学拒否事件」のときのように「障害者差別問題」という視点から切り込み、高校進学を希望する者の全員入学（当面は、定員割れしている学校の足切りを許さない）という運動にしていかなければならないのではないか、と主張した。

しかし、両親・高教組は今回の不合格は「中学側の内申書」の書き方の問題であり、中学時代の評価が障害を十分に評価していないせいであり、その問題を突いていったほうが現実的で門は開かれやすい。「障害者差別は絶対に許さない」という運動は大切であり今後とも地道に続けていかなければならない。しかし、そうした根本的・原則的なことだけ言っていても道が開けないと主張。とにかく「直美が入ることが、高校問題の一歩前進であり、そのことに集中したい」という両親の強い希望もあり、市民運動による大衆的な交渉で道を開いていくのではなく、とにかく正当に評価をしてもらえるように全力を上げて取り組もう、そうすれば「直美は合格圏内にいるのだから」ということになった。

## 二度目、そして三度目の挑戦

二年目の取り組みでは、先に述べたように一年目の失敗は、テストでは合格点をとっていたが、中学からの内申書とその評価が問題との考えに立って、教育委員会に対し、

- 中学側に対しては不利益な内申書を作成しないよう指導すること
- 高校側に対しては、内申書に応じての相関表からの排除、別途審議など配慮すること

以上を働きかけることになった。より具体的には、

- 実技教科について、障害をもつ生徒は健常児との比較評価をしないこと
- 障害児の入学合否の判定は学力検査の成績のみを比較評価すること

の二点をめぐってやり取りが行われた。

この間、直美さんは片道五十分かけて、新潟市にある予備校までお母さんと通った。今まで、小中学校と一人の特殊学級の中に閉じ込められてきた当人には大きな驚きであった。が、一方で共に学ぶことを実感した一年でもあった。皮肉なことに公教育が彼女を排除し、受験戦争の最前線の予備校が受け入れ（いろいろな問題を抱えていることは言うまでもないことだが……）〝共に〟の教育を実践してくれたのである。

そして、二年目の入試を迎えた。直美さんは、自己採点では思ったより点がとれており自信を窺わせ

ていた。しかし、結果は一年目同様不合格だった。

この時点で、前年同様の議論が闘わされた。「『点をとっても合格できない』というのは、ただたんに障害者に対する理解を深めれば解決する問題などではなく、明らかに悪意のある『差別の構造』であり、教育委員会だけの問題ではなく、現場の教師・組合・教育委員会、全体がこの差別の構造を温存しているのだ」。「高校現場にもある、差別そのものに目を向けていかなければならない」。

論議がなかなかかみあわず、両親と高教組は二年目同様の方針で、三年目に挑戦した。結果は三度目もダメだった。並行して通信教育を受けていた直美さんは、四年目は受験せず、今年の春、高校卒業の資格をとり、地元の短期大学に合格した。

彼女の高校入試をめぐっての取り組みは多くの問題を残した。世の中は、確かに一歩一歩しか改善していかないのかもしれない。だが、変革を求める運動は、つねに根本的・原則的な問題を踏まえつつ、一番困難な問題から取り組んでいかない限り、道は開けてこないのだろう。

## 最近の共生・共学をめぐる動き

ここ数年は、小中学校では親子の意志がハッキリしていれば普通学校に入ることはそんなに面倒なことではなくなった。問題はもっと別なところに移りつつある。

一つは、早期発見早期療育が定着し、母親が子育ての早い時期から専門家の指導を受けるようになったことにより、自分で試行錯誤しながら苦労して子どもを育てるというよりは、手っ取り早く専門家に相談をし、その言うとおりにしてしまうクセがついてしまっている。それだけではない、親自身が専門家の評価を身につけてしまい、「ウチの子どもの障害や発達レベルではせいぜいこんなものだろう」と値ぶみしてしまい、親自身が子どもを普通の子どもから分けてしまっていることが多い。

もう一つは、地域の学校での教育の中身の問題である。学校や教育委員会は、入れてはくれるものの、入った後のことは親まかせ、「特別なことはいっさいしません」といった調子であることが多い。送り迎え、教室の移動は親の責任で、教室を飛び出してもその子のためだけに教師は行動できませんからお母さんが付き添って下さい、学校で事故が起きても一切責任は取りません、などなど言われ、ひどい場合には念書まで書かされる。

特別なことなんか何もしてくれなくたっていい、一人の子どもとして誠実に接してほしい。ただそれだけだ。学校でイジメの問題が起こっても先生や教育委員会は、ここぞとばかりに、あたかも「その子が普通学級にいるのが原因」であるかのように、「だから養護学校のほうがこの子に合っているのです」と言うだけ。真の原因を探り、解決しようとしない。

また、高学年になるに従って他の子どもたちともだんだん興味が離れてきたり、塾通いが忙しくなると、友達が一人減り二人減りしてくる。そんな中で、養護学校に戻って行ってしまう子どもたちが目につく。なかには、高校はどうせ養護学校に行くことになるのだからと、中学からあきらめて養護学校に移ってしまう人もいる。そのため、養護学校は小学校の低学年は定員割れしているが、中学・高等部となると人数が増え、いわゆる逆ピラミッド状の構成になっている。「高等部は定員が限られているため、早く養護学校に入っていないと高等部に入れないかもしれない」といったことがまことしやかに語られ、こうした流れに拍車をかけている。また、養護学校高等部の新・増設運動の原動力になっている。

## 0点でも高校へ！

そんな中で、一昨年、これまで小中学校と普通学級で頑張ってきた、糸魚川市のSさん、上越市のHさん、新潟市のUさんが高校進学にあたって養護学校の高等部を選んだ。いろいろ悩んだ結果である。中学時代からの孤立、仲間はずれやイジメ、勉強の問題や卒業後の進路などなど。普通学校を卒業しても、地域で受け入れてくれる場がない、それよりは養護学校の高等部を卒業した後、職業訓練校やリハビリセンターにつなげたほうがいいと考えたりもするらしい。東京・神奈川など首都圏などと異なり、地方が抱える独自の問題がある。地方では公立高校の人気が高く、定員割れが起こりにくい。公立高校でないと、なかなか教育委員会などとの交渉で問題を詰めていくということがやりにくい。また、たとえ、定員割れしている学校があったとしても、通学の便が悪く、とても通いきれないということもある。とくに、新潟県では、通学にあたって冬場の雪は地域によっては大きな障害となったりもする。

そんなこんなで足踏み状態だった高校問題だが、今年、ダウン症のI君と多動だといわれているM君が（結果的にはI君の知り合いのTさんも含め三人が）、定員割れの明鏡高校に挑戦することになった。

明鏡高校は一二年前の事件以来、大きく変わっていた。今まで、何人もの車椅子の生徒を受け入れていたし、組合の分会もしっかりしていた。高教組を通して現場である明鏡分会の先生と親との話し合いをもつ一方で、管理職である校長先生とも話し合いをもった。

校長先生は、「私たちはどんな子どもでも引き受けたからには精一杯取り組んできた。合否の判定にあたってはウチの学校で教育を受けるにふさわしいかを、総合的に判断して、学校長である、私の責任で判断する」ということだった。今までに「定員割れしているときに足切りをしたことがあるか」とい う質問に対しては、「過去にはあります」との返事だった。「公立学校の地域に対する責任として、絶対 に足切りをしないで定員まで受け入れるよう」強く申し入れた。

その足で、市教委に行き、「足切りを絶対にさせないように、校長を強く指導するよう」に申し入れを行った。「もし、足切りをした上で、二次募集をするようなことがあれば、実力でボイコットします」という脅しが効いた訳でもないだろう。本人たちの熱意が届いたのだろう、メデタク全員合格した。

しかし、これで問題が解決した訳ではない。もう一方で、やはり今年、中学時代登校拒否をしていたTさんが養護学校高等部という道を選んだ。

養護学校の寄宿舎に行くと、かつてボクがはまぐみ小児療育センターで仕事をしていたときに出会った子どもたちの懐かしい顔がある。「エーッ！　何でお前がここにいるの？」みんな地域の学校に行っているはずなのに。親たちの中には、「小さいうちは友達もいて本人も喜んで行っていたけれど、大きくなるとね……。ここに来て、表情が明るくなったんですよ」と伏し目がちに言う人もいる。

いろんなことがあったのだろう。しかし、施設・養護学校という隔離された社会でしか生きられない、そこでしか笑顔を見せることができない子どもがそこにいるかぎり、まだまだ問題は解決してはいない。

闘いは、まだまだこれからだ。

（文責　まゆずみ・ただし）

# ここ静岡でも「会」の結成と運動が始まる

## しずおか共生・共育を考える会――障害児の高校進学をめざす

### 共に生きてゆける社会への取り組み

**【「障害児の高校進学をめざす」会がスタート】**

一九九二年三月「清水社会問題を考える会」（以下、「社問会」）三月定例会で「高校入試をどう考えるか」に取り組んだのが、最初のきっかけでした。この同じ三月、兵庫県尼崎高校の「玉置真人君訴訟」で、障害理由の不合格取り消し判決が出され、マスコミでも大きく取り上げられました。また、東京都等での粘り強い運動の成果として、知的障害と言われる、ほとんど「0点」に近い成績の伊部朝子さん、梅村涼さんらが都立の全日制普通高校への入学を果たしています。これら全国各地の活発な運動に励まされる形で、社問会五月定例会として「教育座談会※障害児の高校入試をめぐって」を開催しました。

当日は、様々な立場の人から活発な意見が出され、有意義な集まりとなりました。やはり中心となったのは、M子さん（中三）のお母さんの「地域の普通学校で小中と学んできたが、みんなが高校に進学する中で自分の子どもはどうするべきか、本当に悩んでいる。成績が「オール1」でも、高校に進学できるだろうか?」という発言でした。

「高校は、入りたい子が入れるようにすべきなのでは?」「教師は、障害児には養護学校、あるいは作業所へと、進路選択の幅を極めて狭めてしか紹介していない。これは、子どもの可能性の芽を摘み取ってしまっていることだ」。「共生・共育と共に、社会変革をもめざそう」。「障害児の高校進学は、一個人一家族の問題として捉えてはならない」等々、力強い声が次々と上げられました。

静岡県の石川重朗君の飯田東小学校への就学闘争は、皆さんの記憶に残っているでしょうか? 結局は、教育行政の厚い壁を打ち破ることができず、今日でもなお、障害児への差別・選別の教育がまかり通っており、一般の人たちの間でも、そうした考えが支配的です。

社問会の定例会を通じて知り合った中三のM子さん・Iさん・T君もみんなそれぞれそのままでは、作業所や養護学校高等部といった限定された進路しか与えられません。現実の厚い壁をひとつひとつ打ち砕いていくためには、何もかもがゼロからのスタートです。

五月定例会で、M子さんのお母さんから「高校見学に行ってみたい」との希望が出され、すぐにこれを計画するや、予想以上に多数の参加があり、親子で見学に行きました。現実は決して甘くはないけれど、やはり自分自身の眼で実際に見るというのは意義あることで、それまで迷っていたM子さんも「高校へ行きたい」と言うようになりました。

そして、社問会五月定例会と高校見学会の成果を持ち寄り、七月例会を開催。「実際にこの静岡で、障害児の高校進学は可能か?」「どのように運動を進めてゆくべきか?」等について、突っ込んだ討論がなされました。ここでは、新たに高校進学実現のための会を結成して運動をつくり上げてゆこうという、心強い決意が全員一致でなされました。

以後毎月の月例会では、様々な問題・悩みが出され、お互いに助言し合い、方向性が探られています。新しい参加者も徐々に増えています。これらの話し合いの中で「学校の中だけでなく、社会そのものを『共に生きていける』よう変えてゆこう」という声が自然に上がってきました。「しずおか共生・共育を考える会―障害児の高校進学をめざす」はこのようにして結成されました。

**【結成記念講演会で得たもの】**

十一月末、「0点でも高校へ―障害児の高校進学を考える」講演会を、「障害児を普通学校へ・全国連絡会」の世話人である北村小夜さん（東京都元教員）を講師として招き、行いました。

「知恵遅れ」などの障害をもち「0点」かそれに近い点数で合格した例は、東京・埼玉・神奈川・愛知・兵庫・広島・福岡で実現しており、多くは定時制か通信制でした。しかし、東京の伊部朝子さんは「知恵遅れ」の障害で文字は書けないし、言葉も話せないけれど一九九一年の春、音読と介助者による代筆受験をして、定員割れの二次募集で全日制の都立篠崎高校に合格したのです。また、同年広島においても、「自閉傾向」の池田洋介君が全日制大竹高校に、ダウン症の陶山範子さんが全日制忠海高校へ合格しました。そして、一九九二年の春、東京において「知恵遅れ」の梅村涼さんが全日制都立狛江高校に二次募集で合格。「自閉症」のM君が「定員割れ」をしなかった全日制都立竹台高校に合格。二人とも、音読と代筆解答によるものでした。

このように、障害児の高校進学を求める運動は、知的なハンディがあっても高校へ行きたいという思いが原動力となって、全国各地で広がりを見せています。

こうした状況を踏まえて、北村さんは「障害児が学校や地域の中で、みんなと一緒に生きていくことは当たり前の要求である」と、力強く訴えました。

講演の中で、特に印象に残っていることを紹介します。

「子どもを分けてはいけない、子ども自身も分けられたがっていない。分けられる特殊教育では友達がいなく、そこにあるのはお世話と管理です」と、はっきり特殊学級や養護学校を批判、「小・中学校と通っても漢字が読めない。だからこそ、高校に通って勉強したいという子どももいる。親も障害があるからといって、(子どもの高校進学を)遠慮しないでほしい」と北村さんが訴えると、日頃、学校や地域の中で差別されて、肩身の狭い思いをしている障害児の親たちにとって、このうえない励ましの言葉になり、参加者の中にはハンカチで目を覆う姿も。そして、「自立というのは、身辺処理ができるということではなく、その集団、その地域になじめればいいんです」。「高校には入れない、仕方がないと思わないでほしい。昨日の非常識が今日の常識になる社会です。まずは高校へ入っていく、出会いがなければ何も始まらない」と親たちを元気づけて、闘いの方向性を示してくれました。

その後、日頃抱えている問題や悩みを出しながら座談会を行い、会場には、私たちが予想していた以上の八十名近くの人たちが集まり、狭い会場の中は熱気に包まれました。

最後に、参加した高校教師たちから「この運動を成功させるために、親と教師が力を合わせてゆこう!」「教師たちの意識を変えていくために、皆さんと頑張りたい!」と力強い発言があり、「これから運動してゆこう!」という雰囲気がおおいに盛り上がりました。

終了後、たくさんの人たちから「来てよかった」、「とても良い話だった」、「心の重荷がとれたわ」等とうれしい感想が聞かれました。これらの声の中に、日々、学校や地域の中で、いろいろな差別を受けながら、毎日苦悩して生きている親たちが、講演会に来て明日からの闘いのためのエネルギーを充電することができたと感じました。

講演会が大成功に終わり、会員も増えて、会の結成に向けて一緒にやってきた仲間たちと共に、喜びを味わうことができました。闘いはこれからです。

（清水市、池田恵美子・富田澄子）

## 分離教育から統合教育へ——新たな運動のひろがり

私は、昨年三月の「清水社会問題を考える会」の学習会「高校入試をどう考えるか」に参加して、障害児のお母さんから「地域の普通小中学校で学んできたが、みんなが高校に進学する中で自分の子どもはどうするべきか、本当に悩んでいる。成績がオール1でも、高校に入学できるでしょうか」と質問されました。その学習会を通じて、最近は普通の小中学校で頑張っている障害児の親子たちがかなりいることを知り、その後継続して学習会や相談会に参加しました。

一九九二年十一月に「しずおか共生・共育を考える会—障害児の高校進学をめざす」（以下、「共生・共育の会」）が発足しましたが、どう具体的な運動をすべきかはまだ手探り状態でした。ところが今年（一九九三年）の二月には、中学三年生のMさんとHさんの高校受験が間近にせまり、どこを受験すべきか？　いやどこだったら合格できる可能性があるかで悩みました。今度開校する「単位制高校」かそれとも定時制にするか、それとも公立を諦め「専修学校」にするか、等なかなか決まりませんでした。

そして最終的に私の定時制高校に二人とも受験すると決まったとき、正直なところ「これは困った」、私の学校の教員だって、定時制だから誰でも入れるべきなどと考えている人は少数派で、県下の圧倒的多数の教員意識はまだまだ高校教育についていける能力のある生徒だけ、という「適格者主義」が常識の世界です。

どうする？　このときにひとつのヒントを与えてくれたのが、ある会員の発言「ほとんどの人はこうゆう子どもたちの存在を知らない。まず私たちは多くの人たちに知らせることをやるべきだ」でした。なるほど、私の学校でこうした障害児も現在普通の小中学校で勉強しており、高校にも進学したいと考えている、このことを知っているのは私だけだ。今の選別分離教育の下で普通高校の教員は、こうした障害児の存在やその姿さえ見たことのない学校生活を送っているわけです。事実、MさんとHさんを面接した教員の中に、「本校は養護学校ではない、受ける学校を間違っている」等の発言もありました。

そうだ、「まずは一人でも多くの教員に知らしめ、理解をしてもらおう」と考えてMさんとHさんのお母さんにも協力してもらい、教員仲間の研究会にビラや資料を持っていき訴えました。また、校内でも組合発行のビラを利用して、こうした障害児の高校進学が全国的に取り組まれていることを知らしめていきました。

こうした取り組みの努力や本校の事情——生徒募集人数が削減され、今年は一人でも多くの生徒を入学させたい気持ちがあった——もあり、二人とも運よく合格しました。そして今現在の様子ですが、テストの点数はとれませんが、学校生活が楽しくてしようがないという感じで元気に登校しています。

私がこうした障害児の就学運動に関わったのは二度目でした。

最初の関わりは、もう十年以上前になる清水の「石川重朗君の飯田東小学校への入学闘争」でした。地域の組合活動を通じて知りあった石川君の父親からの呼びかけに応じて参加した就学運動で、まさに教育行政と文字どおりの「大闘争」を展開しました。

残念ながら、重朗君は静岡県と清水市の教育行政の壁にはばまれ、普通学校に入学することができませんでした。しかし、全国から支援にかけつけてくれた全国障害者解放運動連絡会議（略称・全障連）の仲間や支援者の闘いは、ここ静岡にも多くの財産を残してくれた闘いでありました。

この運動当時は、今のような「統合教育」論は少数であり、〝障害児は専門機関で専門的な教育を受けたほうがよい〟〝専門家による専門的教育〟という「分離教育」論が体制・文部省側の立場であり、就学時健康診断等のチェック機能を利用して、特殊学級や養護学校への入学を勧め、障害児と健常児を分ける「分離教育」を推進していました。

さらに、この体制側の「分離教育」の補完的役割を果たしてきたのが、全国障害者問題研究会（略称・全障研）の「発達保障論」でした。彼らは、人間としての多面的発達とその条件――障害児も学習や遊びや労働やその他の社会集団の中でのみ、喜びや悲しみを共感し合い、人と人が互いに結び合う生き生きとした関係の中でこそ発達しうること――こそが第一義的なものなのに、「障害の軽減」「能力の獲得」を先行させ、それを克服することなく健常児集団に入れば「一人の障害児が圧倒的多数の健常児の中で埋没する苦しみ……」を味わうと主張して反対してきました。発達＝障害の克服、あるいは教育＝訓練・リハビリとしての彼らの発達論は一面化され、そのため「専門」施設における訓練重視の立場を超えることができなかったと言えます。

もともと全障研運動は、障害者とりわけ重度の障害者が、教育や発達の保障を受けられず、在宅や施設の中で無為に放置されてきた悲惨な現状への批判・反省として出発したものでありました。ところが今日の大きな潮流は、社会のノーマライゼーションや「共に」という統合教育が主流になっており、「隔離すれども平等」の教育観は否定されつつあります。

あれから時が流れて……。今回の運動との出会いが待っていました。「共生・共育の会」の例会において、親たちの悩みや現場の学校や教育委員会の対応を聞き驚くことばかりでした。

相変わらず学校や教育委員会側は、就学時健康診断において「当然のように特殊学級を勧める」差別・選別する対応をしており、特に養護学校が義務化された以後、子どもの数が減っている状況も反映してか、特殊学級の児童数不足が顕著となり、かなり強引に特殊から養護へ、普通から特殊への編入が行われているようです。障害や病弱な子どもをもつ親が「普通学校に通学させたい」と希望すれば、まさに教育行政（学校や教育委員会）との孤独で過酷な闘いが繰り返されるのが事実です。就学時健康診断のときに、「ていねいに教育をしてくれる特殊学級へ」との親切な言い方はまだしも、「ダウン症児は普通教育はむずかしい」とか「ここは普通の子どもの来る所で、あなたのような子どもさんが来る所ではない」等、露骨な差別を受けることもざらであるとのこと。そうした圧力に屈せず「普通学級」で頑張ってきた親に対しても、「もう普通学級はいいでしょう。あなたの子どものいる所ではありませんよ」とか「お母さんのわがままは、もういい加減にして下さいよ」との峻烈な批判が行われるとのこと。

また、親が現状を知らないまま特殊学級を勧められ、子どもから「なぜ、みんな一組とか二組というのに、なぜボクは〝なかよし学級〟なの」と質問されガク然となり、普通学級に転入を希望したところ、教育委員会より「特殊学級から普通学級へ変わることはできません。前例がありません」との返事。さらに、「だって、特殊学級では全然勉強していないでしょう。普通学級に入ってもついていけないですよ」との説明。特殊学級では三年生まで教科書を使わないという。しかし、全然勉強しない学級を勧めたのは誰なのか。

また、首尾よく特殊学級で中学校を卒業できたとしても、進路は「特殊学級から高校進学はほぼ不可能でしょう」、「施設や訓練校や作業所に入るしかないでしょう」と言われる程度で、実際はどこにも行くところがないのが現実です。人間を一個の労働力商品としか見ない、この利潤追求の資本主義社会では、労働能力に劣る障害児には新たな「就労の差別」という現実が待っているのも事実です。

しかし、学校や地域の中でこうした差別や圧力を受けながらも、地域の普通学校に通学させている障害児の親たちは確実に増えており、「統合教育」を要望する声と運動は時代の流れとなりつつあります。

ここ静岡県は自民党の「保守王国」であり、また教育行政は「文部省べったり」の保守教育県として有名な所です。その保守性を反映してか、これまで「障害児が高校へなんて全く考えられない」状況でした。障害児の介助人問題についても、東京のように行政として派遣システムを確立しているなどは全くなく、親が介助人を探してこいと言われてしまうレベルです。まして障害児の親たちが団結して、学校や教育委員会に要望等を展開するなど、まったく皆無といった土地柄でした。

こういう状況の中で十一月に結成された「しずおか共生・共育を考える会—障害児の高校進学をめざす」は、こうした閉塞状況を打ち破っていく勢いがあり、ぞくぞくと会員が増えて力を増しています。今年の三月には、障害をもつ中学生二人が県立の定時制高校に合格するなどの成果も上げました。また障害児の通学等を補助する「介助人派遣システム」をこの静岡でも実現させせようと張り切っています。

この五月には、東京で障害児・者の高校進学問題に取り組んでいる伊部篤さんの講演会を取り組み、東京での闘争内容を学び、今後の運動の参考となりました。

全国各地のこうした障害児の就学運動は、現在の差別選別の能力主義教育の矛盾を鋭く告発し闘っていると思います。さらに「共生・共育」の真の実現と社会体制の変革問題は当然結びつくテーマであり、こうした視点からの問題提起も必要だと考えます。今後取り組まなければならない課題はいくつもあります。まだ闘いはスタートしたばかり、頂上をめざして一歩一歩アタックし、だんだん高く登ることによって、何が見えてくるのか、それが楽しみです。

(富田英司、定時制高校教員)

## 娘は花の高校生

衣替えで夏服になり、三時半に、玄関から勢いよく学校を目ざして走り出す、娘の白いブラウスの後ろ姿が、私の目にまぶしい。この春合格した静岡商業高校定時制まで、電車とバスを乗り継いで一時間くらいかけて登校する。最初は学校の正門まで送り迎えしていたが、だんだん慣れて五月半ばには一人で帰れるようになり、夜なので電車の駅まで迎えに出る。「私はもう高校生なんだから」と言う娘の物腰が自信に満ちて頼もしく見える。

二月二十一日の「しずおか共生・共育を考える会」二月例会の席で、「私は受験校の静岡商業定時制に自然体で娘を受験させる」と発言しました。そのことについて、「何もしなかったら合格できないのではないか」、「県教委に話しに行ったほうがよいのではないか」といろいろ心配してくれる意見が出ました。しかし正直のところ、三月四日の受験日を前にしてもうどうすることもできない、今からでは間に合わない、今まで高校見学とか、北村小夜さんの講演会とか、やるだけのことはやってきたのだから、そして多くの方々に相談もしてきた。だが、ここにきて何の手だても見つからないのだから……と、私はそのとき、なかば諦め、運を天にまかせようという気持ちになっていました。

その会が終わったとき、娘の受験校の先生であり、かつ昨年の「しずおか共生・共育を考える会」の結成前から、高校の受験情報や高校見学の相談にのってもらっていたA先生から、思いがけない提案がありました。それはA先生も含め定時制の先生方が中心になった学習会があるので、そこで「なぜ高校進学をしたいのか」を話してみたらどうか、ということでした。

実は、A先生は「共生・共育の会」二月例会で、会員のOさんから「〝障害児の就学を考える中部ネットワーク〟（昨年十月に「共生・共育の会」とほぼ同時期に結成され、私もその会員にもなっている会です）では障害児の小学校入学のため市の広報に〝手すり・スロープなどの施設要求や介護人要求など〟のチラシをはさんで各戸配布してもらい、多くの人に知らせることをやっています」ということを聞き、高校の先生方にまずは「障害児も高校進学を希望しているのだ。また東京など全国で高校入学が実現していることを知ってもらう」ということの大切さに気がつかれたのだそうでした。静岡の普通高校の先生方は、障害児と触れあう機会もなければ、そうした障害児の高校進学が全国的に取り組まれていることも知らないのが現実だ、と教えてくれました。

二月二十五日に、急きょ志望校を変更して一緒に静岡商業定時制を受験することになったHさんのお母さんと二人で、先生方の貴重な学習会の時間をさいていただき、それぞれの子どもの小・中学校の学校生活の様子、高校へのあこがれ等を十五分くらいずつ話をしました。そのあと、同じ定時制の先生で「共生・共育の会」でA先生と一緒に運営委員をされているB先生がレポーターとして、全国の障害児の高校進学状況を報告し、参加された高校の先生方の理解を深めるよう頑張ってくれたそうです。

三月四日の受験日、作文と面接ですが面接は三回行われることが発表され、これだけていねいに面接されたらダメだろうと思いました。そうは思いつつ、初めて会った受験生の何人かと話をしてみて、この子たちと娘が同級生になれたら、という思いも湧くのでした。作文は中学三年の担任が娘に課題として作文を熱心に指導してくれましたので、不出来ながらも書き上げたようでした。

私が不安を覚えたのは、唯一聞こえる軽度難聴の右の耳を私のほうに向けて、よく聴こうとしている娘の姿に、こんなに聞こえが悪くては面接で答えられないだろうと、ハッとしたことでした（昨年四月、突発性難聴で入院し、その後機能性の難聴で検査を勧められていたが、心理的なものもあるので、周囲が本人の耳の聞こえについて神経質にならぬようソッとしておきなさいと医者に言われ、私も気にしないようにしていたのです）。

三月十日、私は娘と一緒に発表を見に行きました。落ちても受かっても、「共生・共育の会」の運動の結果を二人で見届けたいと思ったのです。会の仲間のIさんも来られて一緒に発表を待ちました。

そして、くるくると広げられ貼り出された合格者名簿の中に、娘の名前がありました。友達のHちゃんも合格でした。私たちの合格を喜んでくださった中に静商全日制のC先生もいて、春休み中に学校案内をして下さり、入学してからは、夕方五時前に早く学校に着いた娘の相手をして頂いたり、食堂の給食のおばさんに一緒に挨拶に連れてって下さったりして心強い思いをしています。

四月七日の入学式に、娘は真新しい制服に身を包み、黒いカバンを下げ革靴をはき、高校生になった喜びをかかえて登校しました。クラス担任は、なんとA先生でHちゃんと同じクラスです。福島の私の母から娘にきた手紙の中に「Mさんおめでとう。よくがんばったね。からだに気をつけて、交通事故にあわないようにして、花の高校生活がんばって」と書いてあり、娘も花の高校生になれたんだなあとしみじみと思いました。

山尾さんの『サッキからの伝言——0点でも高校へ』(ゆみる出版)を読んで「子供問題研究会」(代表・篠原睦治、東京都文京区本駒込五—五七—一〇　こもん軒内)に出会い、『ゆきわたり』(子問研の会報)でたくさんのステキな人の生き方を知り、春の討論集会・夏の青部合宿・クリスマス会で、全国各地の人たちとの交流会を通じて、励まされてきました。

そして、ここ静岡でも「しずおか共生・共育を考える会—障害児の高校進学をめざす」が結成され、また多くの人たちとの出会いがあり、励まされ元気をもらってきました。今後、さらに運動が前進するように頑張りたいと思います。

(清水市、鈴木久美子)

# 障害児の高校進学——三重

障害児の進路をひらく会

## 県の障害児の高校進学をめぐる状況

実のところ「0点でも高校へ」という運動を展開している人たちに初めて出会ったとき、「なんだ、これは?」と思ったのが本当のところです。ちょうど東京で金井康治君の運動が開始された頃のことです。中学校の教員ですから高校入試は最も身近で切実な問題でありながら、恥ずかしいことに障害児の高校進学についてはそれこそ「夢のまた夢」、「雲の上の話」といった程度の認識でしかありませんでした。

「障害をもつ子どもたちを地域の学校へ、普通学級へ」という県内でも極めて少数の人たちによる動きが芽生えた頃、小・中学校までは運動として展開できても、その先については一般的な就労を最優先と考えることが前提のようになっており、高校進学についての意識は低いものでした。中学校の障害児学級の担任の最も大事な仕事は「職探し」だとばかり意気込み闇雲に奔走するばかりで、高校入試については三年の学年団に所属しているときも、どこか他人事という醒めた意識でしかありませんでした。

ただ県立高校入試のための内申書を作成するときにだけ、学級として、担任として、各教科の評定についての考えを述べることだけは譲れませんでした。というのは障害児学級の子どもたちの評定もこのときだけは同等で、学年の生徒数の中にきちっと入れられてしまい、ふだんの生活は分離しておきながら、このときとばかり「1」という評定が使われてしまう恐れがあるからなのです。残念ながら中学校の現場では「勉強ができないから特殊学級に入っている。授業の中にいないのだから教科の学力はわからない。だから『1』は当たり前」といった認識が蔓延しています。極めて不合理な制度です。しかしそれも説明しないと理解されにくいというのが現状です。障害児学級の生徒が「オール1」にされている例はまだまだ残っていると思われます。

もう十年以上も前に初めて「みんなと一緒に高校へ行きたい」と訴えたA君がいます。彼は県立普通科高校受験の希望を出しましたが、前述したように高校入試についてはほとんど念頭になく就労のことばかりを考えていたような時期でしたから、最初から最後まで戸惑ったままの対応しかできなかったように記憶しています。本人と学校長に会い、彼の様子を見てもらってから「障害を理由に不合格にすることはしない。とにかく合格できるだけの学力点さえあれば」という回答を得ましたが、結局は学力点による入学者選抜の壁を打ち破ることはできませんでした。自分自身が高校入試における学力選抜による能力主義・適格者主義を克服するどころか、むしろどっぷりと漬かり込んでいたのだと思います。その後、彼は肢体不自由児養護学校の高等部を卒業し、今は家事に従事しています。その後の卒業生の中には定時制高校に合格し、現在も通学している子がいます。しかし、「0点でも高校へ」といった運動までは展開できていません。

自分の身近なところでは、県立高校の定時制については障害をもつ子どもたちの入学についてはある程度保障されています。ただ伊勢市の場合でも、定時制高校への通学については当然夜間であることで通学が困難だということから、例えば松村謙吾君のように昼間の私立高校へ入学している場合がありま す。しかしそれも極めて稀な例です。現実的には、小・中学校を普通学級で過ごしてもその先がないということから、養護学校の高等部へ進む子もいます。県内でも養護学校高等部の肥大化が大きな問題となっています。

現在の段階で私たちがつかんでいる県内の障害児の高校入試についての概況は次のとおりです。県教育委員会は「障害があることを理由に不合格にしない」としており、基本的には入学試験に合格さえできれば、障害を合否の基準としないと明言しています。高校の入学選抜の適格者主義を前提としながら、障害による差別はしないことを前面に出しています。ただし、工業系などの職業科高校での実習のある学科などで、履修ができないという理由で入学を許可されないという場合はありうるという含みは残しています。その上で次のような入学選考における具体的な配慮がなされてきました。

◎難聴者に対して

・ヒアリング時に席を一番前にする

・ヒアリング時に別室で受験する

・ヒアリングを筆記テストに替える（一九九三年度の受験で二校）

・ヒアリングでの口話法も認める

◎身体障害者に対して

・本人が筆記できるぐらいまで、入学試験問題の解答欄を大きく拡大する

◎視覚障害者に対して

・入学試験問題の文字を拡大する

・時間延長を行う（各教科十五分程度）

こうした配慮は一律に決まっているのではなく、個々に応じて行われています。基本的には、本人及び中学校の校長の申し出を受け、高等学校の校長との協議の結果で決まり、それを教育委員会が許可をするという形になっています。また、入学に際して手すりをつけるなどの配慮もできるだけ行っていく姿勢にあります。

一九九二年度の三教組障害児教育部が行った県内各ブロック障害児学級担当者会の席で、例年になく多くのブロックから障害児の高校進学に関する話題が出ました。その内容は大きく三つに分かれます。

① 高校入試に合格する学力はあるが、障害があっても入学できるのだろうか、という高校入試の現状に関しての情報が少ないための疑問です。

② 中学校まで地元の学校で過ごしたので、その仲間と共に、たとえ点数はとれなくても同じ高校に入学することはできないのかというものです。「0点でも高校へ」という各地で進められている運動と同様の趣旨のものです。

③ 養護学校の高等部には入学させたくないが（それほど障害が重くない）、地元の高校には現状では合格できない。そのため、ある意味での職業訓練的なものを含めて障害児学級をつくっていくことはできないのか、という提言です。

以上のように多様な考え方が出されたことからも高校入試についての関心は大変高く、今後とも討議を重ねていくことの重要性を痛感しました。

県内の〝共生・共学〟をめざす取り組みは未だ点と点を結ぶ運動の構築すら心もとない状況です。市町村単位程度の地域での結びつきは障害児と親、職員やボランティアなどの支援を含め各地で起こりつつあります。そんな中、津市や四日市市では就学問題が小学校への自主登校という形で表面化しました。詳しい状況についての記述は省きますが個々の問題に十分に対応できない運動の弱さを痛感しています。県内でのネットワークづくりが急務だと考えています。

そういった状況ですから、高校をめざす取り組みについての県下の現状を正確に把握できるほどのものはありません。ただ、この何年間かの経過の中で、個別的な取り組みではありますが私たちと関係の深い人たちの運動について紹介したいと考えます。

（宮崎吉博、伊勢市教育長を経て、現在「ステップ　ワン」代表）
（西谷嘉修、県立稲葉養護学校教員、前三教組障害児教育部長）

## 謙吾の高校

私の息子、謙吾はダウン症です。今年の三月、私立高校を無事に卒業しました。三年間の高校生活で風邪で二日欠席。遅刻は私の寝坊で二回、本人の朝のトイレの時間オーバーで二回の計四回。他の生徒に比べればすごい出席率とか。

授業はほとんどわからないことばかり。ノートは自分の好きな落書きがほとんど。でも毎日むずかしそうな教科書や参考書をカバンにいっぱいつめて（あんなに持っていかなくてもいいのにと、私は思っていたのだが）、今日は茶道があるとか、計算実務だとか、ワープロだとか一丁前に言いながら出かけて行くという日々を過ごし、三年間があっという間に過ぎた気がします。

入学式の日、ツッパッてるこわそうな兄チャンがいっぱいいて、ちょっとヤバイかなと思ったけど（でも、その子たちから見れば、私も変な子のツッパッているオバハンに見えたのかも）入学して間もない頃、精神修養とかで合宿があったとき、いちばん気にかけて面倒見てくれたのはその子たちだったと後で聞かされたり（いつの間にか学年の途中でみんな学校からいなくなり、いつか道で会ったとき、「謙吾、元気しとる？」と声かけられ、本当はみんなやさしい人たちばかりなのにと、私は思いながら）、また、あるときにはクラスの子が学校の帰りにCDを買いに店に寄ってくれ、「今日な、謙吾遅刻したもんで、今トイレの掃除してたで」。「えっ、掃除させられるん？　実は私が寝坊したんヨ。悪いことしたナ。でも一緒に寝坊した謙吾もいかんわナ」ってな感じで、けっこう学校の様子は店に来てくれる生徒たちから聞くことができ、一人で輪を広げてるナと、私はニヤニヤしたものでした。また、一時期はよくポケットにノートの端切れに走り書きのメモ（退屈な授業中によくやるメモの交換？）が入っていて、謙吾のわけのわからない質問に答えてる返事や、謙吾の喜びそうなマンガの絵が描いてあったりと、私はそれを読むのが楽しくて謙吾に「読まんといて」と怖い顔をされたりもしました。そう言えば好きな先生にラブレターを渡したこともあり、今でもその先生の家へ英会話？（みんなでがやがや英語劇を楽しくやっているとか）を習いに行くのが楽しみで、行く日は朝から機嫌よくルンルンです。

学校の弁論大会にも出ると言い出し、私はびっくり。本人が出ると言うのに止めるわけにもいかず、当日、名前を呼ばれ壇上に上がりていねいにお辞儀をして、マイクの前で数枚の原稿を広げたまではなかなかカッコよく、そのあとさっぱり意味不明の演説が数分続き、でも最後だけはとてもよくわかることばで「マツムラの店をよろしく」みたいな商売の宣伝もしてくれ、満足そうに拍手の中、壇を降りたのでした。私はハラハラしながら、でも、やってくれるナと一人大笑いしてしまいました。

韓国への修学旅行も、聞いたところによると、気前よくお金を出して買い物をするので、売り子さんたちが謙吾に集まり、買い物を止めさせるのに先生が大変だったというくらいたくさんの土産を買い込み、謙吾は大満足。また、よほど気分がよかったのか、旅行の最後のパーティーの席で、みんなの前で挨拶がしたいと手を挙げ、大演説をしたとかでみんなに大うけ、涙した人もいるとか。添乗員の人が、お世話をかけたのはこちらなのに、「楽しい旅行と思い出をつくってくれた」と、逆に花束を持って後で会いに来てくれたりと、私の知らない所でいろんな人と関わりを持ち、思い出をいっぱいつくってきたみたいです。

卒業式の日、卒業証書の他に努力賞だの茶道奨励賞やらと賞状をもらっている姿を保護者席から眺めながら、「もう次にみんなと共に過ごせる学校、障害児を入れてくれる大学なんてのはないのかなー」と夢のようなことを考えたり、本人の憧れている芸能界？　にダウン症の子を入れてくれるプロダクションはないものかと、ふざけたことを思いながら（小学校から変わることなく幼児向けのテレビマガジン等、雑誌の超愛読者で、その中に出てくるヒーローたちに憧れ、本人は芸能界に行くつもりでいる）、しかし現実に戻り「ステップ　ワン」に入所して毎日通ってくれるかナと、不安を感じたりしていました。

そして今、卒業して三カ月近く過ぎ、案の定、本人はあまり「ステップ　ワン」に興味がなく、たまに出かけて行っては「ボクは『ステップ　ワン』やめます。あとはみんなで頑張って。ボクは東京に行きます」とセリフを残して帰ってくる始末。そして毎日、家で机の前に座り、原稿書き？　をしています。売れる小説でも書いてくれるなら、私も大応援するのですが、また、東京に行って一人で生活してくれるなら本当に行ってほしいヨと言いたくなり、つい愚痴ったりして、謙吾と私の仲は険悪ムード漂ったりしてしまうのです。でも、また、いかんいかんと思い直し、長い人生だもの、じっくり、ゆっくり、したいことみつけてもいいじゃないかと思い直して、なるようになるだろうの毎日を過ごしています。

私は勉強もしない、努力もほとんどしない、本も読まない人なので、障害児教育ということがほとんどわかっていません。とにかく、この十八年間、同じ人間に生まれたのだから、この地域の中でみんなと共に過ごさせたい。いろんなことを感じさせたいという思いと、また反対にまわりの人にも頭とか本とかの知識じゃなく、直接接して、肌で感じて、どんな関わりでもいいから持ってほしい。それを広げたいという思いでずっと「普通」にこだわり続け、これまでやってきた気がします。そして今、まだ本当のところは何も見えてないけれど、やっぱりこのこだわりを忘れず、この先ずっといろんな人をまきこみながら、やっていこうと思っています。

（松村啓子、共に生き共に働く場「ステップ　ワン」会長）

## 〝真面目なガンバリ屋さん〟は、青春真っ只中

一九七六年十月末生まれのゆうきは今高校二年生のダウン症の女の子。毎日元気に高校に通う一方で、

毎週、地域の〝手話サークル〟と、幼児期から続けている水泳とピアノをやっています。スキーもボーゲンなら滑れるようになりました。

幼児教育は、いくつかのめぼしそうな園へ出向いて相談を持ちかけ、快く統合保育の意欲を示してくれた私立の幼稚園で、三年間を過ごした。

義務教育は、普通学級での統合教育を実現するため、「特殊学級」を持たない小中学校かつ、人権教育の推進を基本方針とする同和教育推進校の校区へ転居し、九年間を普通学級で過ごした。

小学校では就学児健康診断を受診。当初難色を示されたが、校長と粘り強く話し合い、認めてもらった。学校側は、いったん受け入れると決めてしまうと、一転して「受け入れる以上、ベストを尽くそう」との姿勢で、熱心に対応してくれた。

中学校では、小学校以上に熱意を持って校内体制を敷き、多くの先生方が連携しながら温かく見守ってもらえた。本人は当初から、高校進学希望であったが、進路決定は困難を極めた。三重県の場合、私立高校のサバイバルは激烈を極め、中高六年制の進学校化や、推薦入学で定数の大半を埋めてしまう等、成績下位の子どもは締め出されている。勢い、こうした子が県立「底辺校」に集中し、競争率が極めて高く、「問題校」化している。しかも通学の便は極めて悪い。こうした状況から、事実上「障害」児の進路は、閉ざされたも同然の事態となっている。

中学側は、北勢地域で唯一「障害」児受け入れ実績のある「底辺校」を強力に勧めてくれたが、選択する気にはなれなかった。最終的に、親しい中学教師（時々数学を見てくれていた）の勧めもあって、「科技学園高校」提携の通信定時制各種学校「大橋学園・情報ビジネス科」に進学した。進路決定にあたっては、中学校長が、自ら何度も学園に足を運ぶなど、大変お世話になった。

入学後は、親しい友達もでき、勉強のほうも意外な好成績を収め、楽しく悩み多き高校生活を送っている。百点に近い成績をとったり五段階評価で五が半分近くもある等、優等生気分である。中学校までのテストは、「わかっていても間違える」意地の悪い問題に悩まされたが、この学園は、「点をとらせ、自信を持たせ、勉強の楽しさを実感させよう」との姿勢でテストが作られており、素直な問題ばかりである。義務教育でも、「差をつけるためのテスト」から脱皮してくれたら〝落ちこぼし〟が減って学校が楽しくなるのに、と痛感した。

ゆうきは今、さらに進学したいとの希望を持っている。欧米ではすでにダウン症児も一五年も前から大学に進学している例もある。本人の意欲さえ引き出してやれれば、生来真面目で粘り強いダウン症児にとっては、勉強もあまり苦にならない。学校生活の中で、同級生と「対等」につきあい、親友をつくるためには、〝優しい人柄〟と〝勉強も頑張る姿勢〟は不可欠のようである。

親に似合わず〝真面目な頑張り屋さん〟は今、青春真っ只中。今日も重いカバンをかついで、元気に「高校」へ通っています。


（堀川慶治、こやぎの会会員）

## 障害児学校から普通高校へ

一九九二年二月二十二日、城山養護学校草の実分校では、ＰＴＡ研修会に名古屋市の元市会議員斉藤亮人氏を招いた。氏は九〇年六月の名古屋市千種区の市議会議員補欠選挙に見事当選をはたし、当時全国的にも二～三人しかいない車椅子議員として話題を集めた人である。

私たちが斉藤氏を招いたのにはわけがあった。氏は四日市市の出身で、脊髄腫瘍による両下肢障害の治療と訓練のため、一九六六年四月小学校入学から一九七五年三月中学校を卒業するまで九年間を肢体不自由児施設・三重県立草の実学園で過ごし、その教育機関である草の実分教室（草の実分校の前身、九三年からは草の実養護学校）で学んでいる。その当時高校は障害者を受け入れる姿勢も設備も全くなかったため、やむなく四日市高校通信制を選び、週一回のスクーリングを四年間つづけ高校を卒業した。一浪したのち名古屋大学法学部に進み、現在は名古屋市で障害をもつ人ももたない人も共に働く「わっぱの会」を運営し、印刷、パンづくりなどをしながら、障害者運動に関わっておられる。

彼は、経歴からみても、現在の活動からみても草の実学園に在園する園児にとって「草の実の星」である。彼を慕い、彼の後に続こうとした生徒に前川篤君がいる。篤君は斉藤さんとは七歳年下であるが、三年間だけ学園生活を共にしたことがある。

話は少しさかのぼるが、養護学校義務制がしかれて一年後の一九八〇年、私が草の実分校に赴任してきたとき、篤君は普通高校受験を目ざしていた。彼は中部読売の取材に対して次のように答えている。「斉藤さんはボクたちの目標であり誇りでもあるんです」。「とても斉藤さんには及ばないが、一歩でも近づこうと努力することの励みになる」と。草の実学園を取材していた中部読売は、当時の三重県における障害をもつ生徒の普通校進学について、「県内の高校の中で、車イスや、通学に介添人が必要な障害児を受け入れるところは一つも見当らない。入学希望者がいないというより、障害児用トイレを設置したり、スロープを設けたりする施設面での不備をはじめ、教員配置などでも、障害児を受け入れようという姿勢が全くうかがえない」と書いている。状況は、七年前斉藤さんが高校受験する頃とほとんどかわっていなかった。当然のことながら篤君は進学先として、斉藤さんと同じ四日市高校の通信制を選んだ。

当時の草の実分校は、小学部と中学部のみで、高等部はまだ設置されていなかった。そのため子どもたちは中学部を卒業と同時に草の実学園を退園し、本校である城山養護学校（三重県北部が校区）か度会養護学校（三重県南部が校区）の高等部に進学するのが一般的であった。しかし、篤君はその一般的ルートを選ばなかった。障害児学校でなく、普通高校への進学をめざしたのである。彼には普通高校の選抜試験をクリアするだけの力があることは、私たち学校職員も認めていた。にもかかわらず、彼を普通高校へ送り出そうという職場の雰囲気はなかったように思われる。

それから四年後の一九八四年、K子さんが昼間定時制のI高校に進学した。私たちの学校では、卒業後の進路を考えるため、毎年中学部と高等部の生徒を対象に「卒業生の話を聞く会」を開催している。八九年の会に出席してくれたK子さんは、次のように語ってくれた。

光陰矢の如しといいますが、草の実分校を卒業して、はや五年の歳月が流れました。私は、中学二年生に進級したときから進路について考え始め、養護学校の高等部に進むか普通高校に進むか悩みましたが、「健常者の人たちと共に学校生活を送りたい」という希望は最後まであきらめることができず、落ちてもともとという気持ちで、地元の昼間二部定時制高校の入試に臨んだわけです。幸い合格することができ、八年八カ月の学園生活にピリオドを打ち、卒業後は普通高校に通うことになりました。「みんなについていけるだろうか」、「勉強はどうだろう」、「教室の移動はうまくいくだろうか」

と入学できたことの喜びと不安が入り交じり、複雑な気持ちで入学式を迎えました。教室にしても、体育館にしても、目に入ってくる物すべてが普通学校に通ったことのない私には新鮮に思えました。

みんなの目は私に集中しましたが、そんなことを気にするよりも、これから始まる学校生活に胸をふくらませていました。クラス分けがされ一人ずつ自己紹介をすることになり、そのときには自分のありのままをすべて話しました。そうすることで、自分自身のことを理解してもらえるのではないかと思ったからです。クラスのみんなは多かれ少なかれ理解してくれました。

下校時になって、クラスの中の一人が「今まで障害をもった人と接したこともなければ見かけたこともあまりなかったので、ついつい、じっと見てしまって」と言いました。

私は、「そんなこと気にしていないから。生まれてから今日までこの足と共に歩んできたんだし……」というと、相手はだまってしまいました。

一九八五年度には、草の実分校卒業生が初めて全日制の普通高校に入学した。彼は軽い下肢障害であったので志望校側も何ら問題なく受け入れをしてくれた。前川篤君が四日市高校通信制を受験した当時でも、三重県教育委員会は「体が不自由だから体育の実技ができないという理由だけで志望者を不合格にしないよう指導しており、決して障害児の道を閉ざしているのではない」との公式見解を出していた。私たちは、八五年度の全日制普通高校送り出し成功に、県教委が障害者の普通高校入学にかなり柔軟になってきていると感じ始めていた。そして一年おいて一九八七年度を迎えた。

この年にも、ひとりの普通高校志望者がいた。彼女は杖歩行の生徒であり、八五年度卒業の男子生徒より少し歩行に困難があるかなと思われる程度で、私たちは受験にはさほど問題はないだろうと思っていた。私たちの学校では、普通高校を受験する生徒には、あらかじめ志望校を訪問して、学校側の理解を得ておくよう指導している。彼女は家からもっとも近いM高を第一志望に選び、当該学校に打診したのであるが、その返事は今まで障害生徒を受け入れた経験がないこと、施設が整っていないなどの理由で受け入れができない旨を伝えてきた。予想以上に管理職、学校職員ともガードが固いため、第一志望の学校をあきらめ、家からは少し遠い〇高に話をもちかけることにした。M高の轍を踏まないため、学校訪問の前に、校長同士、組合支部間の連絡を取ってもらった。そのような根回しのおかげで、彼女は八八年四月〇高に入学した。現在彼女は公務員としてM市の保健所で働いている。

一九八八年度の中学部三年生に大戸宏充君がいた。彼は幼稚園のとき、家の前の道路で交通事故にあい胸から下の神経が完全に麻痺してしまっており、移動は車椅子にたよっていた。

一九八〇年小学部入学時の「おいたちのきろく」におかあさんは、事故当時の様子を次のように書いている。

昭和五十四年（一九七九年）六月十二日、午前八時三十分……その日もいつもと変わりなく元気に「行ってきます！」と出かけた直後でした。わずか一〇mしか離れていない市道で……。近所の人に聞きつけて飛び出してみると、頭の下に毛布をあてられている宏充を見ました。そばに駆け寄って名前を呼ぶと、小さな声で泣きました。しばらくして救急車……、その中にいっしょに入る。そんな頃から彼の様子がおかしくなりはじめ、意識不明になり、私たちはただオロオロするばかりでした。病院に着き、入る頃には、ひきつけが始まっていました。こんな宏充の変わり果てた様子……舌をかまないようにガーゼにくるんだものを口に入れられて、レントゲン室を出ていく姿を私は生涯忘れることはできないでしょう。それから長い時間が過ぎていったように思います。午後四時三十分、苦しい息づかいの中に、フッと目をあけた宏充に、わたしたちは呼びかけたのです。小さくうなずく顔が見える。その時の喜びは、言葉では言い表わす事ができないほどです。翌朝には生命には別状異状がないといわれました。しかし彼の足は動かない……。

新一年生として、草の実分校に入学してきたときには、剣道の胴衣のような体幹を安定させる装具を着け車椅子に乗っていた。胸から下は神経が麻痺しているため、痛みや熱さも感じることはできなかった。当然足は動かず、尿意も感じることがないため管を使っての時間排尿であった。胸から上は麻痺がないので、食事、会話、車椅子移動には何ら支障はなかった。

彼とその両親は、中学生になったときから中学部を卒業したら、地元の尾鷲高校へ行きたいといっていた。私たちの草の実分校では、それまで車椅子の生徒が普通高校に入学したケースはなかった。三重県下でも私たちの知る限りでは、地域の中学校から入学したケースが一件と高校在学中に事故のため車椅子登校になり、そのまま卒業したケースの二件があるのみだった。

三年生の夏、担任と私は尾鷲市にある彼の家を家庭訪問した。両親と彼の前で、三重県では車椅子の生徒が高校を受験するケースは極めて稀であること、事前に希望校を訪問して、学校側の理解を得ておく必要があること、学園に普通高校に行かせたいことをはっきり伝えておくことなどを話した。

十月に入り、本人、親、担任が尾鷲高校を訪問し、受験したい旨を伝えた。十月、それを受けて尾鷲高校では、車椅子の生徒を受験させるかどうかが、運営委員会で話し合われた。その結果が草の実分校に電話で伝えられた。当校では障害生徒を受け入れた経験がなく、車椅子の生徒さんではとても対応ができないとのことであった。あまりにも早い高校側の反応であった。もう少し双方の話し合いの時間があって、結論が出るのは二学期末くらいだろうと私たちは思っていた。それは即刻の門前払いであった。

県教委は障害を理由に高校への入学を拒否することはないと、明言しているにもかかわらず、尾鷲高校が受験拒否の態度をとったことに対し、三重県教組中勢高支部草の実分会は、同教組牟婁高支部と同支部尾鷲高校分会にはたらきかけをすることにした。分会役員二名が尾鷲高校に出向き、「尾鷲高校教職員のみなさんのご理解を」と題した文書を分会長に手渡した。また牟婁高支部にもでかけ、支部長に理解を求めた。その後中学部の主事が尾鷲高にでかけたり、双方の校長会談などを経て、大戸君の尾鷲高校受験が受け入れられていった。八九年四月大戸宏充君は見事尾鷲高校の門をくぐった。県はただちにトイレの改修、スロープの設置などを行った。

彼は学校生活を次のように語っている。

ぼくは晴れた日は、車椅子で学校へいきます。雨が降ったら、お父さんに車で送ってもらうんですけど、学校までの距離は一キロちょっとくらいです。初めは疲れるので、お父さんについてきてもらったんですけど、慣れてくると一人でいくようになりました。すると自然といろいろな人に話しかけられて、商店街を上がって行くんですけど、いろいろ魚売っているおばさんとか、犬の散歩をしているおばさんに話しかけられて、結構一人で行くのも楽しいです。

学校の方は、ぼくが行きやすいように、段差があるんですけど、そこをみんなスロープにしてもらって、とても行きやすくなっています。またトイレも障害者用に改造してもらって、生活面では何も別に苦労することはありません。


（九〇年「卒業生の話を聞く会」記録より）


現在彼は高校を卒業し、福祉方面の仕事につくため勉強を続けている。

一九九二年度には、中学部卒業予定者七名のうち四名が普通高校に進学を希望してきた。さらに、高等部一年に在籍しているひとりの生徒が、もう一度普通高校に入りなおしたいと言い出してきたため、合計五名の生徒が普通高校をめざすこととなった。

はたして五名全員が無事入学できるだろうか。進路指導係と学級担任は四月から、慎重な進路指導計画を立てた。まず五月には、学園と合同の進路指導委員会を持ち、五名の生徒の普通高校受験に関し、意見を交換した。学園側としては、親や子どもの希望であるから、退園して普通高校に行くことに反対はしないし医療的にも問題はないと思うが、はたして高校側が五名全員の入学を認めてくれるかどうかが心配であるとのことであった。学園側が退園を認めてくれたことにほっとしながらも、高校の受け入れの姿勢に一抹の不安があった。事実三重県下では、最近でも総合評定の名のもとに、車椅子の生徒が不合格となった事例があるからである。

流れとしては三重県の高校では、選抜試験さえパスする力があれば、障害を理由に不合格にはしないことが通例化しつつあるが、個別の詰めを忘れてはならないこともまた事実である。私たちは、生徒が希望している一つひとつの高校を生徒と親と教師でまわり、高校側の不安をやわらげる努力をした。ある高校では、校長、教頭、入試選考委員、体育教員など総勢六〜七名の教師が事前面接を実施した。障害生徒を受け入れた経験のある学校では、校長と総務担当の二人で簡単に終わってしまう場合もあった。

一九九三年四月、草の実を巣立っていった五名の生徒は無事それぞれが希望している高校に入学した。心配された顕著な五月病も見られず、当たり前の高校生活が開始されつつある。

(沼田勝人、三重県立度会養護学校教員、九三年三月まで草の実分校勤務、元三教組障害児教育部長)

### 養護学校高等部を希望しない子どもたち

杉の子養護学校に高等部が開設されて五年目となる。設置された当初は中学部の生徒全員がエスカレーター式に高等部へ入学していたが、一昨年度より「高等部へは行きたくない」という生徒が現れてきた。特に昨年度中三生徒五人のクラスにおいて、五人全員が高等部を希望しないという事態が起こったのである。

**【生徒のためにつくった高等部であるはずなのに、なぜ行きたくないの?】**

生徒たちは以下のように理由を述べている。「友達といっても結局同じ病棟にいる子ばかりで、外に友達がほしい」、「いろんな人と出会いたい」、「刺激がほしい」、「外に出たい」と。どの理由も人間としてごく当たり前の欲求であり、この声は今までの養護学校生活の中でかなえられなかったモノ、満たされなかったモノを他の世界に求めようとしている生徒たちの本音でもあり、あえぎでもある。

【いろんな人と出会いたいということに重きをおくならば、その願いに一番応えられるのは学校の中では普通校のはずだけど？】

知識の量という一つのモノサシ「受験」によって振り分けられた高校そのものは、すでに様々な生徒の集団とは言えなくなっていると批判せざるをえないが、それでも養護学校高等部とは比較にならないほどのいろいろな人の集団ではある。そう考えた場合、多くの出会いを求めて行くならば、普通高校を希望するはずである。しかし、現実に彼らが選んだ先は通信制高校であった。一昨年度一名、昨年度は先に述べた五名のうち二名の生徒がY高校通信制へと進んで行った（残りの三名は高等部への進路を選択せざるをえなかった）。通信教育では共に学ぶ仲間が出会う機会は月に二〜三回のスクーリングや行事のときに限られており、彼らの欲求に見合うものであるか疑問が残る。また、通信制といえば自学自習が基本であり、養護学校や病院においてまわりの大人から手厚い保護を受けて生活してきた彼らにとって、自分で勉強するということは苦手な課題なのである。それなのになぜ、普通校ではなくあえて通信制を選ぶのか？　それには大きな理由があるようだ。

【普通高校を希望しながら入学できなかった先輩（青木貴子さん）の話】

四年前、私は中三だった。病院での生活も二年目に入り、慣れてくると同時に不満も持つようになった。家ではごく普通のこと、例えばジュースを飲むというようなことが、自己管理できない年でもないのに、まるで悪いことをしているような感覚になるのが、大変不可解であったのを覚えている。トイレやお風呂のドアを開けっぱなしにされたことも、普通の生活に於いては不自然極まりないことだ。そしてそのたびに、自分を抑えきれず職員に対して反抗的な態度をとっていたようだ。あの頃の私は今以上に考えも浅く、自分にできるのはただ必要以上に職員と関わりを持たず波風を立てないことだと思っていた。そんな中で〝外の世界に戻りたい〟という気持ちが大きくなっていったのは、必然であったろう。病院生活への不満が、外部とのつながりを保とうとする原動力になるとは、全く皮肉なことであるが。

中三の半ば頃、卒業後は普通高校へ通う決意を固める。同年代の友人もたくさんできるだろうと、普通高校の生活への期待に胸を膨らませていた。家からの通学は無理だったので、必然的に病院から通う形で話を進めていった。しかしその年度は、準備期間が限られていたため無理ということになる。

私は一年間遅れても、絶対に普通高校へ入学してやると意気込んでいたのだが、入学準備の一年間どこにも在籍しないでいるのは、ちょっと問題なのでY高校の通信制課程を受けることになった。そして通信を受けながら、普通校へ行くための猛勉強をする。身体的なハンディを学力で補おうと考えた私は、自分の学力を試すために、三進連というテストを受けたりもする。その結果、杉の子養護学校では優等生でも、県レベルになるとごく普通の学力しかなかったことに、すごく悔しい思いをした。「井の中のかわず」という言葉があるが、私はまさしくその「かわず」だったのだ。

以前は、全員がエスカレーター式に、Y高校の通信制に入学していたのだが、高等部ができたため、私の学年が最後のY高生になってしまった。それ自体を別にどうこう言うつもりはないし、小中高と一貫して教育を受けられるのは大変有意義だとも思う。ただそれが、学習進度や人間形成など、様々な事柄に対する、甘えや馴れ合いを生む結果にならないことを願っている。

関係者会議を重ねた末、鈴鹿周辺の高校名が挙げられ、A高校に決定する。病院の職員や当時の杉の子の先生に付き添われ、A高校に入学テストを受けに行った。緊張しながら顕微鏡をのぞいたり、英語のテストに首をひねった。その間中、教室移動のため校舎の階段の昇降を繰り返した。階段など久しぶりだったので、次の日はひどい筋肉痛。階段が憎くて憎くて仕方がなかった。

その結果「身障者を受け入れた前例がなく、その設備もないので入学許可はできない」という断りが届いたのだ。「身障者を受け入れた前例がない」という断り方。私が障害をもっていることは、初めからわかりきっていた事実である。設備の点もまた同じ。本来ならこんな断り方は小学生にも通用しまい。あえて言うなら人格をもつ人間への対応ではない。これでは単なる身体障害そのものへの対応であり、一つの人格が身体の障害によって直視されないということは、人間として扱われないこととなんら変わりがない。この高校側の対応は、最も不適切な対応の仕方だったと言っても、過言ではない。

入学試験を目標に毎晩八時近くまで、当時の杉の子の先生に交替でついていただいて勉強した、あの時間はいったい何だったのだろう。いい思い出にするために、努力したつもりは毛頭ない。自分がしっかりと勉強しさえすれば、通えると信じていた私にとって、高校側の対応は少しショックが大きすぎた。

「あかんかったわ。ごめんな、力不足で」。この言葉を聞いた瞬間、私の心の中でパニックが起こった。「私は何のために入学テストを受けに行ったの？　設備がないことくらい最初からわかってたじゃない！　最初から受け入れる気がないのなら、形だけの入学テストなんて受けさせなきゃいいのよ！」

そのときの私の心の支えは、自分の学力を否定されたのではないということと、その学力に対するプライドだった。もし努力の甲斐なく、「あなたの学力では、うちの高校のレベルにはついてこれません」という答えが返ってきていたら、私は絶望していただろう。しかし、そのほうが人間として平等に扱われたことにはなるのだが。

ずっと張りつめていた緊張が緩み、何日間かはまるで亡霊のように気が抜けてしまっていたと思う。

高二に進み、文化祭という大きな行事をこなすことで自分の力を活かそうとした私は、その中で普通高校にのみ求めていた「仲間」を見つけ出した。「仲間」というのは信頼関係の上に成り立ち、友情という感情で結ばれていることを、文化祭という行事の成功で確信した。私が普通高校に求めていたものが、その気になりさえすればどこにいても見つけ出せることに気づいたとき、身近な誰もがそれになり得ると知った。「仲間」と力を合わせれば、自分だけでは思いつきもしないことが実現できる可能性がある。「仲間」に対して不満を持つこともあるだろうが、そんなときこそ本音で語り合い、お互いを高めあえるというのが、本当の「仲間」ではないだろうか。もちろん、相手に対する思いやりが欠けていてはいけないし、「仲間」というグループの一員であるためには、一人ひとりに「何事にも目的意識を持って取り組む」という姿勢が必要だ。

これはたいへん難しく、そう簡単には身につかないと思うので、一つ提案がある。日常生活での問題点を、自分たちで解決してみるのだ。もし一つでも問題解決ができれば大きな自信につながり、その自分たちの力でつかんだものは、必ず大きな意味を持つだろう。解決を要する問題は、身近にいくらでも転がっているはずだ。下級生も、上級生が培っていく「仲間」の精神を身体で覚えていくだろう。その「仲間」の一員となる準備として、自分に甘えない努力をする必要がある。

さて、私は来年の四月以後に名古屋へ帰り、独り暮らしとコンピュータ関係の仕事をする予定である。独り暮らしや仕事に対する不安もあるが、自分の力で生活するという魅力の前には、その不安もないに等しい。ただ身体障害という意味での問題はその性質上、私自身一層慎重にならざるを得ないのだが。あと何カ月、鈴鹿で暮らすことになるかわからないが、悔いは残さないようにしたい。

人に決めてもらった道を歩くのは簡単だが、物事を最後に決めるのは自分である。人が与えてくれるのは助言だけで、どのように生きても、それはすべて自分で決めた結果である。

四年前に、私は自分で普通高校に行くと決めて、その努力をし、挫折もした。自分で選んだ道だから後悔はしていない。そして今度は、病院を出ることに決めた。私は決して後悔しない。自分で決めた道なのだから。

自分を客観的に見る勇気を持って生きていきたいと思っている。

（青木貴子、県立杉の子養護学校卒業生）

【どこに問題があるのだろう？】

〈普通高校〉 後輩にとって青木さんはいわば憧れの的であり、後輩たちはその生き方については多くの期待を持っていたようである。しかし、その期待の星が高校の門を叩いたときには入学を拒否された。彼らの多くは「先輩（青木さん）が失敗した」ではなく「あの青木さんが行けないのであれば、僕たちも行けないいんだ」という受け止め方をしたようである。それでも中には「普通高校へ行ってみようか？」と考えたものもいた。しかし「体のことを考えるときつい。五十分の授業中ずっと座っていることができない。体位交換を人には頼みにくい」、「いじめられる。おいてきぼりにされる」と高校での生活を予測し、断念してしまったのである。この指摘は確かに当たっている部分もある。ある高校へ入学をした筋ジストロフィーの生徒が、校内の避難訓練のときに教室へ一人でとりのこされたというとんでもないことが現実に起こっているのである。今の高校の中には「障害」をもつ子だけではなく、平気で生徒の人権をおいてきぼりにする教育が行われているのではないか？　その他にも受験体制の中での偏差値至上画一的教育など、高校が抱えている問題は山積みであるが、とにかく、本校の生徒にとっては高校の敷居が大変高いものになっている。事実青木さんは自らの高校への思いをもって、進路先を相談にきた後輩に対して通信制高校を勧めているのである。

〈杉の子養護学校〉　しかしながら普通高校へ行けない責任をすべて高校側に負わせることはできない。むしろ養護学校の側に問題が多い。それは、生徒の「杉の子養護学校がイヤだった。刺激がなさすぎる。自由になりたい。杉の子から外に出たい」という声に代表される。六年前、まだ高等部がなかった頃、中学部を卒業した生徒たちは通信制へ行くか、病棟の中で何をするでもなくただ時間の経過を待つしかないという生活があった。そういう姿を見て、保護者・病院職員・学校教師の間からの「あのままではかわいそうだ、なんとかしてやりたい」という発想から高等部という場がつくられた。しかしそれは〝子どもたちの真の願いに応える〟という根本的解決策ではなかった。高等部に行っている三年間については問題を引き延ばすことができたが、卒業後の生活は高等部がない頃と何も変わっていない。高等部の三年間という目先のことにとらわれることなく、小学部や中学部も含めた養護学校そのものについて反省をすべきであったのではないか？　「杉の子に魅力がない」という声は当事者である子どもからの鋭い指摘である。つまり彼らの求めていたものは、養護学校の中身、例えば「交流を増やしたり」、「外へ出ていく行事を多くする」というような中身を変えることにあったのではなく、養護学校の外にあったのだということに気がつくべきであった。

〈親子の問題〉　もう一つ大切な視点が親子関係に隠されている。病気の進行に伴い家庭で面倒が見づらくなったり、通っていた学校で子どもが邪魔者扱いされて、病院へ入院させ、必然的に本校へ入るというパターンが多い。その日から親子別々の生活が始まるわけで、入院期間が長くなるにつれて心が離れていってしまうことが当たり前になってしまう。転校してまもなくは、帰省したときに、前の学校の友達が遊びにきてくれたり、家の中でも自分の使っていた部屋がそのまま残されていたりして、その子の居場所が存在するが、そのうちに誰も遊びにこなくなる。また自分の部屋が物置や弟妹のモノになっていったり、家族も妙によそよそしい雰囲気になってしまう。ここまでくると親子でありながら、お互いに言いたいことも言えない関係になってしまう。一昨年度、ある生徒が別の高校へ行きたいという希望を持ちながら、親へ負担をかけまいとして誰にも言わずそれを断念したという実例があった。なかには悩んだ末に親に希望を話す生徒もいる。「外へ出て行くことは子どもにとって命を縮める結果になるかもしれないけど、いろいろな集団の中でたくさんの経験をさせてあげたい。何よりも人間的な生活をさせてやりたい。挫折を感じるのも彼の成長になろう」という親の声がある。ここにおいて親子関係を取り戻したという感はするが、「それなら、家へ帰って地域の普通学校へやれば」と言うと「今、地域に帰っても彼には仲間がいない」となる。結局この親子が選んだ道は、継続入院をしながら通信制へ行くという道であった。

子どもを入院させ、養護学校へ入れたことに対する「これでよかったのか？」という気持ちはどの親でも持っているのだが、それはいわゆる病院や学校の専門家集団によって、治療や発達保障という言葉で巧みにその傷が見えなくさせられてしまっていることが多い。しかし、それも人生の最後には否応なく現れてくる。二十歳前後で命を失うことが多いが、そのお通夜・お葬式での人の少なさ、同年代の友人の姿がないこと、近所の人の「どなたが亡くなったんですか？」という声……。すべてがその子の生きた証を満足するように説明できないものばかりである。そして親は「こんなことなら家で生活させ、みんなと同じ学校へやればよかった」と後悔することになる。でもそのときではあまりにも遅すぎる。また、そのことに途中で気がついて地域へ帰ろうと思ってもそのときには前述の母親の声のように「もう仲間がいない」のである。

この親子の問題というのは決して親だけに問題があるのではない。その周りにある病院や養護学校が子どもを地域から、家族や友人から切り離すという差別性を持っているということを忘れてはならない。

【さて、これからどうする？】

ここまでみてくると病院や養護学校が子どもたちをどんどん一般社会から隔離していく存在であることがわかる。「いろんな人と出会いたいから」という希望を持ちながら彼らは普通校ではなく、通信制や本校高等部を選んだ。このように希望を実現するために思い切って飛び込んでいくような力を養護学校で育てていくことは難しい。養護学校でできることは、その学校の中でしか通用しない力を育てること。しかもその力は子どもたちの周りに、教師という特別な人間がいることによってしか発揮できないものであるように思う。それは「僕ら、社会の中に出ていくことがこわい」という声や、学校の中で「何でもできる子」というように評価されていた子が、一人で社会に出ていったとき、実際には「できないことばかりであった」という具体例からも理解できる。そのためやむなく彼らは養護学校と普通校との中間的な存在として通信制を位置づけ、そこへ行くことで満足しようとする。しかし、それは彼らの願いそのものではないということを私たちは厳しく受け止めなければならない。昨年度、中学部生徒が進路をテーマにして文化祭で劇を行った。その中で彼らの願いを私たちに訴えかけてくる。

「普通校へ行くとなると、階段・介助・通学……問題は山積み。それに自分らが行きたいと言うても賛成してくれる人ばかりではない。だからといってそれに負けとったらいかん。つまりやりたいことをやりとげる強い意志をだしていかなあかんということ。周りを動かしていかなあかんということや。いつまでも周りが同じ人ばかりで、言わなくてもやってくれるという環境におったら、それは楽やけど、本当にええんかと思うんや。そんなんで外へ出て行けるわけないもんなあ。今の僕らってそういうかごの中の鳥の状態やん。だからもっと外へ出ていかなあかんと思うんや。よし、やったるでー、生まれ変わったるでー」

しかしながら、本校には一方でどんなに本人が努力をしても点数のとれない子どもが多くいる。本校において現在彼らの中卒後の進路先は高等部一本しかない。でも、考えてみれば「杉の子には刺激がない」という指摘は生徒みんなに当てはまることではないだろうか？　それならば「彼らも普通高校へ」という声が出てきて当然であるが、誰からも出てこない。つまり養護学校の中から「0点でも高校へ」という運動をつくり出していくことはとても難しいことなのである。なぜならば、すでに養護学校に在籍していることが、当たり前の世界から隔離されてしまっている状態であるからだ。そういう世界の中で生きている限り「0点でも希望する高校へ」という当たり前の感覚は持ちにくい。また前述の青木さんのような差別事件が起こっても、共に闘う運動が生まれにくい。それが養護学校なのである。でも、そんな中から「杉の子から外へ出たい」という生徒は増えてきている。その願いに応えられる教師でありたいし、養護学校の差別性を中から叫んでいきたい。（米本俊哉、県立杉の子養護学校教員）

## 伊勢実業高校――「特別視のない」所ゆえに、居場所になれる

ここに三重県立伊勢実業高校の報告を求められたのは、現在、中学校時代に特殊学級を経験した生徒が本校に入学している事実があるからだろう。しかし、のっけから読者の元気をなくすようなことを言うが、本校は決して「障害児に開かれた学校」とは呼べない。その理由は読んでもらえればわかるだろう。なお、本稿はあくまでも私見による報告であることをお断りしておく。

私自身は、本校三年目で、以前のことはよく知らないが、私の知る限りでもAさんが卒業しているし、D君が在籍している。特殊学級経験者が彼らの他にもいるという感じを持っている職員は多いが、調査をするわけではないので、本人側や中学校から言われない限りわからない。他にも、中学校で難聴生徒のための学級にいた生徒なども数人卒業している。

伊勢実業高校は夜間定時制独立校（四年制）で、生徒は昼働き、夜学んでいる。原則として生徒は昼間仕事につかねばならない。各学年は普通・機械・電気の三科三クラス構成である。ただし、九三年度一年生から機械・電気を廃科し、工業技術科を新設して、二クラス編成となった。生徒減や定時制離れでの定員割れが著しく、全校定員四四〇人のところが在籍生徒数七二名という現状だ。つまり、一クラス二名～一四名、平均で六名という少なさである。

県教育委員会には「一年生の在籍者が三年連続八名を割った場合、その科の廃科を検討する」という方針があり、定時制の灯を消さないためには生徒数の確保が緊急の課題となっている。そのため、地域の中学校関係者に集まってもらっての説明会、中学校訪問、生徒募集のポスターの配布などいろいろと手を尽くしている（ポスターのコピーは「あたたかい学校」である）。

ところでこの説明会や訪問のためのマニュアルには不登校生徒の受験を勧めることが明記されている。そうなった経過だが、ここ四、五年の急激な生徒減の時期と重なって、中学校や親から「この子はとても卒業までもつまい」といわれた登校拒否や特殊学級の生徒で通学を続けるものが目に見えて増えてきていた。もともとはこうした生徒たちの入学については、本校に期待をかけた中学校側の意図や努力が大きく働いていたと思われる。そして、実績がつくられて、生徒減に苦しむ高校側も「これを本校の特色として売り込もう」的発想がでてきたわけだ。

職員の合意としては「通学に堪える生徒なら誰でも受け入れよう」ということになっているが、考えてみればかなり曖昧である。「通学に堪える」とはどういう意味か。何となく「通学の意志があって、一人で通学してくる」ぐらいに考えられているが、「送り迎えのある通学に堪える」というケースは含まれるのかの議論はされていない。いわば生徒急減期対策の「苦肉の策」として認知された「方針」であり、何らかの教育理念があったわけではなく、いわんや「障害児を受け入れる」という自覚や原則がつくられたのではない。だから文言としては「登校拒否生徒の受け入れ」であって「特殊学級」の文字はない。

ともかくも、中学校訪問のときに中学校の先生から「特殊学級の子が受験を望んでいますが……」と聞かれれば「どうぞ、受験させてください」と勧めることになる。そう答えることは職員間でも了解されている。これは言明こそしないが「0点でも入学させます」と言うのと同じではないだろうか。もっとも、今までのところ文字どおりの「0点」はない。また、面接にあたった職員の「予想外」の受験生もいなかったのであろう。だから、さらに重度の障害をもつ受験生が現れたとき、定員内といえども合否判定会議や職員会議での紛糾は避けられないだろう。入試に関連する議題のあるたびに、もっとつっこんだ議論が必要だと訴える同僚もいるが、まだ検討には入っていない。

いずれにせよこの方針は実行に移され、現在、私の学年では「登校拒否」「特殊学級」の経験者が約四割を占めている。そして、そのほとんどが毎日元気に通学している。中学時代に同じ苦労をした「戦友」同士が多いこと。少人数で教師も無理なくていねいに対応できること。制服もなくバイク通学も可能な自由さ。この学校には「楽」になれる要素が多いのだ。

それでは障害や病気をもつ生徒たちはどのような学校生活を過ごしているのだろう。前述の「実績」の一人と目されるAさんは、卒業して町のスーパーに勤めている。日頃自転車で町をゆく彼女をよく見かける。在学中は、持病の頭痛と高血圧で時々休むほかは、元気に通学していた。たまたまクラスメイト八人には仲の良い友人はいなかったが、他の学年には友人がいて夕食(給食)は一緒だったし、職員室では常に先生と話し込む彼女の姿がみられた。学校はAさんの居場所になれたのではないか。

B君を見ると私はいつもダスティン・ホフマンの「レインマン」を思い出す。容易に会話が進められないのだ。初めの頃は完全に無視されていたが、だんだん私も彼に認められてきている。クラスでは特に親しい生徒はいない。が、初めて授業にきた教師に、彼に対する接し方とか授業の進め方について、まわりの生徒がていねいに教えてくれたりする。彼は工場勤めだ。

C君は中学校は長期欠席で特殊学級ではなかったが排便の世話が必要になることがある生徒だ。それでも、だいたい担任と級友がつきあっていて、そういえばこの頃どうなっているんだと、私などはそのことをほとんど忘れかけている。B君、C君について同僚たちは「ふだんはまわりは彼らに関心を示さない。でも、無視や排除はまったくない」という。

D君は当初通学の意志を見せしばらく登校したが、もう一年近く来ていない。留年して私のクラスになったが、四月に二日だけ顔を見せまた来なくなった。仕事もしていない。今のところクラスの女生徒たちが「D君のところへ行こう」と言うので、時々数人連れて遊びに行っている。D君も彼らの名前を覚え始めた。仲良くなって、外へも出かけられるといいし、学校へも来てくれればいいと今は考えている。

特殊学級にいた生徒だからと、私が意識してみても、彼らの学校生活について格別言うべきことが見つからない。強いて言えば、ここには「特別視がない」ということだろう。D君が登校し始めたとしても、それは同じだろうという気がする。

（柴原洋一、県立伊勢実業高校教員）

# 「0点でも高校に行きたい」——ただ今、自主通学中

わたしとあなたの会

## はじめに

・二人のプロフィール

古市能久（十八歳）——一九七四年十一月二十三日生まれ　療育手帳Aを持つ。五年生の十一月まで、校区外の特殊学級に通学。共に生きることを求めて十二月から校区の小学校に転校、以来普通学級で中学校まで過ごす。卒業後、同世代の仲間とつきあえる場は高校しかないと考え、市立岡山商業高等学校（定時制夜間部）を四回受験するが、四回とも「定員内不合格」で落とされる。

松浦毅（十七歳）——一九七六年五月四日生まれ　療育手帳Aを持つ。小・中学校と普通学級に在籍。同年代の友達が高校を目指す中、本人も当然高校に行けると信じて市立岡山商業高等学校（定時制夜間部）を二回受験するが二回とも「定員内不合格」で落とされる。

・二人を不合格にした理由

①市商のカリキュラムを履修する見込みがない。

②二人を受け入れる人的保障がない。
③制度的に受け入れられる条件がない。

### 岡山市立岡山商業高等学校の状況

同校は、一九四八年女子専門学校としてスタートし、六一年から共学の独立校として現在に至っている。現在は三部に分かれており、定時制を敷いている。六七年頃がピークで定員を上回って入学を認めていた。六九年から夜間部については希望者が定員を下回り、八四年頃からは定員の半数をも下回っている。その時点から職員定数も削減され、本来八〇の定員のものが、四〇の定員数を基礎とした予算的措置がされている。本来、夜間部が持っていた機能として「働きながら学びたい」という人びとへの教育保障という観点が崩れてきたことも、その原因にはなっているであろう。

しかし、二三年もの間、定員を満たそうとするなんの努力も見られない。私たちの追及に対し、今年度から成人に達した社会人の希望者を受け入れるようになった。しかし、今年の場合、八〇の定員に対し、成人希望者を含め三六名の希望者しかなかった。その中で合格したのは二二名。定員内でありながら不合格者を一四名も出している。その中に先の二人も含まれている。高校側は、「『障害』(児)者だから、という理由で不合格としたのではない。『障害』(児)者でなくても不合格となっている」と述べている。しかし、後でも述べるが、二人を不合格とした理由の大きな部分に、「障害」者差別にもとづいたものがあることは明らかである。

## 自主通学の形と四月以降の経過

一九九二年四月九日入学式に、古市・松浦両君と保護者・支援者を含めた二十人余りが市商に行く。「二人の席を確保してほしい」と、校長に申し入れるが拒否される。二人は五分ほど会場に座っていたが、式の始まる前に教師たちに追い出された。式の間は体育館はロックアウトされた。それ以来現在まで、ほとんど毎日自主通学を続けている。

古市・松浦両君は、午後五時頃登校し教室の近くで他の生徒との交流を続けている。保護者や支援者は、校門の内側でビラをまき、生徒や教職員に話しかけていく。ビラは毎日交代で書き、現在では一七五弾にもなっている。学校側の対応は、四月いっぱいは教職員が交代で教室の前で門番をし、時には市教育委員会まで出てきて門番をしていた。五月に入ると、私たちの話しかけに対しても無視するようになってきた。

しかし、学校内の古市・松浦両君の存在は大きな位置を占てきている。春の運動会では、正式に見学が認められる。毎週月曜日の体育の授業などは、古市・松浦両君が体育館に入ることも黙認されるようになってきた。一学期には二人に声をかける生徒も出てきて、授業中に非常勤の体育教師や生徒の一部とバドミントンをする姿が見られた。二学期になると、二人が生徒と親密になるのを恐れたのか、体育館に入らないようにと言ってきたり、ビラは教頭が他の先生の分も取りに来るなどしていたが、三日もすると元に戻ってしまうといった様子であった。しかし、他の教職員もビラの受け取りを拒否している。

十月四日の一日旅行（津山）も、参加・見学させてほしいと要望したが認められず、私たち自主通学組も自主的に参加してその時間を共有した。

十一月十四日の夜間部の文化祭に参加希望を出して、当日の見学が認められる。しかし、指定の場所での限られた見学で、生徒との交流は認められなかった。十一月十五日には、昼・夜合同の文化祭があり、登校したが校門が閉められ、中におられた先生に「帰れ」と怒鳴られた。結局学校の中には入れてもらえず、道路でビラまきのみをした。

十二月四日の映画の日の予定を聞きにいくが、教えてもらえなかった。が、どうにか二人も参加した。十二月二十四日、三学期からは教室に入れるよう考えてほしいと、市商の校長に要望する。回答は来年一月八日にするとのこと。

一月八日の回答は、入学を認めていない以上教室には入れない。これからは入試の時期も近いので、もう誰にも会えない。これからの用件はみな事務所を通すように言われ、それ以外の質問にも答えてもらえず！　この回答にあぜんとして、今更このような回答しか出せないのなら二人を教室に入れるしかないというと、一月十一日から、市商のすべてのドアが完全にロックアウトされて、何人もの教師がドアの内側に待機して、生徒が来ると一人ずつ玄関のカギを開けて入れる。古市・松浦両君がトイレに行きたいと言うと、市商から離れた公園に行くようにと市商の指示。のちに市教委がついていくならトイレの使用を許可される。市教委学事課・指導課から、市商の先生と一緒に古市・松浦両君を追い出すために、毎日交代で来る。しかし、これも一月二十二日までで終わり、その後は追い出す人もいなくなり、二学期のように二人は円筒校舎の中に入れるようになった。さらに、今では給食室で給食の時間を市商の生徒のそばで過ごしている。今まで、私たちを力ずくで押し出そうとしていた教師たちの行動が、今となっては嘘のようである。その後、毎日教室のより近い所で二人は教室に入りたいと願い待機中である。一日も早い交流なり授業参加ができるよう、そして市商の生徒として認められるよう努力していく覚悟である。

私たちは、自主通学を継続していくことで、次の三点を目標としている。（ア）同校生徒、職員に対する交流と啓発、（イ）学校当局と行政に対する要求の実現、（ウ）マスコミや社会に対するアピール。

（ア）については、一定成果が出ていると思うが、生徒の中に反発も見られる。教職員は、同校の組合自体が日本共産党系の高教組で、いわゆる養護学校推進派、発達論を唱える者が多い。さらに、「民主教育」を強硬に唱えている。したがって、非常に困難な状況であることは確かである。

（イ）については岡山県・岡山市各教育委員会との交渉を重ねているが、岡山では初めてのケースであり、教育委員会は決断をちゅうちょしている。私たちは教育委員会に対し、（い）障害を理由に高校への就学の機会を妨げない、（ろ）定員内不合格者を出さない、（は）希望者が高校へ全員就学できるよう、体制を整える、以上三点の確認をするよう追及してきた。

（ウ）について。マスコミ対策は一定できたが、社会に対するアピールにはつながっていない。「高校は選別された人が試験を受けて行くのだから、全く点のとれない人が行くことなど考えられない」という意識を持っている人が多く、これに対処していく方法に苦慮している。

## 自主通学で見えてきたこと、わかったこと

毎日市商へ自主通学していると、見たくないことも見えてくる。過去何十年も「定員内不合格」を出

しているにもかかわらず、平然としている市商の教師陣、その下で教育を受けている生徒たち。このような状態が今までどうして許されていたのだろうかと考えると、岡山県民の人権感覚の鈍さに、原因の一つがあげられるだろう。「障害」児と「健常」児の共生共学の場としての学校も地域も社会も、まだ存在しえていない岡山県の現状。今までのいろいろなつけが、この高校問題を引き起こしているように私たちは感じている。

「障害」児が、しかも「0点」しかとれない状況にある子が普通高校進学を希望するなど、天と地がひっくりかえるような感覚で小・中学校の教師たちは見ておられるだろう。その教師たちに教育を受けている子どもたち、小・中学校で共に学んできた「障害」児に対し、彼らの進路を案じたり、僕らと一緒に高校へ行こうなどという発想は、生まれてこないのは当然といったら当然であろうが、あまりにも寂しすぎる。

「高校は点数がとれる人が行く場所」、「高校は義務教育ではないのだから、試験があるから」、「普通高校へは『障害』児はあわない」、「人のことより自分のことで精一杯」。この一年間いろいろな声が聞こえてきた。もちろん市商の中だけの声ではなく、一般的にも聞く意見である。これを聞くたびに「差別をしない」「差別を受けない」社会になるまでに、あと何世紀必要であろうかと思う。気が遠くなる話である。高校の場が「障害」児と「健常」児の共生共学の場に変わっていかない限り、いくら口で〝完全参加と平等〟を唱えてみてもできっこない。そのためにも、義務教育の場でもっとしっかり共生共学を根づかせていくことが、絶対必要だということがわかった。

古市・松浦両君への市商での「差別」の集中、その現実を彼らと一緒に受けとめ、彼らと一緒に「差別」と闘っていく。自分たちのためにも……。

## また、また、また定員内不合格で落とされる

古市君四回目、松浦君二回目のチャレンジ。今年こそは定員内不合格を出させまいと行政、学校との交渉はしたものの、全く状況変わらず。逆にまだこの期に至っても、彼らには養護学校が望ましいとの見解が、行政、学校側からでてくる始末。二人が安心して受験ができるようにと必要な配慮を要求したが、時間切れ。結局何ひとつ勝ちとることができず二人を入試に臨ませる結果になってしまった。

一九九三年度合格発表。岡山市立岡山商業高校定時制夜間部定員八〇名のところ受験者数二〇名、合格者数一二名、定員内不合格者八名。なんということなのだろう。これが岡山県における実態である。「差別」に気づかず、「差別」にどっぷりつかっている行政と教育現場の実態である。ちなみに岡山県の公立高校において一九九三年度定員内不合格者を出した学校はなんと三八校にもおよぶ。本当に信じられないようなことが行われているのは確かだ。

## 今後の方針

何としても二人の高校への就学を勝ちとるために全力をあげなければならない。そのためにはどうするのがよいかといろいろ策を講じてはみるが、壁は予想以上に固い。岡山市教育委員会から交流案がでてきた。それはそれは本当におそまつなもので、よくもこれで「完全参加と平等」と呼びかけられるものだなというほどのものだ。要するに市商の生徒や先生たちに迷惑をかけずに、という意識の中で考え

ることだから無理もない。私たちはあくまで市商に二人の学籍を置くことにこだわってはいくが、市教委が出してきた交流案はおそまつではあるが、この案を修復させてどこまで古市君、松浦君の思いに近づけていくかの作業を今現在行っている。

そして、一方、岡山県の公立高校では定員数が受験者数を下回っている昨今、高校入学を希望する者が全員入れるシステムづくりにも目を向けていきたい。

高校進学を希望する「障害」児、支援者など仲間をたくさんつくることによって一日も早く二人が晴れて高校生活が送れるようになることと、希望者が全員高校に就学できる日を実現させたい。

## 親の思い

**【普通学級にこだわってきました――松浦毅の場合】**

毅は生まれてから、泣くこともなく、ミルクも飲むことができず、鼻から管を入れて注射器を使って飲ましていました。首の座りも、しっかり座ったのは一歳頃でしたし、歩くようになったのも三歳二カ月です。ずいぶんノンビリとした成長でした。ノンビリとした成長なんて表現ができるのは今だから言えるのですけれども、そのときは、いろいろな所へ必死で訓練に通いました。毅の障害を克服することばかりを考えていました。世間体ばかり気になって思い悩みました。私自身が毅のことを差別していたのですね。

歩くようになって福祉施設・旭川荘の中にあるみどり学園へ入園しました。みどり学園では、とても大事にされました。だけど二歳上の兄のときとはちがって毅には近所にだれも友達ができませんでしたし、気軽に声を掛けてくれる人もいませんでした。

これでいいのだろうか？　と思っているとき地域に障害児保育の併設された興除東保育園ができました。地域に帰らなければと思い、入園手続きをしたのですが「集団生活に堪えるだけの体力がない」とかいう理由で入園できませんでした。体力がないと思われるのであれば、近くの保育園で本人の負担が少しでもなくなるように受け入れてほしいと思いました。みどり学園は一時間もかかる所でした。何かおかしいと思いました。二回目の入園募集で保育園へ入園しました。しかし、この障害児保育はひどい内容でした。専門家と言われる先生が時々来られ「程度にあった指導が大切だ」と言われ、せっかく地域に帰ってきたのに「統合保育をやっています」とはいっても、一日のうち五分か十分も「健常」児と言われる子どもたちのクラスにいたかな？　という感じでした。それに保育時間も短い時間でした。

毅は友達が大好きで、友達がまわりにいるだけで嬉しい子どもでした。だけど毎日毎日すみれ組（「障害」児として特別枠で措置されている子どもの部屋）での生活で特別な子としてずいぶんわがままに過ごしていました。朝礼などもみんなは集まっているのに、すみれ組の何人かはいつも勝手に滑り台や他のところで遊んでいました。「毅君の発達段階では……」ということで、卒園するまで一度もみんなと一緒に朝礼に並ぶこともさせてもらえませんでした。給食のとき毅が箸を使いたがっていたので箸を持たせると、「毅君にはまだ箸を使うのは早すぎるので、スプーンにして下さい」と言われたり、発達段階とか、専門家の指導とか言われ、大人との関係の中でしか生きることができなかったのです。

「小学校は興除小学校の普通学級へ行きます」と決めました。多くの人に反対されました。「身辺自立もできていないのに、普通学級は四〇人の中の一人、毅君にとっては養護学校か特殊学級のほうがいいですよ」とずいぶん勧められました。

普通学級を希望していたのに障害があることを理由に就学相談へ行くことを勧められました。そして「養護学校への就学が最も望ましい」という、指導といっていいのか説得といっていいのか何かわけのわからぬ話が何度も何度も校長のほうからありました。毅のこの就学問題に関わってきて一番強く感じたのは、就学時健診は「障害」児と「健常」児を振り分ける手段だということです。毅には今年一年生になった弟がいますが、弟は就学時健診を拒否しました。けれども弟は就学時健診を受けなくとも当然のように入学できています。毅が普通学級に入るために大変なエネルギーを必要としたのに……。なぜ「障害」児だけがこんなしんどい思いばかりしなければならないのですか。

興除小学校には特殊学級がありました。もちろん毅にも入学時に「籍だけは特殊学級に置いてくれ」と校長から再々言われました。そして学年が変わるたびに学校から、毅が学習についていけないという理由で、国語と算数を特殊学級で勉強することを強く勧められました。クラスの友達の毅に対しての思いを大切にするためにも「分けられることはしたくない！」と断り続けました。

入学するとき、籍にこだわって普通学級へ籍を置いたことを本当に良かったと思っています。もしも特殊学級に籍を置いていたら、国語と算数のみでなく、全教科を特殊学級で学習するように勧められていたでしょう。毅の学校生活の場は普通学級しかないのだと、いくらこちらの気持ちを伝えても、学校側からの説得は言い表しがたいくらい、強烈なものでした。今から思えばよく学校側の説得に耐えることができたなあと思います。

その当時、特殊学級では子どもたちのことなど無視された行事が平気で行われていました。例をあげれば、運動会のとき、遠足のとき、四年五年の生徒も一年二年の中に参加させられていたし、山の学校、海の学校、修学旅行では親がついていかないと参加できない状況まであったのです。信じられない話ですが、現実でした。毅には、二歳年上の兄がいますが、彼はいつも「なんで特殊学級なんかあるんじゃろー」と言っていました。兄は弟も自分と同じように、普通学級にいるのが当たり前のように自然に思っていました。ところが「なんで毅くんは特殊学級へ行かんの—」と周りの子どもたちには言われていました。「障害」児というと、どうして特殊学級へ行くと決めつけられるのでしょうか？

毅は小・中学校を普通学級で「共に生きてきました」。毅がこれから生きていくために、普通高校へ行きたいのです。市商へ通いたいのです。みんなと共に生きたいのです。「高校へ行きたい」と願う気持ちは高校進学率一〇〇％近い現在では、当然の思いだと私は考えます。

（松浦毅の母、松浦留子）

**【能久の訴え　もうこんなクラスはいやだ!!——古市能久の場合】**

私の子どもの頃は「障害」者を見かけるということはほとんどなく、時おり実家の近くの旭川荘から集団で散歩に来る人たちに、どうしてよいのかわからないで、物陰に隠れて見ていた記憶があります。それぐらいしか障害をもった人を見かけたことはなかったように思います。

そして、能久が生まれ、次の日に看護婦から我が子の障害名を知らされて、その障害の内容さえわからぬままに戸惑い、嘆き、自分のみに負わされた不幸のように世間をのろい、能久を連れて一緒に死のうとまで考えたあのときのことが、今でも昨日のことのように思い出されます。そして、まわりの人の言葉を信じて、藁をもすがる思いで、旭川荘の児童院へ行って、少しでも能久の能力を伸ばすための力ウンセリングを、専門家と言われる人から週に一回受けていました。

しかし、いつも能久がなぜか一人ぼっちなのに気づき、近所の子どもたちと一緒に遊ばせてやりたいという思いで、地元の曽根保育園に入園を希望しました。しかし、曽根保育園の門は障害をもっているということで固く閉ざされ、障害児保育へ行くことを勧められるのみでした。そして、市の保育課から曽根保育園には「障害」児は入園できないので、「障害」児のための保育園に行きなさいと言われ、私が、その保育園は遠くて通うことはできないと言うと、「親としてどう考えているのか、こういう障害をもっている子がいるのなら、子どものために早く免許を取って障害児保育へ通うべきである」と、反対に叱られとても悔しい思いをしました。そのときに「障害」者に対する世間の対応というものを知らされ、ショックでしばらく悔し泣きをしたものでした。それで、三歳のときは入園できませんでした。

その後、いろいろ保育課と話し合いをして、四歳のときに他の子より少ない時間でならということで、曽根保育園の入園を許されました。そして、保育料は他の子と同じように払っていたにもかかわらず、卒園までお昼帰りでした。だが、近所の友達もたくさんでき思い出をいっぱいつくることができました。

就学時の健康診断で就学相談に行くように言われ、専門家と言われる先生方によって、能久は養護学校がふさわしいと判定されそこへ行くように勧められました。でも、私はたくさんの友達の中で能久を育てたいと思っていましたから、保育園の友達と別れるのは辛かったのですが、校区の校長と相談して、個別の指導ができて、しかも能久がたくさんの友達の中で学校生活が送れると思い、校区外の特殊学級のある興除小学校を選びました。
一、二年の担任は年配の女の先生で、自分の教育方針に自信を持っておられて、能久は学校に行っているのに「お守りをしてあげます！」という言葉をたえず先生から聞かされました。もちろん親学級との交流（ふれあい）など考えようとはされませんでした。私が、親学級との交流（ふれあい）を何度お願いしても駄目でした。

そして、三年生になると特殊学級も二クラスになり、能久の担任は若い男の先生になりました。その先生にもいくら親学級との交流を考えてほしいとお願いしても、聞いてもらえませんでした。例えば、運動会・遠足などは特殊学級の生徒の学年よりも下の学年と一緒に行動させて、私がいくら同学年の生徒と一緒に行動させてほしいと頼んでも、「できない」ということで聞いてくださろうとはされませんでした。そして反対に担任からは「勝手なことばかり言う」と言われました。

それでも、私は能久に我慢させることで学校に通わせ続けていました。しかし、そのうちに能久は、何カ月も原因不明の微熱が続いたり、朝着ていた制服を脱いでタンスにしまったり、また、学校の近くまでは元気にしていた能久が、学校が近づくと急に腰が痛くなって歩けなくなり、座り込んでしまうのです。いろいろな医者に行ってみましたが、結局原因はわかりませんでした。後で気づいたのですが、今までの体の不調は、能久はしゃべれませんから体の不調でもって私に「どうしても僕はここのクラスに行きたくないよ」と訴えていたのだということに気づき、ハッとさせられました。

そのことで、一体能久にはどこの場がいいのだろうかと考えました。そうだ、能久はみんなと楽しく暮らした保育園時代のようなクラスを望んでいるのかもしれないと思い、校長に「能久も親学級で全面的に生活をさせてやりたい」と、お願いしましたが、反対に「あんたは要求ばっかりして、担任は一生懸命やりょうるのにあんたのほうが悪い」と叱られました。でも、能久のことを思い、いろいろ教育委員会・学校と話をしていく中で、三カ月の休学の後に五年の十二月から地元の曽根小学校に転校することができました。

するとどうでしょう、普通学級で生活をする中で能久はみるみる明るくなり、喜んで学校に行くようになりました。なによりも笑顔が出てきて生き生きしていったのには驚かされ、このとき、改めて私は転校させたことが間違っていなかったのだと確信しました。むしろ今まで特殊学級に入れて通わせ続けてきたことに、本当に私自身の意識の甘さ、差別性に気づかされるとともに、能久に対して申し訳ない気持ちでいっぱいになりました。それから残りの小学校生活を普通学級で過ごし、学区である興除中学校・普通学級に入学しました。

普通学級に入っても、慣れるまでは親がついて来るようにと学校側から言われ、一週間ほどついていきました。そして、何度かは能久が歩きまわるからという理由で、ついてくるように言われ学校に行きました。また、学校で行事があるたびについてきてほしいと言われたりして、そのたびに担任から話がありました。また、テストのときなどは能久が勝手に歩くので、他の生徒の迷惑になるという理由で、教室から出すことがありますので了解して下さいと言われたり、共通模試のときなどは、生徒にとって模試は真剣勝負ですから能久が立ち歩けば外へ出します、とまで言われました。そのとき、能久も生徒ではないのか？　と思い、学校の言われることに納得がいきませんでした。また、運動会のときなどは得点競技であるので、能久が出ることによってクラスの点が下がると他の生徒がかわいそうだから、五クラスなので五コースでいいところをわざわざ六コースをつくって、能久や他の「障害」児を走らせることで、他の生徒に迷惑がかからないようにするということを平気でやられていました。けれども、私は思うんですが、何人か走れば最後になる生徒は絶対いるはずなのに。「障害」児が遅れたら「健常」児に迷惑になるという発想で、迷惑、迷惑と言われ続けました。

それから、三年生の最後に受験が待っています。私も能久の今後について悩みました。でも、現在九八％以上の生徒が高校に通っている中で能久に、これからも同世代の子どもたちとのつきあいを続けていかせてやりたいし、そのことが能久にとっても財産になり、また当然つきあっていくべきだとも思い、能久の高校進学希望を学校に出しました。

最初私が担任に能久を高校へ行かせたいと言うと、ビックリして相談には乗ってくれず、今度は校長が対応するということでした。そして、校長曰く「『障害』者は、養護学校高等部へ行くのがよくて、それを希望しないのなら在宅で親が面倒を見ればよい。それも学校としての、能久に対する進路指導である」の一点張りでした。でも、「受験するのは自由ですので、手続きはします」。「能久の様子となぜ高校へ行かせたいのかということを、受験先の高校に説明してほしい」とお願いしても「そのことは親がすればいいことで、受験の手続きはしますがそれ以上のことはできません」と言われるのみでした。

そして、現在能久は受験に落ちて浪人中です。でも、高校へ行って同世代の仲間とつきあい、共に生活をしていきたいという思いで、五度目の高校受験に向けて頑張っています。

（古市能久の母、古市美智子）

# 大阪における「障害」をもつ生徒の高校保障にかかわって

大阪府同和教育研究協議会事務局

## はじめに

大阪府庁別館の五階にある教育委員会へは仕事上よく出かけます。特に、十二月から二月頃は、「障害」児の高校受験に関する交渉やら事務折衝やらと幾度となく同じ話を持っていきます。五階の窓からは、同じくらいの視線の高さに大阪城の天守閣が見えるのですが、どうも景色を楽しむどころではなく、何故か城攻めに来ているような気分になります。すなわち、あの天守閣が現在の能力主義教育の核ともいえる入試選抜制度そのもののようです。春になれば「障害」児をはじめ様々な被差別の立場にある生徒たちを排除した結果、九〇%あまりの「合格者」のためのように満開の桜で飾られる城跡の風景です。

私たち教育現場にいる者には、少なくとも大阪の「同和」教育の中で様々な被差別の立場や社会的条件を背負った子どもたちとつきあってきた者には、入試選抜制度で切られる一〇%近くの子どもたちが、高校へ行きたくないのでもなく、単に本人の努力が足りないのでもないことが実感できます。彼らは、社会矛盾の中から否応なく与えられた経済的な、あるいは学力的な厳しい条件の中で精一杯生きようとしています。私たちは彼らのしたたかな生き方に励まされ、また彼らを励ましながら教育活動を続けてきました。しかし、中学校卒業後の進路の壁を前にしたとき、口先でどんな励ましやきれいごとを言ったところで、実際のところ何の展望も与えられないのであれば、私たちの教育活動は根本から問い直さなければならなくなります。進路保障は「同和」教育の総和である、といわれる所以です。

大阪の「同和」教育は、ここ二十数年来、この進路保障のテーマを中心的な課題のひとつとして追求してきました。点数と高校の序列によって子どもたちを振り分ける制度は、すべての子どもたちにとっての問題です。そして能力主義の最底辺におかれた「障害」児は、その矛盾の風を最も厳しく受けます。だが、小学校、中学校の九年間を「障害」児とともに学んできた子どもたちの中には、その矛盾の風を自分の問題として受けとめ、仲間の痛みに共感し、卒業後もともにつながっていこうとする子どもがいます。

そんな思いに突き動かされ、少しずつではありますが大阪でも「障害」児が高校へ入学する状況が開かれてきました。ここ十数年のことです。入試選抜制度は何も変わってはいません。だから、いわゆる「知的障害」といわれる子どもは落とされます。私たちは、いくら声高に叫んでも入試選抜制度が容易に変わらないことをこの十年の中で知っています。しかし、目の前の仲間にこだわり続ける子どもたちや「障害」児の親の思いを束ね、具体的要求を一つひとつ突き出していくことから、高校にも「障害」をもつ生徒がいるという状況をつくり出していくことができるという確信もできてきました。

今、ようやく大阪各地にこのような状況が広がりつつある中で、単に「障害」を理由に入学を（もちろん受験そのものも）拒否されることは少なくなってきました。従来からの選抜制度に守られた高校のイメージからすると外濠が埋まってきた感じです。次は「点数」という内濠ですが、これが埋まれば制度そのものが丸裸になってしまうのですから、なかなかガードも固いでしょう。

しかし、私たちは単に制度を攻めるという運動ではなく（原則的にはもちろん大切なことではあるが）、これまで大阪の「同和」教育が大切にしてきた被差別の子や親の思いをどれだけ我がこととし、どうつきあいながらそのくやしい思いを具体的な要求としてぶつけていくのかという姿勢で、現状を切り開いていきたいものです。ひとつ突き出せば、ひとつ自分自身のつきあいが問われます。コツコツとしながらも、その中で人として素敵な話もいっぱいためこんでいける、そんな教育活動の片棒をかつぎながら、大阪の「障害」児教育が歩んできた道筋の一端を紹介したいと思います。

## 地域の学校への保障を原点に

**【部落解放運動から学んで】**

校区にいる子どもは校区の学校で学ぶ、というごく当たり前のことに気づいたのは一九六〇年代も後半になってからだと思います。どの子にも義務教育を保障するという当然の理念によって地域の学校はその存在意義を保ってきました。そして、子どもたちはその地域での生活に立脚しながら学校教育を受けてきたのです。しかし、この当然のような義務教育に来ていない子どもがいました。「きょうも机にあの子がいない」という言葉に象徴される被差別部落の不就学生徒の問題は、義務制の学校の在り方を根本的に問い返すものでした。不就学の原因が個人にあるのではなく社会の中にある、すなわち部落差別の結果、学校へ行けないような生活状況に追い込まれているのだということが明らかになりました。

一方で、問題になったのは「越境による差別」です。どこの学校へ行かそうが親の自由だという発想は、一般には受け入れられそうですが、被差別部落を含む学校を拒否し、その学校と子どもたちをどれほど貶め、差別しているかという現実が松原市のN小学校の取り組みなどによって明らかにされました。

この二つの異なった現象が、校区の子どもはどの子であっても地域の学校に通い、そこで様々な人間としてのつながりを学ぶことこそ教育本来の姿であるという原則を教えてくれました。

**【「障害」児の校区就学保障】**

「障害」児においても同じことです。「長欠」、「不就学」の問題が取り組まれ始めて数年が経過した一九七〇年代前半でも、大阪でなお二千人近くの「不就学」の子どもたちがいました。その多くは「生死にかかわる」または「教育の対象外」といわれて就学猶予、免除にされてきた「障害」児でした。

しかし、いくつもの病院や施設をめぐる中で親たちは、「障害の克服」とか「発達のために」という耳ざわりのいい言葉の裏に、「友達と一緒に遊びたい」、「兄弟と同じ学校へ行きたい」というごく当たり前の願いが封殺されることのおかしさに気づいていきます。一九七四年には、そんな親とそこに連帯する教師たちが集まり「障害児の生活と教育を保障しよう市民の会」が結成され、大阪各地で就学闘争が取り組まれました。七四年の対府交渉において、当時の府教委指導第二課長は「すべての子どもは、校区の学校で教育を受けるのが望ましい。その理想に向けての具体的施策を計画、立案することを検討する」と回答しました。「障害」児の校区保障の理念が一定認められた節目であったと思います（すぐには「建て前」としての域を出ませんが）。

行政を追及することと並行して、各地の教育現場では、在宅生徒の掘り起こしや就学前の「障害」児に対する学校からの積極的なアプローチが展開されました。

**【資料1】** くやくしょへ

こどもといっしょに　べんきょうしたい。きゅうしょくを、いっしょに　たべたい。こどもみんなと、あそびたい。まいにちの　せいかつを　たのしくしたい。

きょねんの　一〇がつ一四にちに、うまれてはじめて、がっこうにきた。こんくりーとの　だんだんに　こまった。

こどもも　せんせいも、あんまり　はなしてくれへん。もっとはなしかけてほしい。

ぼくは、二四さいだ。いままで　うちばっかりで、おもいでなんか　ない。二ねんまえ、はじめて　いぬなきやまに　いったのが、たった一つの、おもいでだ。そのとき、たいぷを　ならった。おもてに　でたのが　はじめてやったから、たのしかった。ぼくは、一五さいのころから、がっこうに、いきたかった。きょねんの　一一がつごろから　がっこうほうもんを　してた。やっぱり、がっこうにいてて　よかった。

こどものいる　きょうしつで　べんきょうしたい。こどもといっしょに　あそびたい。だから、四がつから、ちゃんと　がっこうに　いきたいねん。

三がつ一六にち

たなかよしかつ

（解放教育読本『にんげん』六年生より）

西成区で、どの子の教育権も保障しようと早くから「同和」教育に取り組んできたN小学校においてすら、校門の前に住んでいたこのたなかさんの存在に気づいたのは、一九七四年の在宅生徒の掘り起しに取り組んでからでした。学校訪問をして教職員、まわりの子どもたちと出会い、彼は学籍のないま小学校へ通い始めます。児童会を中心とした彼の学籍を認めよという運動の結果、六年後三十一歳の六年生として彼は卒業証書を受け、みんなと一緒に卒業していきました。

このような粘り強い就学への取り組みが大阪各地で広がりをみせる中で、一九七八年九月、部落解放大阪府民共闘の府教委交渉によって「すべての子どもは校区の学校で学ぶことが望ましく、就学にあたっては親の希望を尊重する」という確認がなされました。この確認は一九七九年の「養護学校義務制」という別学の攻撃に対しても一定の支えとなりました。豊中、高槻、枚方等を中心に子どもを振り分ける「就学時健康診断」の差別性が明らかにされ、就学システムの民主化が取り組まれました。民主化といっても子どもを振り分けることを前提とするシステムの形骸化というのが実際のところだと思います。現実には八〇年代に入っても市町村教委の半強制的な「指導、助言」や学校現場の管理職の心ない言動によって校区就学を断念させられた例はたくさんあります。三年前に府同教が行った「就学時健康診断」に関する調査でも、まだ三市で「知能検査」まがいのことが実施されている事実に愕然としました。

こうして見てくると、大阪においても「障害」児が校区就学するという「当たり前」の権利が「当たり前」になっているとは言いがたい状況がまだまだあります。行政に対する一定の確認も、私たち現場の教職員が自らのまわりで進行していることに不断の意識を傾けることでしか実効しないと言えます。

先に述べた三市でも調査をきっかけに問題提起がなされ、これまでの「検査」の見直しが進められています。

「障害」児の進路の問題を考えるとき、彼らにどのような義務制教育を保障してきたのかという思いが常に頭を過ぎります。単に小学校の教師だからというのではなく、そのことが大阪の反差別の教育を本当に豊かにしていくことにつながるからです。

## 「ともに生きる」教育の創造を

### 【「原学級保障」こそを課題として】

被差別の立場にある子どもたちに地域の学校へ入ることが保障されていくにともなって、従来の教育内容や学校の体制というものが厳しく問われるのは必然のことのように思います。実際、高校に「障害」児がいるという状況を想像するのは多くの人にとって案外むずかしいことです。自分たちが「障害」児とともに教育を受けた経験がないことのほうが多いからです。授業はどうするのか、身体的ケアはだれがするのか、単位認定はどうするのか等々、今大阪の行政も高校現場でも考え始めています。例えば、法的には高校にも「障害」児学級が設置できるという声もあります。それに対して賛成も反対も様々な意見があるわけですが、条件整備の話と（それはそれで大切ですが）「ともに学ぶ」ということの本質において何を大切にしていくのかということは整理して考えていく必要があると思います。

大阪は、全国でもずばぬけて「障害」児学級の設置率が高いので有名です（一九九三年度で小学校一三三四、中学校六一六）。それだけ校区に学ぶ「障害」児が多いのでしょうが、行政からそれを自慢げに言われると痛し痒しといった思いです。私たちは決して「障害」児学級設置という条件獲得を目標にしたわけではありません。校区保障を闘う中で確かめ合ってきた「一緒に勉強したい」、「友達と遊びたい」という当たり前の願いは、「障害」児学級で隔離されて「特別」な教育を受けることを望んでいるわけではないのです。必然の推移として、私たちの中心的課題は「原学級保障」をどう具現化するのかということになりました。大阪でいう「原学級」とはいわゆる通常学級のことですが、「障害」児が学校生活の中心とするべき本来の場という意味から「原学級」という言い方をしてきました。残念ながら私たちの力量不足や様々な条件で「障害」児学級で多くを過ごす子どももいるわけですが、「ともに学ぶ」教育を語る中心は、あくまでもみんなとともにいる時間や場であり、そこでのお互いの関係の深まりや教育の在り方なのです。

「原学級保障」の進展を支えてきた条件として、大阪では一九八五年まで「障害」児の学籍を「原学級」と「障害」児学級の双方で数えるダブルカウントをしてきました。それは、「障害」児は「障害」児学級の子という意識に対して、どの子もどこかの「原学級」の子であり、その集団の中に位置づけなければならないという私たちの主張に大きな支えとなったように思います。しかし、様々な条件などによって、一九八五年度を最後にこのダブルカウントは廃止されてしまいました。

廃止直前の府教委交渉において、「原学級保障」を今後とも尊重せよという私たちの強い要望に対して、府教委は「今回の廃止はあくまでも学級編成の子どもの数え方だけの問題であり、指導の在り方についてはいささかも変更を考えていない。すなわち、出席簿・指導要録を含めこれまでどおり相互に在籍するものとし……」と答えています。今から思えば、よくこんなことを言ったなとも思いますが、それだけ最近この確認の意味が無視されて、新たに「障害」児は「障害」児学級でといった指導が強化されてきたからでしょう。また、私たち現場の教職員にもどこかで「障害」児学級に寄りかかる弱さが克服されず、先に述べた全国有数の設置率は「原学級保障」を阻む要因にもなり得るわけです。

「ともに学び、ともに生きる」という教育を現実のものとするには、「障害」児と「健常」児がともに学習し生活することの保障を根本的に考えなければなりません。「障害」児を何らかの形であれ「原学級」に位置づけることはその基本であると考えます。別の位置づけから発想するから学期に一度の「交流会」といった何とも侘しいごまかしが出てくるのです。私たちの求める高校保障も、こうした小・中学校での位置づけの延長線の上で考えていきたいものです。

**【集団の関係から学ぶ】**

六年生の担任が一生懸命授業を進めてきてさあこれから山場というときに、前に座っていた脳性麻痺の女の子がおしっこをもらしました。担任も熱くなっていたのか、強い調子で「なんでもっと早く言わないの」と言ったのですが、そのとき横に座っていた女の子が、「先生、そんなに言うたりなや。この子もおしっこ言うてたかもしれんやん。わたしらが気つかんかったんかもしれんやん」と弁護したことがありました。この担任の先生は、決して無理解なのではなく「原学級保障」を推進してこられたひとりなのですが、こんなちょっとした場面のたびに「ともに学ぶ」関係のすばらしさを感じます。それとともに、教師がもっている固さがひとつずつ剝かれていきます。これまで教師として当然だと思っていたことがひっくりかえされることがあります。教科書をこなす授業をしていては、「障害」児はもちろん様々な被差別の立場を背負った子どもたちには通用しません。そんな中で、試行錯誤を繰り返しながら「ともに学び、ともに生きる」教育を可能にしてくれたのは、子どもたちの集団の力です。そして、彼らとともに学ぼうとする教師の柔軟さだと思います。

**【資料2】「ともに生きる仲間づくりをめざして」より抜粋**

(3) 学芸発表会

① 展示発表から舞台発表へ

さて「展示」か「舞台」かをめぐって討議が始まった。多くの者は舞台発表にあこがれを持ちつつも、日程的に頭から無理だと考え、展示の方向へ傾きつつあった。そんな中でAが「舞台発表」を主張する。私が「舞台にこだわらなくても、教室内で展示と、紙芝居や人形劇などで、劇もできるよ」と説明しても、「展示だとしても舞台でやる」と言い張る。ちなみに、Aの夢は女優なのである。

みなの意見が変わりはじめる。何度も自分から手を挙げて舞台発表を主張するAを見て、なんとかならないものかと、考えはじめたのである。討議を重ね決を採る。「舞台発表」と決まった。

② 脚本を白紙に

脚本係を決める事になった。三人が立候補した。もちろんAもである。早速、放課後残って会議を開く。統一テーマは「平和」。Aの意見は「Aちゃんのヨーロッパ旅行」という劇。内容はAがあこがれのヨーロッパへ旅立つというだけで、全く「平和」とは無関係のもので「全校で討議され承認された統一テーマを、勝手に無視することはできないのだ」と言ってきかせ、実質的にはAのアイデアを無視する形で会議は進み、創作は無理だから、脚本集からいいものをさがし出した。

翌日、全員に提案し、承認される。そこでAが「反対」と叫んだ。「訳は」と聞くと「だってAちゃんのヨーロッパ旅行が入ってない」と言うのだ。昨日、あんなに説明したのにと思いつつ「Aの考え発表してごらん」と言うと、前へつかつかと出て来て、「この物語は一人の少女がいて、ヨーロッパ旅行へ出かけます。行き先はパリ・ローマ・ジュネーブ。少女のクラスメイト四三人は、大阪空港へ見送りに行きます。少女は飛行機の中で、ぐっすり眠るのでした」とスラスラ。

私が「Aが寝てるの見せるだけでは、みんな退屈する」と言うと「そしたら、カフェオーレ飲んだり、サンドイッチ食べてあげる」ときた。「それが平和とどう関係あるのか」と言うと「このさい、平和はどうでもいい」とこうだ。

全体で決定したことを、勝手に無視することは許されないのだという点を、かなり厳しく指導したあとで、みなに問うてみた。「みんなどうする。こんなの、ただのわがままやなあ。しかし、このわがままをわがままとして切っていくのか、なんとか、この取り組みの中に生かしていくのか」と。

「大韓航空機があるやんか。Aちゃん乗せた飛行機が撃ついされんねん。ほんで、やっぱり平和やないと夢も持たれへんのやなあって訴える」。すぐに、こんな反応が来た。私がそのイメージを色々脚色して、また、返す。また、反応がある。また、返す。また、反応。

結局、「Aの思いをなんとか生かしなんとか工夫する」ということに決まり、一度承認された脚本はボツとなった。そして今度は、全員でアイデアを出し合い、それを係がまとめることになり、みなの宿題となった。

③　傷つくAの認識

翌日、学活ノートが提出された。内容は、平和とヨーロッパ旅行を結びつけんがため、飛行機がおちたり、行き先が戦場であったりの似たりよったりのものが多かった。

Aがポツンと言った。「ねえ、Aは死んじゃうの?　ヨーロッパへは行けないの?」「どうして死んじゃうの?　どうしてちゃんとヨーロッパへ行かせてくれないの?」

ハッとした。Aは発達の遅れた子、心の成長は止まり傷つかない子ととらえ、「Aちゃん」「Aちゃん」と優しくさえしていれば、充分に取り組んでいることになるのだと思いこんでいる自分たちの姿が、見えたのである。Aの「精神」は「薄弱」でなんかないのだ。

④　ほどこしの優しさが打たれる

今までの取り組みの嘘が見えてくる。優しくしてあげたらいいんだという、その優しさの意味が見えてくる。結局、Aにヨーロッパ旅行などできっこないと思いこんだ場所から、でも、それを言ったらかわいそうだからと、うわべだけ話を合わせている〝ほどこしの優しさ〟が見えてくる。

「ヨーロッパか。いいなあ。私もいっしょに行きたいなあ」という、そんな「健常」児どうしの会話が、Aとは成り立っていなかったことが見えてくる。自分たちのAを見る特別な目が、見えたのである。

脚本が、また、ひっくり返る。担任が提案する。「もういっぺん考え直そうか」みんながうなずく。『障害』もってたら、夢も見られへんのかなあ」。「なあ、このクラス討議を、そのまま劇にしてみようや」。

（一九八四年第十七回大同教豊能大会、八尾市立成法中学校、土田光子さんの実践報告より）

「原学級保障」が求めるものは、やさしさごっこではありません。否応もなく同じクラスになったちょっと変わった奴とは、真剣に本音でないとつきあいきれないものだと思います。だから、時としていじめることもあります。対立することもあります。しかし、それらの一つひとつを粘り強く解決していく中でお互いの思いが見えてきます。変えられていく自分に気がつきます。これが教師の実践の命です。私たちがこの先に目指す高校保障や地域で生きるということにはまだまだ様々な運動も必要でしょう。そのエネルギーの源泉は、学校にあってはこのような集団のダイナミズムをつくりだす反差別の教育実践なのです。

## みんなの問題としての進路保障

### 【進路の実態】

被差別部落の生徒たちが中学校卒業後の進路を前にしてどれほど被差別の状況におかれてきたのか、問題提起されたのは三十年も前のことです。そのときから、単に進路先を斡旋する「進路指導」ではなく、生徒にいかなる学力（単に点数ではない）と生き方を持たせ得たかという「進路保障」としての考え方が定着してきました。

大阪における高校選抜制度は、大学区（九学区、それぞれ二十校前後の府立普通高校）による単独選抜制で、平たく言えば学区が大きい分高校間格差が激しく、しっかり序列がされやすいということです。この序列の中で被差別のゆえに条件の保障されない生徒は、高校のワクからはみ出さざるを得ません。また、たとえ高校へ入れたとしても偏差値のみで振り分けられた結果とすれば、入学後の目標や生き方を見出せず「中退」していく生徒も多くいます。

能力主義の中で最も底辺におかれた「障害」児の高校進学は、まだ全体の二〇％ほどです。しかも点数による判定ですから、いわゆる「知的障害」の生徒は定員割れの場合でも不合格にされています。

そして、不合格という事実以上につらいのは、小・中学校と九年間ともに学んできた仲間と切り離されるということです。これは、「障害」児のみならずすべての子どもの問題なのです。偏差値と高校序列でしか進路選択の尺度を持てないなら、集団はバラバラに切られていきます。このような実態に対して、反差別の価値観とお互いの生き方を問う集団の高まりによって大阪の進路保障は粘り強く対峙し続けてきました。

**【進路保障の教育内容の創造を】**

入試制度の改革とお互いの進路を考える教育内容の創造を目指して、一九六九年高槻で初めて「地元高校育成・集中受験運動」が取り組まれました。まだ「障害」児の校区保障すら不十分な時代です。これは高校間格差を否定し、地域の中学校から近隣の高校へ集中受験していく取り組みです。単なる序列の中のひとつとしての高校ではなく、地元高校として地域性と反差別のポリシーをもった高校の育成を中学校側から提起していったのです。状況によって少しずつ形のちがいはあるものの、この「集中受験運動」は高槻、枚方をはじめ能勢、東大阪、八尾、松原、羽曳野、富田林、貝塚、泉佐野、岬、そして大阪市内の各地にも広がりました。「障害」児の高校保障の問題がその中で重要な課題になっていったことは言うまでもありません。

この取り組みが優れた意味をもち、各地に展開できるようになった根底には、「進路学活」「進路公開」を中核とした集団の高まりがあります。前項で述べた「ともに学ぶ」関係が、進路という極めてシビアな課題を前にしたときその真価が問われるのです。これまで学習してきた様々な差別、入試選抜制度はその差別社会の構造の一端であること、自らの進路を考えることはそうした差別にどう向き合って生きるかという一人ひとりの課題であるといったことが「進路学活」で話し合われます。そして、「進路公開」では自らの生活を含め進路への思い、制度で切られるであろう「障害」児への思いなどを出し合います。そこではもう「障害」児のためにではなく、自分のための葛藤なのです。制度は破れなくても、そこまでこだわる仲間がいることが今の大阪の財産です。そのいくつかを紹介します。

**【資料3】「KくんやMくんをほっとくわけにはいかんねん」より抜粋**

③　一緒に山は登れても、高校の山、登られへん

三組がKくんや自分の進路について考えるきっかけとなったのは、修学旅行の山登りでのSくんとKくんの会話であった。登山の途中、歩くのをいやがって泣くKくんをSくんはおんぶした。おんぶして歩きながらSくんが言った。「なぁ、俺とKは助け合ったら一緒に山は登れる。せやけど高校の山は、俺もKも登られへん。勉強、あかんから」。

この言葉は子どもたちの心に、波紋となって広がっていく。なぜSくんがこんな言葉を言わねばならないのか。輪切りの選別の入試制度を前に、彼らは怒り、苦悩する。九〇・三%の壁。府内の高校に行き場のない一万六千人の問題は、中学校間格差が存在する豊中の現状の中で、南部校として常に中・北部校の踏み台になってきた十中生にとっては、わが身の問題である。一緒に高校へ行きたい。が、一学区の入試状況の中、何とか公立に進学できるのはクラスの半数弱。地元校をどんなに希望しても十中生の合格はここ数年、困難を極め、苦汁を舐め続けてきている。

「地元の高校に行きたくても行けないのはなぜや。Kくんこそ、高校でみんなとやっていくことが必要やのに。きのう、Mが俺らの弁当を盗んで食った。おっちゃんがまた生活費、競輪で使ったからやろ。Mも高校、行けそうもない。それKやMのせいなんか?」

黙って聞いていたS子ちゃんが、一番うしろの席から言った。「先生、ウチやっと見えてきた。自分らの立た

されている『場』が見えてきた。去年、四中の夜間学級へ見学に行った時、四中のおばあちゃんが『あんたら勉強するんやで。昔、女は男以上に勉強する権利を奪われてた。そんなんわたしらだけで十分や』って言わはった。九〇・三％の壁、高校間格差、中学校間格差、女性差別、そして優しさとのすり替えの中で家来として生きてきたウチの生き方。やっと見えてきた。ウチ、差別に負けたくない」。

S子ちゃんの言葉が、SくんやIくんたちの心を少しずつ揺さぶっていった。ある放課後、「先生、これ見て」と進学を半ばあきらめていたSくんが私を呼んだ。廊下の壁に貼られていたのは、四中夜間学級の生徒さんの作った標語――考える力を持つから人間さ。行って勉強しよう――。「俺、これエエ言葉や思う。勉強して、考える力持って、俺、もの言えるようになりたい。もう一回、親を説得する。俺、高校行きたい！」

Sくんの心に灯がともった。

（一九九二年度第二四回大同教中河内大会、豊中市立第一三中学校、森田節子さんの実践報告より）

**【資料4】「切り拓け進路を、なかまとともに」より抜粋**

5．「進路」に揺れる子どもら

三年になって、本格的に進路学活が始まった。学年全体では、被差別部落の青年や民族講師の人の話などが行なわれ、単に成績だけで高校を決めるのではなく、自分をみつめ、なかまのことを考えて、生き方として進路を選ぼう、と話がされた。

六月に行なわれる第二回進路の集いを前に「共に歩む会」でも話し合いが行なわれた。「純平くんや和也くんもやっぱりみんなといっしょに高校へ行った方がええ」と言う子どもたちに、「じゃあ、どうしたらいいんや」と問う。子どもたちは悩み揺れた。

「なかまはいっしょにいた方がいい。けどやっぱり自分の行きたい高校もあるし、なかまやゆうても毎日いっしょにいることは学生の時ぐらいで、いずれ社会人になってくるとたまに会ったり相談したりもするだろうけど別れ別れになる。だから僕は、高校は、高校の特色が自分にあった所を選べばいいと思う。

こんなん書いてたらうそみたいやけど、できれば、純平くんや和也くんたちと同じ高校へ行きたい。別れるのんさびしいし、いろいろいっしょにいて教えられたから。その分、力になりたいと思っている。第一、小学校からのなかまやし。だから、大人になっても会いたい。ちがう学校行くけど、そういう風にしたい」

（中谷）

「親が、八尾北高校行ったらあかん、とか悪い学校はいくら良くしようと頑張っても無理だといったけど納得できません」

（東野）

話しあったり、八尾北高校へインタビューに行き、進路をどのようにして決めたのか聞いたりした。「どうしたらいいのかわからない」「いっしょに行くとはいえない」そんな雰囲気のなかで、純平くんとずっといっしょだった植村くんは、ほとんど何もいわなかった。しかし、十津川さんや佐々山くんは、この時から八尾北高校への進学を決意していった。

十津川さんは、学年全体に自分の進路を公開するのは嫌だ、と言いながら、「でも、みんなが力を合わせるためには誰かいいだしっぺがおらなあかんのかな」と、進路の集いの日、アピールをおこなった。

「高校に行っても『共に歩む会』みたいな活動を少しずつでもしていきたい。純平くんや和也くんだけでなく、他の『障害』を持つ友だちともかかわっていきたい。そんななかで、今、私が行きたいと思っている高校は八尾北高校です。先輩たちが『障害』を持つ友だちや他に『しんどい』人たちといっしょに団結していることがすごく心に残っているから。私のまわりの友だちはみんなちがう高校行くと思うから、私一人になるかもしれない。もしそうなったらすごく心細いと思う。だから少しずつ、みんなに気持ちを分かってもらいたい」

（十津川）

「八尾北高校に行って僕は先輩のやる気にびっくりしました。そして金岡中学校の『共に歩む会』にはないものを感じた。ほんまに友だちとか『障害』を持った子のことを考えてた。ほんとのつながりを見た感じがした。僕は、そんな先輩たちのつながりをうらやましいと思った。僕は、これから頑張って勉強して八尾北高校へ行きます」

（佐々山）

（一九八八年第四〇回全同教広島大会、東大阪市立金岡中学校、塩尻文男・三島雅子さんの実践報告より）

どの子にとってもここで整理して述べるほどストレートなものではありません。悩み、揺れながらも自分の生き方と仲間の思いにこだわっていったのです。中学校での進路を考えるサークルは、高校での部落解放研究会や「障害」者問題研究会などでの活動に受け継がれていきました。それは、中学校と高校をつなぐものとして、また「ともに学び、ともに生きる」教育が高校へ打ち込む楔として大きな役割を果たしてきました。府立M高校やK高校における「準高生」や大阪各地の「交流生」の取り組みはこのような中で生まれてきたものです。M高校を育ててきた生徒たちの「一流でも三流でもない自分たちの高校をつくろう」という言葉は、こうした取り組みの思想を端的に表していると思います。

**【大阪「若者の集い」から】**

四年前に私のクラスを卒業していったユキちゃんから、高校受験の前に電話がかかってきました。「M高校受けることに決めた。小・中学校で学んだ差別のこと、高校で頑張って取り組むねん」と熱っぼく語る彼女でしたが、「せやけど腹たつねん。いっしょ受けようとした友達のお母さんからひどいこと言われてん。M高校みたいなとこ行ったら大学も行かれへんで。あんなとこ……」。子どもたちが精一杯の思いで決めた進路に、私たち大人はどう応えていけるのでしょうか。

残念ながらまだまだ「地元高校」に対する偏見（それは「同和」校に対する偏見ともつながる）や高校の序列でしか見ない大人の見方があります。また、いくらこだわっても、ともに入学できない「障害」児の現実に、時として展望を失いそうになることもあります。私たち教職員の運動で少しでも道を明るくしていくことが迫られているのですが、彼らは彼らで大きな仲間の結集と交流によって自らの力と確信を持とうとしています。それが『障害』をもつ仲間とともに歩む大阪若者の集い」です。今年で一三年目を迎えるこの「若つど」は、府内各地の中学生、高校生を中心に大学生や社会人になった人までおよそ千名もの若者が集まり、お互いの活動や進路に対する悩み、「障害」児とつきあってきた思いなどを交流しあいます。準備はほとんどが高校生を中心に組織された実行委員会です。彼らはクラブやバイトの間をぬって府内各地から集まり、それぞれの活動や思いを出し合う「ミニ若つど」のような話し合いを繰り返しながら、本番の集会の中心になっていきます。

**【資料5】　大阪「若者の集い」一〇周年記念冊子『一緒に生きていこうや』より**

「『障害』をもつ仲間とともに歩む大阪若者の集い」も十回を終えました。その間、たくさんの仲間が自分の事と仲間の事を語り、そこにある厳しい差別と、それと闘っていく具体的な生活のレベルのつきあいと話をつないできたと思っています。

私は、中学校時代に、校区に被差別部落のある学校で、部落差別のことを学び、「障害」をもった仲間と一緒に勉強してきたわけですが、部落差別の事も、「障害者」の問題も、ほとんど自分との関わりのあることだとは考えられなかったのでした。

こういった問題を自分の中で考えるようになったきっかけは、高校進学をひかえた三年生の秋に、「障害」をもった仲間をとりまくグループができ、なんとなくそのグループの集まりに顔を出したことが始まりです。そのグループには被差別部落の仲間も参加しており、みんなそれぞれの思いや、生活のことを話し合い、様々な理由で高校に行けないということなどを話していました。高校進学は、本人の努力とその「学力」によって決まり、また自分自身もそうしていこうとしていた私は、とてもショックを受けました。そして、本音で話し合える友達を持たなかった私は、自分の気持ちを出し合える仲間ってすばらしいなあと思ったのです。

このような理由で「障害」をもった仲間や、部落の仲間とのつながりができてきたわけです。このつながりの中で、「障害」をもった仲間が、高校に進学できないという理由が「障害者」に対する差別に由来しているということが、だんだん見えてきたわけです。差別が見えてきた過程で、自分の親の生活も考えるようになり、一見つながりのないように思える「障害者」の問題と、自分の生活とが、なにかつながりをもっているように思えてきたのです。

そんな思いをもって、仲間と共に地元校へ進学し、高二の春に初めて、「若者の集い」に出会いました。これに参加するきっかけも、担任だった中学校の先生に無理矢理に行かされたようなものでしたが。しかし、ここで、自分と同じように悩み、活動している仲間が、たくさんこの大阪にいることがわかりました。そしてそんな仲間と接する中で、「仲間のことを考え、共に歩んでゆこうとする者が本当に偉いんや!」ということがわかってきたのです。

「『障害』をもつ仲間とともに歩む大阪若者の集い」も、一九九〇年度の開催で第十回目を経過しました。毎年多くの地域の参加者が、この「若者の集い」に集まり、お互いの思いをぶつけ合い、「障害」をもつ仲間、そしてその周りの共に生きていこうとしている仲間とが交流することで元気づけられ、明日への活動の糧にしていってます。またこの「若者の集い」への参加をきっかけに、その成果を地元に持ち帰り、さまざまな形で地域版の「若者の集い」が開かれていています。地域に帰ってその取り組みをさらに大きくしていったことは、「若者の集い」の大きな歴史です。

これからも「若者の集い」は、共に生きる仲間達によって、毎年開催され、そのすそ野を広げていくでしょう。そして、熱い討議の中で、「仲間のことを考え共に歩んでゆこうとする者が本当に偉いんや！」ということが確認されていくと思います。

私も含め、日頃の生活の中では、なんでこんなしんどい活動をしているのかがわからなくなってくる時もあります。そんな時、この「若者の集い」の延長として、多くの仲間とたくさんの地域で、今日も私達の仲間によって熱い討論ととりくみが続けられていることを思い出して欲しいと思います。そういった意味でこの冊子がたくさんの仲間の元に届くことを願っています。

最後に、この「若者の集い」を支え、あたたかく見守って下さった多くの方々に感謝いたします。

（第九回「若者の集い」実行委員長　今西正幸）

「若つど」一〇周年記念誌の巻末を書いた今西君は、一六年前の私のクラス生ですが、のんびりした気のよい、おもろい奴でした。みんな初めから肩はって「障害」児とつきあうわけでもなく、きっかけは些細なことですが、「若つど」を通して自らの生活を振り返り、「共に歩んでゆこうとする者が本当に偉いんや」という確信をもちます。「『障害』児を高校へ」の署名活動が広がっていったのも「若つど」

が大きいと思います。茨木のある中学校では、「若つど」に参加した翌日にはクラスでノートの切れ端に署名が始まっていたようです。こんな軽いノリも彼らだからこそできます。何しろ教師だけでは、「若つど」になりませんから。

ともかくは一三年もよく続いたなというのが実感です。最初の頃に集まったメンバーも今では「若者」とは言いがたい年になっていますが、現在、「障害」者が地域で生きる生活の場で活動する仲間もたくさんいます。私たちのめざす教育が、高校保障も含めて将来的にどう地域で生きることに結びついていくのか、「若つど」から学んでいくことがたくさんあるように思います。

**【入試制度の改革をめざして】**

大阪で「障害」児の高校保障に向けての取り組みがスタートして十数年が経過しています。この間、残念ながら入試選抜制度は基本的に何ら変わることなく「障害」児や被差別の子どもたちを切ってきました。全日制高校の収容率のガイドライン九〇・三％は、生徒数激減の現在も生きています。府教委は交渉のたびに「定員割れでも著しく点数の離れた場合は不合格」という態度を崩しません。

そんな中で、少しずつでもいいから間口を開いていこうと「障害」児に対する受験時の配慮を要望してきました。これは、単に理念による要望ではなく、実際にその年に高校を受験する「障害」児の条件を具体的に要求することで積み重ねてきました。他県からみると条件闘争で根本的なものではないとの批判もありますが、子どもたちの集団の高まりや思いに少しでも応える意味でも、より有利な条件を獲得してきたと思います。

【資料6】「障害」児の高校受験時における配慮

・一九七七年　B3版（拡大した解答用紙）による受験、別室受験、休息時間の延長
・一九八二年　点字受験（別室、点字タイプ、点字器の持ち込み、検査時間一・五倍）を認める
・一九八三年　ビデオライター（パソコンを使って文字を出す機器）による受験
・一九八六年　音声入力装置を有する機器、解答用紙を八倍（B1版）に拡大
・一九八七年　時間延長（十～十五分、強度の弱視や、座っているのが困難、また両手・両足の機能障害が著しい者）
・一九八八年　ワープロの使用
・一九八九年　文字盤の使用
・一九九二年　代筆受験（体幹機能障害に限る）を認める

（府同教事務局まとめ）

一九七七年、初めて別室受験や用紙の拡大が認められて以来、昨年度は府教委がこれまで頑なに拒んでいた代筆受験が認められることになりました。東京、神奈川、福岡などの影響もあったようですが、大阪では極めて条件の悪い代筆です。まず対象は「体幹機能障害」に限ること、問題を読むのも試験の内ということで代読はしない、代筆者は高校の職員という、現実にはほとんどメリットのないものでした。結局「知的障害」といわれる子どもを排除し、なお受験の形式的平等を守ろうとする矛盾がありありとうかがえます。

まだまだ課題を残す配慮事項ですが、十数年の遅々とした歩みの中でいくつかの成果もあります。ま

ず、中学校個々に要望するだけでなく、部落解放大阪府民共闘教育部会として要望を集約し、組織的な対府個別折衝がもてるようになったことです。年数を重ねるたびにこの折衝は府との重要なパイプとなり、また具体的な折衝の中身を多くの仲間に知ってもらえる場になりました。要望事項の集約～結果の集約までするので、高校の対応がよくわかります。近年、このような配慮要望の折衝は私学の高校にも波及してきました。高槻を中心とした地域で私学同研（大阪府私立学校同和教育研究会）を窓口として、私学とも組織的に話し合いがされるようになりました。

このように受験時の配慮要望は、わずかずつではありますが高校へ入学する「障害」児の増加を支えてきました。そして、その過程で組織的なパイプが広がってきました。今、現行の入試制度で配慮できそうなことは飽和状態になりつつあります。制度の改革に向けこれからが正念場です。

## まとめにかえて

この春、豊中で三年間府立高校を受験し落とされてきたI君は、志望校を定時制に変えて受験し、見事合格を勝ち取りました。三年間こだわり続けた高校には、中学時代にともに机を並べた仲間がいました。しかし、この春の卒業で彼らのいなくなる高校の意味が本人にとれば変わったのかもしれません。今年の定時制受験に際して、当日同行し彼を支えたのはやはり中学時代の級友の女の子でした。

大阪の運動と実践は、「0点でも高校へ」という原点はふまえつつも「ともに高校へ」という視点を中心に据えてきたと思います。なぜ高校にこだわるのか、それぞれの思いはあるでしょうが、ともに学んできた仲間との関係は大きな意味をもちます。反対に言うと、小・中学校での「ともに学び、ともに生きる」教育が弱くなれば「ともに高校へ」という力も弱くなります。ここ数年の「障害」児の高校受験者数は、決して順調に伸びてきたとはいえません。「高校なんてとんでもない」と初めから選択肢にも入れない親や教師がまだまだ多いのも事実です。

矛盾に満ちた入試制度に対して行動を起こすにはかなりのエネルギーが必要です。そこでは、「障害」児も親も自らの生き方を厳しく問われます。もちろんまわりにいる私たちも。しかし、そうした節目を一つひとつともにくぐることで地域で生きる展望も開けてくるのではないでしょうか。別に高校だけがすべてではありませんが、現実には子どもたちの十五歳の節目は実にインパクトの強いものです。だからこそ、つらい話ばかりでなく、おもろい話もいっぱいできるお互いの関係をつくっていきたいものです。

そして、そうした営みが点で終わることなく線から面へと、言い換えれば地域ぐるみの反差別共存の教育を構築していくことが私たちに課せられた課題だと思います。

（文責・吉川弥寿彦）

# いろんな取り組みをより合わせながら——兵庫

華広恵司・川岸美佐子・大賀重太郎

## 普通学級・高校、地域に居続けることにこだわる

【普通学級運動対策が行政によって進められている】

今年、宝塚で奇妙なことが起こっている。教育委員会が普通学級を勧めるという奇妙な現象が宝塚で起こっている。強引に普通学級を勧められた親の中には、未だに障害児学級を希望しているのにと、教育委員会への不満を漏らしている。来年は障害児学級をつくりたいと言っている親もいる。

毎年知能テストを強硬に学校に押しつけてきた教育委員会が、今年、担当者の集まりの中で、知能テストの強行はしないようにと言う。驚いた担当者のほうから、「学校で親の希望と学校の判断が違うような場合、つまり親があくまでも『普通学級や』と主張するのに対して、学校は『障害児学級か養護学校ではないか』と判断するときでさえ、知能テストはしないでいいのか」という質問が飛んだくらいだ。ところがそれに対して、教育委員会は「先生、そんなことを言ったらいけませんよ。そういう判断は教師がするんではありません、親がするんですから」と平然と言ってのけた。目を丸くして、「どないな

ってんねん」と首を傾げながら担当者が帰っていったという。

いくつかの学校では、校長が普通学級か、障害児学級か、校区の障害児の就学については「軽はずみなことを教師が言ってはいけない、これは人権問題だから」と言う。「とにかく親の意見を聞かないかん」というようなことを、これも不思議なことに校長が言っている。

たぶん、隣の伊丹市の高校闘争と、そこから飛び火した三田市の闘争、そうしたことと、宝塚で「(宝塚)障害児・者問題何でも話す会」(以下、「話す会」)が作業所を昨年から始めたことが影響しているのだろう。教育委員会は、私たちのことをいつも普通学級に放り込むだけ放り込んで、後の責任はとらないと、宣伝してきた。「あいつらは責任とらへん、無責任な奴らや」と言ってきたが、それが言いにくくなったこともあるのであろう。とにかく、煙を立たせないということで教育委員会が普通学級を強引に勧めるということが、今年宝塚で起こっている。

それと対照的に、宝塚の連合PTA新聞で、教育長は「障害児学級には何名、養護学校には何名、普通学級は数名」というウソをすべりこませながら、異例にも全ページをさいて障害児教育問題を特集している。障害児学級の親、養護学校の親、市教委、親の会の幹部が集まり座談会を持ちそれぞれの良さについて語り、その内容を掲載している。しかし市教委は、今年の姿勢(?)とは裏腹に普通学級には一切ふれなかった。

また、市教委は障害児学級、養護学校の小学部六年生、中学部三年生を対象にコロラドへ、アメリカ旅行を十日間させている。アメリカの牧場で「乗馬セラピー」を体験するのが目的で、集団訓練等アメリカ旅行を通じて自立心を養うというものらしい。

また、これも今の流れとは逆行すると思うのだが、今宝塚では卒業後の市営訓練所を十何億円かけてつくるということで、去年の十一月頃から着工し始めた。他市では、市営のものを第三セクターという形で民間にだんだん渡していく、つまりお金をかけないという方向で進んでいるというのに。去年、話す会が作業所をつくるときに、市と交渉をし一二万円の家賃補助を約束させた。阪神各市を見ても五万円くらいであるから、一二万円というのは、破格の補助だと思ったのだが、向こうは十何億というわけだ。なるほど一二万くらいは出すわなあと思ったわけだが、とにかく、普通学級運動対策として、普通学級を向こうが反対に勧めて、闘争はさせない、煙は立たせない。かたや、アメリカ旅行、億という金を使って、卒業後の問題などに力を入れているということである。

そうなると、はっきり出てくるのだが、たくさんの子どもたちが入っているはずの普通学級、その普通学級へ子どもを行かせた親が、話す会に寄らない。寄る必要がないのだ。行政のほうが「普通学級に行きなさい、行きなさい」と言ってるわけだから、話す会のような暗いところへ寄る必要がない。ただ、作業所をやっているから、のぞきには来る。それで、親がワーッと増えて、それで、何やこんなもんかということとなのかサーッと消えていく。

噂では阪神間の障害児教育担当主事が定期的に集まって、対策を練るということをきちっと位置付けてやっているらしい。向こうはこちら以上に、三田・伊丹・宝塚等々を一つとみて、対策を打っているような、そんな気配も感じられる。現に三田で、富士中学校の問題が起こったときに、宝塚の手をつなぐ親の会と三田の手をつなぐ親の会が、二回も合同会議をやっているらしい。そんなことはなかったと思う。裏ではもちろん教育委員会が介在している。行政のほうは、本気でやってきていると思うのだが、他市のことを自分のところと関連づけて考える、こちら側は一つのこととして見るということは、まだまだ希薄なのではないか。もっともっと、こちらのほうもさらに深くつながっていかなければならない。宝塚は普通学級がフリーパス（これは錯覚だが）、また作業所ができたことを、宝塚はええなあと、そういう見方ではだめなのではないかと思う。

【何をめざして普通学級へ行くのか】

そこで、話す会を親が必要としないということを少し考えてみる。普通学級でいけば、兵庫の場合、養護学校の高等部への進学はおろか、受験資格もないとされているので、スーッと入ったものの高学年、中学校になって、先のこともかかってくる。小学校低学年では周りの子どもとけっこううまくやれてたものが、だんだん、そうはいかなくなる。そうすると、将来のこととあわせて障害児学級、養護学校に替わっていくということが、今よりもっと自然にいってしまうのではないかと思う。

そこでいったい何をめざして普通学級へ行くのかなと、ハタと考え込むのだが、今年、西田さんという小学校一年に入った子の親が、入るときに加配問題でずいぶん揺れた。西田さんの子どもさんはよく動きまわる。出歩いて、近所の家へ入って勝手に冷蔵庫を開けたりするので、あちこち謝りに行くが、雨の日はなかなか出られない。家に閉じこもるから、逆に雨の日のほうが制止がきかなくて飛び出す。小学校側がそんな西田さんに教員の加配を要求してほしいと言ってくる。佳右君のお兄ちゃんの担任も、執拗に「おかあさん、自分のことだけ考えんと、まだほかにも障害児がおるし、その子らのことも考えて、加配をとってみないか」と言ってきた。

最終的には西田さんは蹴った。が、やはり親はみんな気持ちが動く。迷惑をかける子であればあるほど。加配が自分の子どもにとって何か良くしてくれるという問題よりも、迷惑をかける子に加配がつくと、気がねをすることが少しは楽になる。だから、加配に飛びつきたくなる。学校の先生の多くが「必要とちがうか」、「ぼくら、普通学級で受け入れるけども、加配をしてくれへんかったらぼくらも困るで」というようにかさにかかってきたら、「いらん」と言うのは本当にきつい。

でも、それでもいらんと言うことが、今の時点では普通学級の意味に大きく関わってくると思う。加配がついたらどうなるかという問題だが、確かに、気は楽になるけれども、例えば「原学級交流」というときの教科のうち、体育はするけれども、主要五教科ははずして、障害児学級に戻るとか、それと同じ問題だと思うのだ。困るときにははずしていく、困るときに加配、という同じ発想だと思う。ここで加配はいらんと言わなければ、普通学級が意味をなさないのではないか。

もう一人、去年養護学校から校区の小学校の普通学級に転校した織田麻衣ちゃんの転校のときに、やはり介助の問題が大きく問題になった。麻衣ちゃんは車イスで、転校時、手をつなげばかろうじて立つ、強い力で支えれば何とかがんばって歩いていた。授業中に、それでも四つ這いでウロウロすることがあって、加配が必要じゃないかという話が校内から流れてくる。加配がとれない間、学校全部で介助の順番を付けて、校内介助体制を組んでいく。そうでなかったら、とても担任を持てないと学校が出てくるわけである。織田さんが校内介助体制をやめてくれと対決をしなくてはならなかった。話す会の教師が親の話を職員会議等で伝えながら、四〜五人の教師を組織して、その中で「担任を、私がやっていく」と言う教師が現れ、ここもかろうじてもってきた。

ところが、今年になって、麻衣ちゃんがひどいアザを連日つくって帰ってくるということが起こった。もう一人、ものすごくいじめられてる子がいて、その子の親がたまらなくなって抗議し、その抗議を受けて、教師が一日授業をつぶして、ホームルームをして子どもに説教をした。そのいじめてるという子は、麻衣ちゃんの面倒を見ているという、なんか不思議な感じなのだが、その子らが教師の監督のもとでいじめられなくなったら、麻衣ちゃんのほうに向いた。織田さんはアザが何日も続くので、六月の終わり頃から「もう一学期の残り全部登校拒否する。子どもが危のうて行かせられへん」というところまでいった。織田さんは四~五日登校拒否をした。そのいじめられてる子、いじめている子も、いろんな問題をかかえているのだが、大事にされてない。四~五人で何日も何日も討議を重ねて、担任が少しずつわかってきて、クラスの雰囲気が少しずつ変わってくる。それで、討議を続けてきた教師たちが織田さんに来てくれと言うのだが、織田さんがなかなかウンと言わない。

夜、電話を入れても、「確かに普通学級はいろんなことあると思っています。平坦な道やとは思っていません」。「しかし、こんなことも含めて、普通学級というのは、こんなことが絶対に通らなあかん道ですか」と織田さんが言うのだ。

「何人かの教師がこのことを考えながら、もういっぺんがんばろうというところへ立ったときに、確かにクラスがおさまって、もういじめられへん、いうふうになってから麻衣ちゃんを安心して行かすということは、わかるけども、教師がそこに立つんなら、やはりそこに一緒に立たないかんのんちがうか。そこにかけるのが普通学級ちがうか。そこへ立てないのだったら、普通学級やめといたほうがええんちゃうか」という話をした。

織田さんは、「後は主人と相談します」と電話を切ったのだが、明くる日は登校させた。ただ、すぐにまたアザをつくって帰ったので、ちょっとこっちも蒼くなったりしたのだが、その後も織田さんは、一学期間、学校へ行かせ続けた。

加配も含めて万全の体制で、スムーズにいけると本当に楽だと思う。あえてひどい目にあう必要はもちろんない。が、普通学級というときに、きついけれども、また、いつもいつもそうしてやっていくということではないが、波風を立てていく、障害者問題をつきつけていく、そういうことをこっち側がもっていなければ普通学級の意味は半減するのではないかと思う。

障害児学級、養護学校、それから施設というこの道も決して思うほど安定した道ではない。本当にきつい道だと思う。親たちは必死だ。親の会はお金を積み立てたり、バザーをしたり、ほんとに必死で動いていると思う。しかし、その道よりもより困難な普通学級を選んだのだから、これは、引き返しようのない道だと思う。向こうよりもさらに、きつい道を選んでいるのに、何か向こうよりもこちら側の親も教師も普通学級運動の中で弱いような感じも受けたりする。

## 【〝きつい〞ところに立ってつきつける中で開かれてくる】

高校闘争も、その意味で同じことだとは思う。義務教育の間は、地域により違うが、普通学級と言えば、最終的には保障されている。しかし、義務教育でない高校になるとそれとは比べものにならないぐらいきつい。しかもそのきつい学校へ一度ならず二度三度と全く可能性のないのに受け続ける。これは伊丹の入江さんのことだが、それを支える親、桝村さんが自分も同じところで晒されて闘い、時には入江さん以上にきついところに立って入江さんを支え続け、それで入江さんが持ちこたえていたと思う。

三年目に、こちら側からもう受けないと見切りをつけたのだが、市立伊丹高校を受けないと決めたとたん、先の進路が見えなくなって出口がなくなり、つきつける世間がなくなってしまった。ないことはないと思うのだが、見失ってしまって追い込まれていく、その中で伊丹の親が元気を失っていく。集まりが悪くなっていく。寄ってこなくなる。入江さんもその後、M高校へ交流生の形で行くが、決してM高校の中は思ってたほど良くない。桝村さんに「M高校の先生と話をせないかんのんちゃうか」、「話をしたらどうなん」と言われるけども、できない、ぶつかっていくことができない。そのような状態になっていく。会がだんだんしんどくなっていく。そこへ考える会の教師、岡坂さんへ強制配転がかかってくる。伊丹は追い込まれて、さあ、どうしようというところで、連日、重っ苦しい討議を続けた。入江さんの「やっぱり私が三年目、四度目を受けないかんのんちゃうか」と決断したところで、今年の入江君の三年目の闘争があったと思う。

入江さんは「今までは智哉が行きたがるからとか、やっぱり普通学級のほうがええんちゃうか、伸びるんちゃうかと、子どもに押されて、ということだけだったけれども、今度は自分の闘いや」と今年の集会で言っていた。いろんなところへ行って、世界を広げていったと思ってた智君が、親が向かわなくなったときに、テレビの中のアニメとかそういう名前しか言わなくなる。智君自身も、こもって表へ出て行かない。そんなことを入江さんがはたと気づいて前へ出て行く。もちろん、智君の闘いであるけれども、智哉が、障害者が世間で生きるということに対して自分がそれとどう生きるんか、障害者と一緒に生きるかどうか自分が問われている、自分自身の闘いなんだ、そういうものが今までやはりなかった、ということを伊丹の集会で言っていた。

入江さんは、桝村さんに支えられてと言うが、去年の闘争では「大それたことを」、「お上に逆らって（闘う）」と言う。そして、今年は「自分の闘い」と言う。

最近、智君が淡路島に単身フェリーに乗って行ってしまい、向こうで保護されて警察から電話がかかってきた。もとの入江さんであれば飛んで行ったと思う。しかし、入江さんは「とにかく船に乗せて」、「船に乗せたらうちの子は帰るから、とにかく乗せてくれ」と言った。向こうの警察はたぶん驚いていたと思う。親に連絡したら飛んで来ると思うだろう。相当なやり取りになったようだが、「かまへんから乗せてくれ」と、入江さんが言うようになってきたのは、この高校闘争を通過してのことだと思う。

「俺は高校へ行く」と書いた大谷も高校四年間鳴かず飛ばずで卒業した。入江さんの高校闘争の集会の中で「大谷君聞いときや。うちは女の子やし定時制高校行かせへん。せやけども、大谷君が、『順華ちゃん高校にやらさなあかんでえ』と百回言うてきてもうちは断るけれど、百一回来たら考えたってもええで」と言われた。「あんたの声をうちらの子どもの声や思うて必死で応援したのに、あんた行かした意味ないんちゃうか」、何のために高校行ったのかと、ボロクソに言われ続けた大谷君も今年卒業した。高校への登下校を一人でやってみろと皆に言われていたが、彼は一度もしなかった。「話す会」の教師が交替で登下校に付き添うことで、四年間はすんでしまった。

その大谷が高校がなくなって作業所だけの生活になったときに、一大決心をして高校より二倍も三倍も距離のある作業所に、最近、電動車イスを改造して一人で長時間座れるようにして通いだした。するといろんなことが起こるようである。作業所にたどり着くまでに十人ぐらいは、声をかけるという。大谷は、段差を電動車イスが通過すると、姿勢が崩れる。そうすると、もう一歩も行けない。誰かに声をかけて「直して」と言わなければならない。十人ぐらいは声をかけないとだめだと言う。で、あるとき困っていたら、ちょうどアメリカ人が通りかかって、どうしようかと思ったけど、仕方がないから定時制で習った英語を駆使してしゃべったけれども、通じない。十分ぐらいたって汗ダクダクになって、向こうも汗ダクダクになって、「オー、ノー。バイバイ」とか言って、行かれてしまった。そんなことも起こる。

それを続けてると、大谷もだんだんずうずうしくなって、途中で電話をかける用事ができたら頼んでダイヤル回してもらう。そのときに、「ちょっと待ってください」と、受話器をかけてもらうために、電話がすむまで待ってくれと言う。だんだんしぶとくなってきて、「二、三カ所に電話して、ずうーと待たしたんねん」と言っていたが。すると、もっと調子に乗って養護学校の卒業生で作業所に来ている、車イスの細見君と二人で待ち合わせて飲みに行った。二人だけで、焼き肉屋で飲んだそうだが、それも何てことはないことだが、僕らにしたら驚くべきことである。二人で打ち合わせて誰にも内緒で飲みに行く。十二時前まで飲んでいて、大谷はベロンベロン。細見は車イスを自分で転がして、その後電車に乗って帰ったようだ。細見と別れてからベロベロで首がガクッとなった。一歩も動けない。前が見えないので、ふだんであれば止まるようだが、そのままヨタヨタしながら電動を動かしていた。家にたどり着きそうにない。十二時前、誰も人が通っていない。どうしようかなあと思ってたところへカラオケ帰りらしいおばちゃんが五、六人向こうから来た。ふだんでもちっちゃい声でわかりにくいが、酔っ払ってるからロレツが回らないし、もっとわからない。おばちゃんに声かけて首を何とかしてくれと頼むが、ずいぶん時間がかかったようだ。おばちゃんらはびっくりしただろう。ベロンベロンになった電動車イスの障害者に、首を直してくれと言われて。そして首を起こしてもらって家まで帰る。元気な顔で話す大谷を四年ぶりに見た。

また、いつものように電動車イスで歩いていたら、車を運転している定時制のときの同級生と出会った。通りすがりに「大谷!」って声がかかった。その子は車を止めて、三十分ぐらいしゃべっていたらしい。この子の車の後はずーっと渋滞。車を道に止めてしゃべっているのだから。後ろからビービーと警笛が鳴るのだけれども、その子が「やかましいわい!」と言ったら、車はみんな、仕方がないから並んでいたらしい。大谷は気が小さいから、それを見てヒヤヒヤしたと言ってたが、近いうちに、また飲みに行こかという約束ができたと喜んでいた。そんなことが起こってきた。ほんのささいなことだが、やはり四年間は無駄やなかったなあと思う。高校闘争というのは、やはり大きいなあと最近また思っている。

【そのままで街の中に居続ける】

一方、作業所に来て一年たったけれども、毎日大谷らは寝て暮らしている。なーんにもせんと、来て帰るまでゴロゴロ、ゴロゴロ寝ている。作業所といったら普通、箱作りとか、そういう内職のようなことを障害者はがんばっている。「ああいうことはイヤや」。この意志は立派なんだが、でもすること見つからないから毎日寝ている。指導員の栗山君も毎日寝ていて、たまに行くと、みんな寝ている。五~六人ゴロンと。そないしとったらアホなるぞとみんなに言う。もとからアホやとも言う。

例えば、大谷の通い方が、作業所のめざしていく一つの方向であると思うし、作業所も学校と同じように、世間に向かい続ける、何かそんなきっかけをどん欲に探して、そこにこだわっていくというような方向だろうとは思っている。と言っても、実際には、なかなか何していいかわからないというところで、困ってはいる。

高校闘争はきついと言ったが、それでもまだ向かう学校がある。学校も終わって、作業所になると向かうものが何もない。そういうまた違うきつさが作業所にあって、結局寝てばかりの作業所になってる。NHKで何カ月か前に「フサさんの住む街」という番組が放送されていたが、朝鮮人の街である猪飼野で作業所を構えて、そのフサさんがそのまんまで街の中を生きていく。あっちこっちでトラブルも起こる。ところがそれを受ける周りがある。あそこの作業所も考えてみると十何年、やはりそこへ居続けているその意味の大きさみたいなことがある。猪飼野という街だからこそできるということもあるかとも思うけれども、見ていて、ぼくらがめざす地域で生きる、世間とひっかかりながら生きるというのはああいうイメージかなあと思って一度あそこと交流しようかとそんなことも出てる。

とにかく、学校へ、また作業所でいうと、近所は一番きついけれども、近所や世間とぶち当たって生き続けること、それが何か普通学級、普通学校運動の中身かなと、この頃また強く思っている。

（華広恵司、（宝塚）障害児・者問題何でも話す会）

## 「俺は高校へ行きたい」

### 【定時制を決意するまで】

大谷君は車イスに乗っており、学校生活はほとんど自分一人で行っています。しかし、電動車イスは、走行距離に限界があり片道四キロメートルの範囲しか移動はできません。彼は今年卒業しますが、「養護施設以外のところで進路先をさがしてほしい」と希望をもっています。ところが、就職先を求め奔走しても、世間の壁は厚く彼を受け入れてくれるところは見つからないのです。

彼は、悩みぬいたあげく、定時制高校に進学することを決意しました。最初反対していた母親も、「この子を信じてこの子のすることを見守りたい」と、決心しています。彼の願いがかなえられるよう、養護学校の職員は二学期以降彼と夜の勉強（受験勉強）を毎日始めました。また、定時制高校である兵庫県立尼崎南高校の良元分校へ足を運び、高校の校長と事前相談をしました。

### 【「望ましくない」と高校教育課】

事前相談の中で、養護学校の藤本校長は次のように言いました。

「多くの生徒が養護施設に行くが、それは養護学校の延長でしかなく、世間には就職先がなく、将来の自立のために何とか高校へ入学させていただきたい。親もできるだけ協力すると言われている」

これに対し高校の大坪校長は、「望ましくないという県の指導に拘束される」。「普通科の夜間高校であるから、障害者を受け入れていくようにはなっていない」。「教諭職九名でスタッフが足りず特別なことはできない」。「生徒に介護してやれとは言えない」。「施設もふくめて特別扱いはしない」。そして最後に、「県とも相談して、こちらの態度を決める」。「願書の提出はいいとも悪いとも言っていない」。「要望書は公正を欠くから受け取れない」と言いました。

「夜間の普通科の高校が障害者を受け入れない」と誰が決めたのでしょうか。要望書を受け取ることすらもしないし、願書を出すことさえ「いいとも悪いとも言っていない」と、暗に拒否しています。これでは、事前相談に名を借りた、受験を断念させるための説得活動です。

**【養護学校だけの問題ではない】**

今年、市内の中学校に在籍する身体障害のある生徒が、全日制公立高校を受験しようとしていますが、そのときも高校側は出願前にその子の身体や家庭の状況まで聞いてきました。受験がしやすいように配慮するとか、受け入れる高校の設備を整えるためならいいことなのですが、障害の状況を知り合否の判断材料にするといった恐れが感じられると分会から報告されています。

ここ数年、県教委は高校から障害者を締め出すことを露骨に行っています。そんな県教委を許さない闘いをつくらねばなりません。大谷君が障害を理由に不合格にされるのなら、私たちは絶対に許すことはできません。共に闘いましょう。

（大谷君を支える宝塚市教組養護分会）

＊　一九八九年、大谷君は「よい障害者で終わりたくない」といって高校進学を決意し、困難な中このような支援を受けて入学し、卒業した。

（北村小夜）

## 高校受験二年目、二次試験を入れると計四回。同年代との生活は未だ叶わず

### 【僕も高校に行きたい】

私たちの次男・義和（十七歳）は、地域の幼稚園、小学校、中学校を当たり前のこととしてきた。だからほとんどの子どもたちが、次は高校へと進学をしていくように、義和も当然みんなと高校へ行きたいだろう。親としてその願いを叶えてやりたいと思いつつも、具体的な考えに至らないまま、義和は三年生になった。

三年ともなると、クラスの雰囲気は進路の方向へと流れ、義和はそこに馴じんでいくことができず、家に帰って大変な荒れ方をした。初めは、クラスの中に入っていけないもどかしさだけだと思ったが、進路一色の生活の中には、義和の存在がなく、「僕も高校に行きたい」という、言葉を持たない義和の叫びだったのだと、後で気がついた。

そこで私は、みんなが行く昼の高校へ、と考えていったが、「輪切り」の現実の中で、義和が行ける高校はない。全日制の公立高校を受験する子どもたちは限られている。そんな所に、義和の入る余地はない。私は高校とは、行きたいと思えば、誰でも行ける所であれば……と思う。

私は障害児＝養護学校でなく、同年代が集まる場として、どこかないものかと思った。そして、ある専修学校を知り、そこへ出向いた。しかし「字が書けない」ということが大きなネックで、入学は不可能だと言われた。どこに行っても、線引きされ続ける子どもなのだと、ここで改めて認識することとなり、義和をどんな高校に行かせるべきかと、掘り下げて考えるきっかけとなった。

その後、義和の進学について、校長、学年主任、担任と話し合った。校長は高校にいる友人に「字が書けなく、受験番号も書けない子がいるが、どんなものか?」と聞いたが「とても無理な話で、他の高校にも点数がとれず、進級できずにやめていった子もいる。仮に入れたとしても、進級はできない」ということだったという。できる、できないの話であれば、今の常識では無理な話にしかならない。しかし、私たちは今までも非常識だと言われることを、当たり前のこととして義和を地域の学校、普通学級に入れてきた。居続けることで、非常識とされることが変わっていったのだと話をした。しかし、校長は点数や字が書けないということにこだわり続け、結局最後まで、学校は「進路は、親と子で決めるの」と断言した。しかし夫の「難しいのを承知で、万に一つの可能性でもないものか」との一言に、主任は「定員割れの所をくい込んでいく方法が一つある」と言われた。

私には、仲間からの情報で、定時制ならば義和にも入学の可能性があるのではないかと漠然とした思いがあった。しかし、全日制への思いも断ち切れずにいた。県内の定時制高校へ「0点でも高校へ」と入学していった仲間がいる。そこへ私たちは、義和を連れてどんな様子なのか見学に行った。学校の雰囲気に義和はリラックスし、とても気に入ったようだ。学力だけにこだわらず、自然な形で個々の個性を発揮させる場として、定時制高校はすばらしい所だと思った。そして、定時制こそ義和の求めている高校なのだと確信し、決意を固めていった。

次は、どこの定時制なのかと考えると同時に、昼の生活についても考えた。この年齢になって昼、家の中だけにいれば義和がエネルギーを持てあますのは、目に見えている。そこで、六年前、私たちが障害者と共に、地域社会の中で生きていこうとつくったお店「シティライト」で働かせてもらおうと決めた。そして「シティライト」から五分足らずの所にある、定時制の神戸市立楠高校に志望校を決めた。
私は、楠高校の内情に詳しい方と会い、今までのいきさつを聞いていただいた。とにかく現状では難しいとの話なので「合格するためには、どのような方法があるのか」と率直に尋ねた。すると「中学の校長が、自ら高校に出向くこと、校長の推薦状、そして親が書いた要望書を提出することが、可能性を大きくすることになる」とのことだった。

**【市教委との交渉】**

年も押しせまる十二月に、私たちの「障害児・者の教育と生活を創り出す会」が属している「障害者問題を考える兵庫県連絡会議」(以下、「障問連」)と神戸市とのオールラウンド交渉があった。教育についての項目「希望する障害児の高校進学の実現に向けて、基本的考えを示していただくとともに、市立高校校長への指導方針を打ち出していただきたい」との要求に対して、義和の話をしたが、時間切れとなり、後日時間をとることを約束して終わった。
一九九二年一月に、私たちは校長に市立楠高校に出願したい旨を伝えた。しかし以前の話のむし返しの上に、自力通学ができるのか、また入学願書を高校側が受理してくれるかが心配だと言う。だが、受理してくれないということは、受験の機会を与えないということにつながるから、大きな問題だ。校長には、県内の例、代筆受験で全日制高校へ入学を実現した東京の例等を話し、義和も自分らしく受験できるように考えていきたいので、協力をお願いしたいと言った。結果、校長は「できるだけ協力をする」と答えてくれた。私たちの願いを綴った要望書を書き、願書と添えて提出すると言い、席を立った。

これで一歩前進することができた。

神戸市オールラウンド交渉で約束したとおり、市教委と私たち関係者とで話し合いの場を持った。みんなが高校へ行くように、義和も当然高校に行きたいこと、そして義和らしく受験に臨ませてやりたいと話した。教育委員会は、県教委と協議の上で、特別措置はできるが「定員内不合格者をださない」ということを、高校側に指導はできないと言った。

二月十一日、障問連主催の「高校入学を実現する会」が開かれた。県内で高校入学に挑戦する人たちが、決意表明した。私も義和が、代筆受験で挑戦することを話した。その会の後で「代筆受験については疑問がある、むしろ『0点でも高校へ』でも良いのではないか」という意見が出され、私には納得がいかなかった。義和らしい受験方法、という私の思いはその時点では伝わらなかった。

その後、要望書を中学の校長に提出し、特別措置の申請書の書き方については、校長と相談しながら作成し、療育手帳のコピーと併せて、校長に手渡した。後は市教委からの回答を待つのみだ。

市教委と二回目の話し合いをした。市教委は「川岸君は高校へ行きたいと言っているのですか?」と聞く。どうも義和が言葉に出して「行きたい」と言わなければならないようだ。親が勝手に進学を望んでいるとしか思っていないらしい。言葉に出して言えない者、字の書けない者はどうしたら認めてもらえるのだろう。「定員内不合格者を出さないように」との要望については「学校に介入できない」、「指導できない」、「高校校長に決定権がある」等々、建て前論でしか答えは返ってこなかった。

特別措置については検討したいとのことだったが、機能的な障害の部分についての配慮はできても、知的障害児の代筆受験は理解してもらえない。知的障害児への代筆受験の意味するところは、問題の別途作成とか、介助者が問題を音読し、その子なりの表現で解答したものを代筆するところまで含まれる。だから「字を読むことが問題理解につながる」と言う。しかし、私はすべての子どもたちが問題を理解して、解答しているのかなと思う。わからないときは消しゴムを転がして決めたりするのではないだろうか（私も昔、そうしたことを覚えている）。それが、当たるときもあれば、外れるときもあるように、義和にもそういったことをさせてやってほしいと話をした。市教委との話が終わり、後は特別措置の回答を待つばかりとなった。

【知的障害児への代筆受験が認められる】

中学の校長が楠高校に書類を提出し、それが、楠高校から市教委、県教委へと上げられた。県教委と市教委が協議した後、市教委から楠高校長と中学校長に同時に回答があった。回答は校長宛てであり、私たち宛てではなかった。私は中学校に呼ばれ、校長が回答を読み上げるのを聞いた。代筆は第三者（家族以外の者）で中学校長が指定する者。そして本人の意思表示のあるものについて代筆が認められ、また身辺の世話をする介助者も認められた。この回答が承諾できなければ一般受験で、と言われた。問題の別途作成、音読は認められなかった。認められた場合は介助者が問題を読み「どれ？」と聞けば、義和が意思表示すると思っていただけに、残念なことだ。ただ神戸市では、肢体不自由児にもまだ代筆受験が認められていないので、知的障害児に認められたということは身体障害をもつ子どもたちにとっても大きな前進と受け止め、また一般受験では義和には難しいのではないか、と回答をのんだ。

さて受験まであと三日、代筆者を誰にするかを決めなければならない。私たちは、代筆者が認められた場合を考えて、知人に頼んでいた。その人に代筆者の承諾を得、介助者は夫ということで、翌日校長にその旨を伝えた。しかし校長は、代筆者を誰にするかをすでに考えていた。入試は五時限と長いので担任、部活の先生、学年主任の三人をあてるとのことだった。私たちは卒業以降も、同じ体制をとるという約束をとりつけて、お願いすることとした。さらに、入試前に三人の先生と話をすることで、義和に対する気持ちがわかり納得することができた。

【「手が不自由」だから認めたの新聞報道】

回答が出た翌日、K新聞に「手が不自由な生徒に」という見出しで、代筆受験が認められたことと、市教委のコメントが記載された。義和は、知的障害であるが「手が不自由」ではない。私たちが、療育手帳A判定のコピーまでつけた書類が、県教委に上がったはずである。おまけに、中学校名、本人が「結節性硬化症」という載せる必要のないことまで書かれてある。地域の人たちが新聞を見ると、義和のことだとすぐわかる、また「手が不自由」ではないことを知っている。私たちが代筆を獲得するために使った手段だと思われるのではないかと心配だった。そして、私たちが心配していたとおり、地域の人たちから「なんで……」という声が聞こえてきた。

地域の中で生きていくために義和の名誉を取り戻さねばと、私はK新聞に事実とは違っていることを抗議した。また、市教委にも電話をしたが知らぬ存ぜぬで押し切られた。「手が不自由」だから代筆受験なら、誰もが理解しやすいというわけだ。

【五時限の受験を元気に受ける】

新聞問題が解決しないまま受験日となった。ところが、当日A新聞の朝刊に「知恵遅れだからではなく、手が不自由だから代筆受験を認めた」と県教委の高校教育課長のコメントが載った。一体どういうことなのかと思ったが、とりあえず夫と義和を送り出し、私も自分が待機する「シティライト」へ向かった。夫は、試験の合間に義和の様子を電話で知らせてくれた。義和は、大きな声で受験番号を言っているとのこと。私は元気に受験に臨んでくれていることが嬉しかった。そして、五時限まで無事に終わるかどうか心配だったので終わったと聞いたら、もう合格した気分になった。

その後、中学校に報告に行くはずだったのが、新聞に載ったことで、教育委員会に他の報道関係者から問い合わせが殺到し、結局記者会見に応じることとなった。そこで私は、義和が「手が不自由」ではなく「知的障害」なのだと断言した。また、受験放棄にならず、五時限よくがんばったこと、定員内不合格者を出さないでほしいと話をした。

それから中学校へ報告に行った。校長先生も、とりあえず受験放棄にならず無事終わったことを喜んで下さった。代筆者の話によると、義和は鉛筆を持ち、答案用紙にいっぱい線を引き、中学校にいるときより、リラックスしていたそうだ。義和の受験室は応接室で、高校側の監督一人、代筆者一人とで試験が行われ、介助者は応接室前の保健室で待機した。

【定員割れの中、一人だけ不合格】

三月二十二日午後一時から合格発表。私たちと六人の仲間が見に行った。受験生は定員一六〇名を大きく割り込んで五七名なのに、合格者の中に義和の番号だけがない。義和は、お父さんの横に立っているだけ。重い足どりで、中学校へと向かった。校門に入ろうとすると、義和は私たちについて来るなと言わんばかりに、「バイバイ」と言った。学校は自分の世界で、親がついて来るべき所ではないと思っているらしい。

それでも今日は、帰るわけにはいかず、校長室へと向かったが、義和は自分の教室に行こうとした。私は、もう卒業しているのにと思った。そんな場面を見ると、どれほどに友達を求めているのかがわかる。校長に「義和は、あれだけがんばったのに、あれだけ大きな定員割れの中で義和一人が不合格になるなんて」と話すと涙がボロボロ出たが泣いてばかりはいられない。二次試験に向けて話をせねばならない。「受験を安易に考えず、二次試験のことも考えて、先生方に頼んであるから」と言った校長の言葉は「二度も受験させるのはかわいそうすぎる」という言葉に変わっていた。

どこで、どう変わったのだろうか。結局即答はできないという始末。二日後、やっと二次試験も同様でと返事をもらったが、校長が即答できなかったのは何を悩んでいたのだろうか。何か私の見えない所で、動きがあったのだろうか。

**【二次募集、そしてまた不合格】**

再度、特別措置願い申請書を中学校に提出した。回答は前回と同じ、ただし、今回は三時限だったので代筆者は、主任を除いた前回二人の先生となった。教室も介助者の控え室も前回と同様だった。試験後、先生から代筆者以外は鉛筆を持つことはできなかったと聞いた。少しずつ、前回より状況が悪くなってきているのだと思った。
合格発表の日、これからの義和の生活がかかっているのだと思いながら楠高校へと向かった。しかし結果は、前回と同じで義和一人が不合格となった。その後の市教委交渉は、いつもと同じ調子だった。障害を理由に不合格にしたのではないと言うが、それ以外に一体どんな理由があるのだろうか。

**【義和のいる場所は、やはり高校】**

二次試験が終わり、義和は「シティライト」出勤の日々へと変わっていった。「シティライト」に出かけるとき、中学校のほうをじっと眺めて、なかなか前に進まない姿を見るにつけ、学校に行きたいという義和の気持ちが痛いほどわかる。ある日「シティライト」に行く途中で大暴れして、どうしようもなく連れ帰ってきたことがある。「シティライト」に通うことが納得のできない義和に、どのようにわかってもらえばよいのかと、私は落ち込んでしまった。夫は会社をやめて義和と働くことを考えるという。それでは今までやってきたことが何であったのかわからなくなってしまう。親が抱えこんでしまうことは、義和にとって良くないのはわかっていたが、今義和の苦しみを受け止めてやることができず大混乱を起こしていた。とはいえ、共に生活をする仲間がいることは、義和にとっては学校の代替にはならないが、大きな救いとなった。
年が替わり、今年の受験をどうするかだが、現状は八方ふさがりで、その中で受験させるのはどんなものかと考えた。しかし義和は「シティライト」から帰ると毎日、中学校へ通い続けている。校舎に入っても教室には入れない淋しさを感じながら雨の日も、風の日も休むことなく通う。何を求めているのかわかる。そんな義和の気持ちに応えてやりたいと思い、今年も受験させることに決めた。中学校の校長が替わりどこまで協力を得られるか不安だったが、前年同様できる限り協力するとのことで安心した。

昨年どおり特別措置願いの申請書、この一年間の義和の様子を綴った要望書、療育手帳のコピーを中学校を通じて提出した。ただし、現役のときには必要のなかった健康診断書は、こちらで用意しなくてはならなかった。回答は昨年と同じとのこと。しかし回答があったのは試験前日であった。

代筆者は、昨年と同じ先生二名だった。義和自身に一年間ブランクがあり、机に向かうこと、鉛筆を持つことに不安があったが、意外と昨年よりも落ち着いて鉛筆を持ち、まっ黒になるまで書いていたと、先生方は義和の成長ぶりに驚いたようだ。仲間と過ごす学校生活を失って、どれほど大切だったかがわかり、それを中学校にしか求められなかったため、通い続けることとなった。そのことが先生とのつながりを絶やさず、入試に向けては良い結果となったと思う。

結果は、昨年と同じで義和だけが不合格となってしまった。そして二次試験も同じく義和一人が不合格となった。特別措置の回答は、前年とまったく同じであったにもかかわらず、試験前日にしか返ってこなかったし、二次試験前の市教委との交渉は応じてもらえなかった。合格発表後に、高校の校長との面会を申し出たが会ってはくれない。年々、厚くなる壁にどう立ち向かっていけばよいのだろうか。

ある人は「シティライト」の商品を持って、学校に売りに行き、義和のことを理解してもらったらいいと言う。このアイデアはどう展開していくかが、今後の課題である。

今日も中学校へ行き、暗くなっても帰らない義和を、帰りたくないと言われるのを承知で迎えに行く私の頭の中は、早くあの子の場所、高校をとの願いでいっぱいである。（川岸義和の母、川岸美佐子）

▼連絡先　障害児・者の教育と生活を創り出す会
神戸市兵庫区荒田町四―三―一四　シティライト気付
☎〇七八―五二一―七二一三

## いろんな取り組みがある、力を合わせなくっちゃあいけないときには、みんなで集まろう

【はじめに】

私がここで「兵庫における高校進学の取り組み」を報告させていただく立場は、先の二人の報告を前提に、兵庫の全体的な取り組みと課題を報告するよう要求されている。しかし、私が「兵庫の取り組み」を考えるとき、対兵庫県交渉のような統一した取り組みではなく、尼崎市や、宝塚市、伊丹市、川西市、神戸市、明石市といった、各地域ごとの、あるいは要求している障害をもつ子どもの顔で整理するしかない。兵庫県は広く、文化も多様なのです。「兵庫方式」で有名なこの地、記憶にも新しい「玉置君裁判」「加古川農業高校入試不正事件」が起きるこの地から、できれば明るい話題を提供したいが、そうもいかない。むしろ全国のみなさんの取り組みの成果と課題を持ち寄って、あいまみえ、元気の出る話を聞きたいと望んでいる。

私の報告内容は、「障害者問題を考える兵庫県連絡会議」（障問連）の事務局の立場からになるが、個人の責任で記すことにする。また障問連は、障害者団体、労働組合、民主団体など四〇団体ほどが結集した連絡会議で、主に団体間の連絡調整と行政交渉窓口の活動を行っている。したがって、高校進学の取り組みについても、闘争主体ということではなく、集会の主催、闘争支援、教育委員会との交渉が中

心になる。その意味では、関係労働組合を含めた団体間の意見調整、また教育委員会交渉も制度政策要求が原則になるため、障問連の活動だけで解決するといったものではないことをご理解いただきたい。

**【養護学校義務化阻止闘争の財産から】**

一九七〇年代後半、養護学校の義務制度化をめぐり、これに反対する闘いが全国的に展開された。兵庫県でも「義務化阻止共闘会議」が組織され、県と各地教育委員会との熾烈な交渉が取り組まれた。そして、小学校への就学が課題を残しながらも実現していった。県教委はかたくなな姿勢を崩さなかったが、闘いが組まれた各地教育委員会では「本人・親の要求を実現する」方針を多様な形でつくらせていった。それに追随する形で県教委も、最近は「本人・親の要求を尊重し、強制はしない」と言ってきている。

地域の小中学校で過ごしてきた子どもたちが、八〇年代後半になると高校問題につきあたる。各地で高校入学を実現するために取り組みが始まり、人が集まってきた。

**【障害をもつ子どもを受け入れる高校（高校の教師）を探す】**

当初、県や各地教育委員会の態度は「義務教育ではないから要求に応えられない」、「交渉しても解決しないから話し合いに応じられない」といったものであった。交渉の場の設定に四苦八苦した記憶が鮮明で、取り組み方法をめぐって労働組合との意見調整にも苦労を重ねた。

一方、各地には、養護学校の義務化に反対し、また地域の小中学校への入学を支援してきた仲間、小中学校で受け止めてきた教師がいる。一緒に学び育ってきた子どもたちもいた。その集まりが、教育委員会との交渉を重ねながら、目の前の子どもを高校に入学させる切実さと時間的制約もあって、受け入れてくれる高校あるいは高校の教師を探し、直接要求をぶつける取り組みも行った。各地で集会、交渉、ビラまき、抗議行動、説得活動、地域での仲間づくり、並行して作業所づくりも行われてきた頃である。忙しかった。だが個別の成果、高校入学は実現していった。

問題も出てきた。受け入れる高校が少ないため、一部の高校に集中し、教師、学校の受け入れ態勢に限界が出てくることだ。しかも、二〜三人入ると、それは二年もすると、「もう難しい」となる。取り組みで入る子どもが「重度」だからという理由もつく。また、運動の成果は全県的に伝わり、ますます忙しくなってきた。

## 【県教育委員会との交渉、全県集会へ】

問題を解決する方法の一つに、県教育委員会の方針を変えさせること、各地教育委員会に対する取り組みを個別にではなく連携させて進めること、個別高校現場にではなく県下の高校現場全体の問題として取り組むために労働組合を含め全県的課題にしていくことが、次のステップとして考えられた。

まずは集会ということで、「障害児・者の教育と生活を創り出す会」と兵庫県教職員組合が中心になって「全国親の交流会」で取り上げ、障問連も共同した。この集会準備で、また継続的に親が集まり、県下の教育問題を交流させる中で高校問題の一つの結束点ができた。各地の取り組みについては、「兵庫障害者解放運動意見交流会」（略称、意見交流会。どれも名前が長くて申し訳ないが、ここは県下の障害者団体、個人が集まり、情報と意見の交換とともに、必要な課題についてみんなが結集する支援体制を取っている）が、「行動隊」のような役割をした。

そして障問連としての、県教育委員会との交渉である。教職員組合と要求項目についてかなり突っ込んだ論議をした記憶があり、「高校に障害児学級設置を求める」、「希望する子どもを養護学校に入れる」といった項目も入った。それほどに県教育委員会の姿勢は固く、中学校の普通学級卒業生は「障害ゆえの特別の教育を必要と認めないので養護学校には入学できない」、また「中学校障害児学級卒業生については、養護学校中等部の子どもで定員いっぱいだから実際には入学できない」、「障害児の高校入学について、兵庫方式の選抜要綱があるから要求には応えられない」といった答えに終始する状況だった。当時は、団体交渉に応じることにも拒否の姿勢で、事務局として十数人との「話し合い」を年に一～二度開くことしかできなかった。

一九九〇年代に入ると、障問連としては、全国的な運動の広がりと成果に学びながら、団体間の意見調整を進めつつ、県と神戸市教育委員会への要求を整理・具体化し、交渉を重ねていった。また、障問連としての教育集会を開催するとともに、各地の集会に積極的な支援を決めた。

【玉置君の裁判】

そんなときに、市立尼崎高校を受験した玉置真人君に対する入学拒否問題、そして裁判闘争が起こった。この問題についてはすでに多くの機会に取り上げられているので経過説明は省くが、尼崎行政内（教育委員会も行政全体も、議会についても言えると思われる）の意思不統一、養護学校高等部入学希望者がいなかったのでなんとしても玉置君を行かせようとした教育委員会の身勝手さ、そして当時の木津・市立尼崎高校長の筋ジストロフィー症に対する憎しみに似た差別意識の結果と考える。

裁判をめぐる方針論議、および評価は鋭く、かつ広範に行われた。マスコミの取り上げ方についても突っ込んで話し合った。意見交流会としては、差別的な判決が出ないように裁判の監視傍聴をするとともに、市立尼崎高校および尼崎市教育委員会への取り組みをたび重ねて展開した。

判決は「高校学習課程の履修能力があるから入学は当然」と、そして「この判決は選抜要綱を否定したものでもなく、履修能力のないと認められるものの入学を求めない」といった、心配したものになった。あってはならないものになったと言うべきだろう。この裁判を含む全体の取り組みをめぐり、県内で評価が分かれていることも事実である。

**【成果と評価】**

障問連として、時を同じくして取り組まれたのが、神戸で全日制を希望する脳性マヒの障害をもつ子どもの受験方法をめぐる、県教育委員会との交渉だった。結果として、本人が要求する別室受験、解答用紙の拡大、姿勢を固定する机イスの配慮、介助者の付き添い、時間延長などが実現した。もう一人の、養護学校から普通高校を希望する子どもについても、寝たまま受験する方法で同様の内容が実現した。それに続き、川岸さんの報告にあるように、意見書添付の内容、代筆方式にも要求が反映してきた。といっても、東京などには及びもつかないのだが。

県教育委員会は、同時に起きた「加古川農業高校入試不正事件」もあって批判が集中したため、方針

を明らかにせざるをえなくなり、

1、障害を理由に受験の門戸を閉ざしたり、不合理な扱いをしない

2、受験方法については本人・親の要求をできるだけ実現する。選抜要綱にも明記した

3、定員内不合格がないよう通知徹底し、不合格にする場合は事前協議を行い、適正を期す

4、入学した障害児について、設備改善等必要な条件整備を行う

といった内容を説明している。

しかし、神戸の川岸君、伊丹の入江君のように、「点のとれない子」の入学が実現できていないのが実情なのだ。そこで議論が熱くなる。「受験方法についての要求実現のみでは、やはり落ちこぼしが出る。『0点でも高校へ』をテーマにし、学校現場や教育委員会の姿勢を変えていかないと展望が出ない」と。玉置君の裁判の判決に象徴されるように、「高校は勉強するところだから、高校の学習能力のない子は入れなくて当然」とする意識の変革が求められる。テレビ「ニュースステーション」で小宮さんがコメントしてくれた「高校を希望する障害児みんなが入れるようになってほしい」にはなかなかつながらない現実を変革する方針を持たなければならない。

神戸市教委との交渉で突っ込んで話をすると、高校の教育現場から来た人が「そのような障害をもつ子が教室にいたら、どうやって授業をしていいかわからない」、「高校の教育ということから考えると授業が想像できない」という「本音」？　が出る。そういう人が「そのような障害をもつ子」とつきあい、一緒に生きる感性を持っているのかと考えると腹が立つが、圧倒的多数の高校教育現場の感覚なのだろうと想像もする。

【しんどいけれど、元気、元気、元気！】

夏の恒例のキャンプ、その一地区で、お母さんから急に相談があった。中学校を前にして、養護学校か、障害児学級か、普通学級か迷っていると言う。理由は、高校のこと、地域での生活のこと、教師との関係のことなど複雑な思いなのだ。いつもながら、障害当事者でもなく、親でもなく、教師でもなく、その地域に住んでいて日常的につきあっているでもない私は、どう話していいものかウジウジしながら大方は聞き手になってしまう。まして、最初に「楽をする気はないんです」と切り出されたら、構えてしまうじゃありませんか。

感じたことは、中学校のことは高校の問題も含めて考えられている。教育問題だけれど、地域での生活、卒業後の生活も含めて考えられている。お子さんが「情緒障害」といわれ、友達関係が苦手なことから、本人がこれからどうやって生活するのかが見えてこない、といったことだ。

ボツボツ話すのですね。どこに行っても苦労の種はなくならないですよね。でも、地域で、仲間と、お子さんも、お母さんも、家族も生きる場を一緒につくっていったほうが希望があるんじゃあないですか。お子さんは友達をつくるのが苦手らしいけれど、お母さんがつくる友達や仲間を財産にするかもしれないし。この六月カナダに行って「ピープル・ファースト世界会議」に参加させてもらったけれど、元気が出ましたよ。日本でもそんな会議をもとうとしているし、兵庫県の親が集まる場もやりますよ、などと。

お母さんは、お子さんともども家族ぐるみでキャンプに参加されている。考えを整理し、気持ちを確認したかっただけなのだろう。九月一日には、小学校長に「中学校でも普通学級を希望する」との文章を提出された。

高校問題もそうだが、一人の人間ぐるみが実像だから、生活や家庭や地域や、多様な要素がつきまとっているし、それが大切なのだと思うのだ。それゆえに、多様な取り組みが考えられる。マニュアルはなかなか作れない、作りたくないという発想もある。それが逆に経験主義になって、運動を停滞させる要因でもあるのだが、難しいところだ。そういったところから、個人的には、本人を支える、家族の主体を支えるのを原点に取り組みをするようにしている。いろんなやり方があっていいと思うのだ。特定のやり方しかできない事情がある場合もあるだろうし。

今年も、兵庫県全体の情報交換と、取り組みの共通認識づくりのために、一月に教育問題の集会を障問連で行う。いろんな意見が出され、そのときは主催の側に立つ私も批判にさらされるだろう。そこでというわけではないが、この本の編集者に全国の情報交換と、取り組みの共通認識づくり、また文部省交渉を準備する場を考えてもらいたいと提起したい。読者のみなさん、筆者のみなさん、考えを共にされるなら、編集者に要求しませんか。

地域が大切、都道府県レベルの取り組みも大切。でもお固い文部省を変えないとね。そうそう、教育現場も、生活地域も変えていかないと。

（大賀重太郎、障害者問題を考える兵庫県連絡会議事務局次長）

▼連絡先　障害者問題を考える兵庫県連絡会議
E-mail: info@shoumonren-hyogo.jp

# 今、高校の中で

南葛飾高校定時制手話研究部・大澤たみ・伊藤宏子

## 「希望者全員入学」「無退学処分」を取り組む南葛飾高校定時制に学ぶ子どもたち

南葛飾高校定時制は、八十年来「希望者全員入学」「無退学処分」を学校の教育方針にしてきました。それは、生徒減少期に都教育委員会が行った定時制統廃合に対する闘争から生まれました。そして、この方針によって入学してきた、被差別部落出身生徒や在日朝鮮人生徒、そして障害児と言われる生徒たちとの出会いが同和教育を南葛の教育の中核にすえる契機になっていったのでした。

一九八三年、南葛に手話研究部がつくられました。前年、耳の聞こえない生徒の入学をきっかけに、クラスの生徒たちが担任に活動を求めました。それ以前に南葛には部落問題研究部、朝鮮文化研究会、沖縄問題研究部がつくられていました。それぞれ、被差別の立場にある生徒が自分たちの置かれている状況を学び、差別的な社会に抗して生きていく力をつけていくという活動が行われていました。そのような中で、同じように被差別の立場に置かれている障害者ががんばれる場所を学校の中につくってほしいということが生徒たちの要求でした。一年がかりで担任と生徒たちのあいだで話し合いが行われました。そして、始めるからには本気でつきあい切ることを条件として手話研の結成が認められたのでした。手話研の中心になって活動していた一之瀬和彦は結成三年目の一九八五年度部落問題講演会に先立ち、全校生徒を前に、手話研活動を通しての自己の変容を次のように述べています。

（前略）二年になって手話サークルをつくりました。今は手話研として活動しているわけですが、つくるときにも何度も顧問の足永先生と話し合いがあり、そのとき自分は、「障害者」が集まってこれるようなものにしたいと言ったことがありました。この発言は、差別心から出た言葉でしたが、今の手話研を見ると、何と言っていいのかよくわからないけど、あのとき差別心から言った、「障害者」が集まれるクラブというのが、今「障害者」はいないと言えるようになった自分の心の底で、あのとき目指していたのは、もしかしたら今の手話研の姿ではなかったかと思えてしかたありません。今の手話研は、一般で言う「障害者」が集まってきています。（中略）

また、手話研の活動をとおして、まったく耳の聞こえない林と手話を使って話してみると、それまで手に書いたり紙に書いたりするより、もっとストレートに気持ちが伝わるようになったなと思えるようにもなりました。自分が手話というものを身につけたとき、林を包み込んでいた「聴覚障害」なんてものがなくなってしまって、自分にとって林が「障害者」でなくなってしまったんです。それに気づいたとき、一般の人たちが「障害者」と言っている人は、「障害者」じゃなくて、一般の人たちが「障害者」をつくっているだけのことだと思いました。そして耳が聞こえなかったら、その人の耳になればいい。目が見えなかったら、目になればいい。でも、何でも手伝ってあげればいいわけではない。今、自分も、林と話していることなのですが、今まで林にわかるように授業してほしいと自分の方から先生に言ってきたわけですが、もう、林は自分で言っていかなくてはいけないということです。今までレールにのってきた林に、レールを作って進んでみろと言ってます。それでどうしても作れそうもなかったら、自分の所へ来るのもいいし、手話研の仲間の所へ行くのもいい。いっしょに考えて作ってみようと話しています。(後略)

障害者ともつきあっていかなければいけないと思って始めた手話研のなかで、一之瀬は手話を学び、林とストレートに接することで、自分と林の間の障害はなくなったと言っています。そして、林にもまわりの人との間の障害を自分から取り去れるようになることを要求しているのです。これこそ手話研の結成時に求められた「本気でつきあい切る」姿と言っていいと思います。

手話研は、当初は林の同級生を中心に結成されましたが、その後は障害をもつといわれる生徒たちや、自分の意思を相手に伝えることが苦手な生徒たちが集まってきています。そんな彼らが、手話という新しい表現手段に接し、自立への営みをはじめるなかで生き生きとした姿を取り戻していくのです。そして、手話研の中でたくわえたエネルギーをもって、彼らは各々のクラスでがんばっていくのです。

「希望者全員入学」の方針をもつ南葛は、定員四八〇人のところ一九八九年度には、その二倍近い約九〇〇人もの生徒を受け入れてきました。地域の高校には入学が許されず、遠くから通学してくる生徒が何人もいました。

その中に四年間母親と一緒に一時間半以上かけて通ってきていたSがいます。「自閉症」といわれる彼に、担任もクラスの生徒も初め戸惑いは隠せませんでした。しかし、彼のことをホームルームでとりあげ、同世代の子と接して育ってほしいという母親の願いや彼の生い立ちを聞いたり、また担任の率先した関わりを通して、クラスの生徒はSを温かく囲むようになりました。ある生徒は作文の中に「にこにこわらっている時のSのわらっている顔をみると、仕事のつかれもとれ、なごやかな心になるような気がする」と書いています。このクラスはSから温かいものをもらい、Sとの関わりを考えることを通してクラスはつながりを深めていきました。Sの存在によって、一人ひとりが自分のことを振り返り、人のつきあい方を考えるようになっていきました。

Sは同時に四年間手話研にも出てきています。文化祭での手話研による手話劇を見ていた井上は、弁論大会でクラス代表となり、中学時代不登校であったことを述べ、さらに次のように述べています。

伊藤先生がSに対して、真剣に話しかけているのを見て、三年の三学期ごろ、自分もSをなかまとして、同じ教室にいるんだと思い始めました。(中略)

こんな自分が、Sとのかかわりをとおして、今までよりも積極的になってきた。人との付き合い方や、人と本当にかかわっていくことによって、得るものに気づいてきました。(中略)

四年最後の文化祭で初めて、Sの入っている手話研を見にいき、手話研の中でのSは、クラスにいるときよりもいきいきして見えました。そして自分は今まで何をやってきたのか、考えさせられました。

文化祭のあと手話研に入りました。それはSと本当に付き合いたいと思ったし、手話研に入っているほかの人たちとも知り合って、話し合ってみたいと思ったからです。

卒業を間近にひかえて、クラス一人一人が、Sや在日朝鮮人生徒のMの問題などを、自分たちのこれからの生き方を通して話し合っていきたいと思います。そして、卒業後も本気で付き合っていける友達になっていたいと思います。


井上は手話研でのSの生き生きとした姿を見て、自らのつきあいを振り返り、本気でつきあっていける自分でありたいとして手話研に出ることを決めていきました。卒業後は毎週手話研に足を運び、今もSとの出会いを大切に後輩たちと関わり続けています。

生徒減少期が再び訪れ、定時制統廃合問題が浮上してきている昨今、南葛もまた例外なく生徒数は減少の一途をたどっています。各学校とも定員割れが生じているにもかかわらず、定員内不合格を行っている学校は後を絶ちません。高校進学に希望を抱きつつも不合格となり、傷つき、南葛にやっとの思いでたどり着く生徒はこの減少期においても数知れません。西山もまた同様の体験をもつ一人です。

西山は脳性小児麻痺で障害のある生徒です。日常は転倒したときの危険防止のためにヘッドギアをつけ、よろけるように歩き、時には転倒することもあります。私たちの心配をよそに、彼は他の生徒と同じく元気に授業に出て、三年からは仕事もし、生徒会長、手話研の部長を務め卒業していきました。

西山は卒業式のクラス代表の答辞で次のように述べています。


僕が、この南葛に入学したときの、印象は僕より重い障害者がいたので、びっくりしました。そのことを、先生に話したら「なぜ、びっくりするんだ。同じ仲間じゃないか」と、言われました。僕は先生が言ったことをよく考えてみたら、やっぱり同じ仲間だったのです。普通学級に替わって、六年たったせいか、自分が昔、養護学校に通っていたことを、すっかり忘れていたのです。養護学校に通っているころ、家の近くに普通の小学校がありました。その学校には、友達がたくさんいるなあ、行ってみたいなあ、といつも思っていました。でも、僕はあきらめて、養護学校に通っていたのを覚えています。それから数年後、担任の先生に、「お前、普通の学校に行ってみないか」と言われました。涙がでるほど、うれしかった。

その反面、不安でいっぱいでした。転入が決まったときは、すごくうれしかった。入りたい学校に入れたからです。そんな自分の気持ちを忘れてしまったのです。

本来なら、私が一番、その人の気持ちをわかっていなければ、いけないはずなのに、わからなく、その人のことを見下してしまっていたことに、気づかされました。(中略)

入学式のときに、南葛は「全入制」だと、きかされびっくりした。なぜならば、私が中学三年のときに、南葛みたいな学校があればいいなと思っていました。でも、現実にはそんな学校ないと思っていたので、まさか、本当にあるなんて信じられませんでした。(中略)

私がこの南葛での四年間でつかんだものは、「自分がどう生きて行くべきか」ということであったような気がします。これは、クラス、生徒会活動、クラブ活動などを通じて私がつかみ取ったものだと思います。

西山の普通の学校に行きたいという強い思いは、小学校四年生でかなえられました。しかし、それだけでは西山が健常者に合わせてのみ生かされ、自分自身を見失うという問題を私たちに投げかけています。そして、障害者としての自立への営みは周りの者に励ましをあたえるものとなっていきました。

また、手話研の後輩は西山とつきあい、次のように書いています。

南葛に入っておどろいたことは、西山先輩のように手足が不自由な人がいっしょに学校に来ていることです。僕の通っていた小学校や中学校には西山先輩のように手足の不自由な人はいませんでした。だから初めて西山先輩を見たときは、学校へ通って来るのがつらそうでかわいそうだと思いました。けれども、西山先輩と話をしたら西山先輩はとても元気で楽しそうでした。なぜかと言うと西山先輩は僕と違って、友達や後輩に自分から積極的に声をかけてどんどん友達をつくっているからです。だから西山先輩は学校に来ているのが楽しいのだと思います。（中略）

西山先輩のようにどんどんと友達をつくって、学校に来るのが本当に楽しいといえるようになりたいと思います。

西山のもちまえの明るさと、周りと積極的に関わろうとする姿勢は、周りから不要な違和感を取り除き、自らの在り方をも問うものとなりました。同時に一緒に生きることの大切さと障害者の問題は健常者の問題であることをも訴えているのです。

手話研結成時の「本気でつきあい切る」条件は、これからも生かされなければなりません。また、互いが鍛え合う関わりの中で自立の営みが確立されなければ、手話研が活動する意味はない。そして、最後に被差別の現実に流されないような「闘う障害者」でなければ、卒業後の進路保障という手話研の課題は成し遂げられないでしょう。

（南葛飾高校定時制手話研究部　文責・戸田久則）

▼連絡先　都立南葛飾高校　桐畑善次　東京都葛飾区立石六―四―一

## 私が高校へ入学したこと

私は中学を卒業した後、三年間家で家事手伝いをしていました。最初の一年は、けっこう楽しく過ごしていましたが、その次の年から、月日が増すごとに、家の中だけでの生活がだんだんいやになってきました。その理由は当然のことですが、それだけ自分の身の回りの視野が狭くなってしまったからです。

このことに気がついてしまうと、家だけの生活はつまらなくて、いやになります！　友達とも会う回数は減ってくるので、できることは、たまの電話での会話と、手紙の文通で、用がなく朝からどこにも出ることがないと、ステレオのカセットデッキにテープを入れて、ＲＯＣＫミュージックやアニメソングなど、とにかく気に入った曲を、ジャカジャカかけながら、洗濯物を干したり、ペットの猫のフンを取ったりして、昼過ぎまで仕事をしてしまい、食事がおくれるのは、毎度のことでした。部屋全体を掃除していると、いやになるときが多々ありました。そのときは、たいていテーブルのそばに座り込み、ＴＶをつけて、安っぽいドラマを見たりして、何だか、まるで気持ちだけが老けていってしまうようで、こんな部分だけ見られてしまうと、本当の家事に疲れた主婦のおばさんと同じで。

現在の自分の視点から考えると、とてもイヤです！　こんな時期も過去では楽しかったかもしれませんが、今はもう戻りたくありません。ただ、ＴＶや、絵が描けるような余裕がなくなってしまったのが残念です。

どんなに好きな曲をかけて楽しんでいても、電話で友人と会話をしたりしても、その場しのぎの楽しさになってしまうのです。それで、たまに友人と二人で遊びに出かけたりしていました。しかし、その友人も、そろそろ大学受験の時期に入り、仲の良い北海道の札幌に住んでいる、はとことも、文通のやりとりと同じくごくたまに話す会話で、私だけがポツネンとして。一人では虚しいです。

かと言っても、進展など訪れてくることもありませんから。また、学校へ入学すれば、今よりも、グーンと生活が変化して、自分自身も今より、さらに、進歩し、成長するだろうと思いました。

しかし、高校に行けば、勉強もやらなくてはならないし、入学試験も合格しなければいけないので、私は、お父さんに頼んで、家庭教師を二人つけてもらいました。一人は、お父さんの知り合いの人が紹介して下さった方で、浜口竜太さんという塾の教員の仕事をしている方です。その人から、国語、理科、社会、数学を習い、おもに、国語と数学を教えてもらいました。二人目の方は、英語を教えて下さった人で、Ｔさんといいます。Ｔさんは、アメリカのほうへ留学していたのですが、向こうでトラブルが起きてしまって日本へ帰国した方ですが、とても親切で、楽しく英語を教えてくれました。Ｔさんは、先生というよりも、優しいお姉さんという印象を与えてくれる人です。私とＴさんは、英語を通して、関係が長くなるにつれ、だんだん、教師と生徒との間というよりも、仲の良い姉妹のようになり、英語を教えてもらう日以外にも、家へ遊びに来てくれたり、私が逆に遊びに行ったりしました。また、友人の

Fさんと、私と、Tさんとで、美術館へ行ったり、Tさんと私たち二人でROCKのライブコンサートで、思いっきり騒いで！　楽しんだりしました。

合格発表の日、掲示板が、いくつも置かれていて、私は、しきりと探し、自分の受験番号も表に記入してあったので、私は、涙がこぼれ落ちるほど、嬉しさが顔にほころびました！

入学した当時は、クラスの子と、年下ということや、自分も子どもだったせいで、話がかみ合わなくなると、怒鳴ったり、家でもぐちをたらして、母に怒られたりしましたが。

その私も、現在は、高三になり、その人とも仲良い関係で、最近は、ROCKコンサートを二人で見に行ったのがきっかけで第二土曜日がくるたび、「学校も休み」なので、遊びに行くぐらいです。それに、去年から意外なタイプの人と友達になりました。Mさんとは、現在、飲み友達になったほどです。

私の高校は、定時制で、年齢に制限がありません。義務教育ではないので、やる気のある人だけが来ています。それでも、あまり、勉強のほうでは、うるさいことは言いません。先生たちも、理解のある人が、多いです。私はハンディをもっていますが、入学してから今まで、自分の障害のことで差別されたことがありません。わりと自由にさせてくれる学校です。ここでなら、ほかの、障害をもった方々も、快く、楽しく生活できると思います。

私は、小学校から、中学時代から、勉強になじめない性格でしたが、三年間家にいて、高校入試のために、ようやく、本気で勉強を続けて〝やっと〟本当の学校の良さや、素晴らしさを教えてもらったのだと、心から思っています！　今年、私は、文化祭実行委員の副委員長になりました。私は、高校に入学して、本当に良かったと思っています。

次に仕事のことを書きます。私は高校に行ってから、しばらくして、「結の会」元八広場という所へ、アルバイトに行きました。ここは、障害のある人も、ない人も、地域で共に生きていくことをめざして、お父さんたちのグループがつくった作業所です。そこで、私は、ハンディのある友人たちの手助けをしたり、牛乳パックで作る、紙すきの葉書作りをしていました。そこにはいろんな人たちが、通って来ています。理解に苦しむことがたくさんあり、慣れるまで、本当に大変でした。

ここに、二年ぐらいいました。その間、私は、いろんなことを教わりました。しかし、いつまでもここにいては、自立できないと思いました。いつも、子どもあつかいされます。それから、私のように、高校に行くことをめざさない人ばかりで、おかしいと思います。それは、ハンディをもった人の親が、初めから、無理だとあきらめてしまっているからだと思います。

私の親は、無理して就職しなくてもいいと言っていましたが、私はどうしても学校の友達のように、社会に出て、仕事して、お金をもらって、夜学校に行くことをしてみたかったのです。「結の会」のH・Kさんにそのことを話して、手伝ってもらうことにしました。前にお父さんに、職安につれてってもらったのですが、そのときは、いい仕事がなく、いつもついて行けないから、一人で探せと冷たく言われて心細かったからです。私の父親は、ものすごく、私のことを思ってくれるかと思うと、急に冷たくなる人です!

八王子パートバンク、「職安」に、日取りを決めて、そのときは車で連れてってもらい、着くと、雇用の募集用カードを、とりあえず一部始終見て、私は、台町という所の西東京プリント会社を選んで、さっそく、パートバンクの人に、電話で雇用先に紹介してもらいました。

私は、翌日、台町のプリント会社へ行って、面接を受けてきましたが、会社の社長と話をしたのは、本当に初めてだったので、緊張しました！　でも、なんと、社長さんから雇用の許可が出たときには、とても嬉しかったです。

さっそく、翌日から、早く家を出て、会社へ向かいました。私の仕事は製品の紙を折る作業です。その仕事を午前中までやりました。ところがその後私は、自分が水虫にかかっていることを同僚のおばさんにしゃべってしまいました。それは「結の会」で、毎日、紙スキの仕事をしていたので、かかったのです。水虫は他人にうつるし、このことをだまっていたという理由で、社長に、職場をやめさせられました。きっと、同僚のおばさんが、告げ口をしたんだと思います。

その日、一日はショックで立ち直ることはできませんでしたが、これにめげず！　二カ月後、私は、また復帰して、パートバンクへ、「結の会」のH・Kさんと車で行きました。今度も、また、一部始終、カードを見て、三室製作所という工場に決まりました。パートバンクの人に頼んで、電話をしてもらい、また、面接へ、一週間後、三室製作所へ行ってきました。車の部品を作る、溶接工場の職場で、板金のほうでのパートをしています。重労働で、鉄の固まりが入った箱を上げ下げするので、大変ですが、自分で選んだ仕事です。職場の中で、若い女性は私一人だけなので、多少やだなと思う部分もありますが、いいところも、あります。私が一生懸命働くので、周りの人の目がとても、温かい、ということです！

私は、中学では、勉強ができない、のろま、とか言われたりして、ずいぶんいじめられました。だから学校は大嫌いでした。でも、高校に入学して、初めて、人間らしい、青春を過ごしています！　仕事を、何とか頑張ってやる気になったのも、高校の友達のおかげです。私は、中学のときに、養護学校へ行くようにススめた先生に、〝ザマアミロ〟と言ってやりたいと思います。

（八王子市、大澤たみ）

## やっと高校生になれました――我が子の高校受験をふりかえって

我が家の二男・誠司は、大阪府豊中市に生まれ育ってきました。もうすぐ二十歳です。豊中では、義務教育の間は、地域校区の学校の普通学級で学ぶということが一定できています。誠司のように知的にも情緒的にも重い障害をもつ子も、特別の教育ではなくて、兄姉と同じように、友達の中で一人の子どもとして普通の学校生活を送ることができました。

九年間の、のびやかな生活でした。本人は毎日の学校生活を楽しむ中で、言葉がしゃべれなくても、字も書けなくても、自分の意思をどう周りの人たちに伝えていくか、この社会の中で生きていくために、何をしなければいけないか、また何をしてはいけないか……彼なりに学んできたと感じます。親は何を学んだか、いいときも悪いときもいつも一緒に生活することで、本人は相手を仲間と認め、また、周りも彼を一員と認め、互いに安心して生活していけるということ。そして、教科書の勉強はできなくても、彼のやり方で、私たちにはエッ！　と思うような学びを毎日の学校生活の中でしているということがわかりました。そして、重い障害をもっていても、こんなに生き生きと生活できているんだ、卒業してからもずっと、これまでのように一人の人間として、特別な場所でではなくてこの社会の中で、ごく自然に生きていかせてやりたいと願うようになりました。

中学卒業後、本人は、今までどおりみんなと一緒に学校生活を送れるものと思っているだろう。でも現実には、彼らに開かれている場所は限られています。が、まだまだ学びたい、どこで学ぶのか。やっぱり、大多数の級友たちの行く高校しかない。なぜ高校の門は、誠司のような障害をもつ者には閉ざされているのだろうか。誠司の人生で、初めてぶつかった壁、高校の壁。今ここで、ただ逃げてしまっては、これから先、あれも駄目、これも駄目と、この社会の中で生きにくくなってしまうだろう。高校へ行かせてやりたい、テストは0点でもいいじゃないか。

豊中では、十数年前から障害をもつ子どもの高校へのチャレンジが重ねられてきています。その結果、受験することはスムースにできるようになっています。が、学力テストをクリアできない子については壁は厚いものです。また、健常児と言われる子についても、学力で輪切りにされるという異常な状況をなくそうという運動の流れの中で、「地元育成校」の取り組みが重ねられています。が、なかなか成果があがらないという現実があります。

誠司は、毎年出身中学から五〇～六〇名進学する地元育成校の豊島高校を受験しました。点のとれない彼は当然のごとく不合格でした。せめてもと、放課後のクラブ交流や、体育や音楽の授業見学を申し入れましたが、すべて拒絶されました。そんなことくらいさせてくれてもいいのに、なんで駄目なの？こちらの気持ちを根気よく訴え続けていけばそのうちわかってくれるだろう。朝、豊島高校生が登校するとき、みんなの乗っているバスに乗って学校まで行き、始業時まで門前でみんなを見送ることにしました。時折、「ここで学びたい！」ということを訴えたビラを配ったり……。「おはよう」と声をかけてくれる子も少しずつ増えてきて、手紙をもらったりもしました。

そして平和研究部が、私的に交流を始めてくれました。文化祭で障害者問題をとりあげたり、親の話を聞く会を設けてくれたり。本人は毎朝元気に「登校」していき、変則ながら本人なりの「高校生活」でした。でも、学校側の態度は冷たく話し合いさえもなかなか進みませんでした。

友人たちが高校生でいる三年間が過ぎ、その間四回受験しました。こちらの気持ちを訴え続けていれば、道は開けてくると、呑気に構えてきたけれど、現実はそんな甘いものではなかった。小中学校からの同級生たち、三年間、朝顔を合わせ「おはよう」と声をかけ合ってきた人たちの卒業式を見学させてほしいという希望すら、拒絶されてしまったのですから。

豊島高校への進学は諦めました。同級生たちは、もう働いたり大学生だったり浪人中だったりしています。彼も大人になってくる。自立の道を考えなくては……。でも、その前にやっぱり高校生活をさせてやりたい。

そこで、定員割れのする定時制高校を最後のチャンスとして考えました。定員割れならどの子も入れるのは当たり前のこと。でもこの当たり前のことが、誠司のように学力的に全く0点の子には当たり前にはなっていません。でも、何としてでも入れてやりたい、豊中市教組をはじめ、いろんな団体の支援を得て、府教委と交渉し「安心して受験できるように介助者をつける」ことができました。

介助者として入試に立ち会ってくれた中学校時代の同級生のUさんの奮闘により、受験番号「一〇一」を所定の場所に書く、答案用紙を破ってしまわない、解答欄の「ア」の部分に〇印をつけることができました。「0点でも高校へ」という思いとは裏腹に「0点」ではなかったそうです。府教委や高校の先生たちにとって「点」とはいったい何なのでしょうか。

誠司はこうして高校生になりました。四年間のブランクを全く感じさせないスムースさで高校生活の中に溶け込み、毎日張り切って登校しています。

我が子のような子と初めてつきあう大多数の先生たちの対応は、「動物の赤ちゃん」に対するように感じられます。おとなしくしていると可愛いが、いつ何をしでかすかわからなくて不気味……。「動物の赤ちゃん」ではなくて、一人の人間。まもなく二十歳になろうとしている若者としてつきあってくれるようになるには、まだまだ時間がかかりそうです。でも、ごく少数ながら、しっかりと見守って下さっている先生もいます。また、クラスの友達は、戸惑いながらもやさしくて、教室移動その他、共に行動してくれています。誠司がこれから、高校という新しい環境の中で、どんな関係をつくっていくのか楽しみでもあります。

（伊藤誠司の母、伊藤宏子）

# 小学校、中学校、そして今、高校をめざしてます

多田羅正・中邨淑子・札幌・共に育つ教育をすすめる会

## 洋介も高校へ

この春から洋介も中学校一年生。希望する普通学級籍は相変わらず認められませんでしたが、一年五組の教室のまん中の席で授業を受けています。

学ラン風の大きめの制服に、ズックではない、ヒモで編む靴、体操着などが入ったナップサックと、手さげカバンを重そうに両手で持って登校する姿を見ると、彼もやっぱり中学生という感じがします。まわりの子どもたちの中には鼻の下あたりにパラパラひげがはえかかり、いかにも〝おっさん〟という子もおり、中学校の雰囲気は〝大人の入り口〟という感じです。ですから「洋ちゃん」と呼んだり、手をつないで歩いたりすることがはばかられます。彼が中学生になったというより、父親が彼を中学生として見、つきあい方の変更を余儀なくされる、こっちのほうに私は緊張します。不思議なことに、彼を中学生として接すると、彼も中学生として父に応えてくれているような気がします。彼が同年代の子どもよりずっと頼りなく見えたのは、ひょっとして、私が幼児のように彼を見、つきあってきたからではないかと、学ランの彼を見ているとショックを受けます。

今、彼はバス通学をしています。バスの運転手や乗客ともすっかり顔なじみになりました。妻の車で息子と私は近くのバス停まで送ってもらい、そこで我々父子はバスに乗り換え、中学校で私は先まわりした妻の車で家に帰るようにしています。来月からは、私が彼をバス停に送り、彼だけをバスに乗せ、車で先まわりして、彼を中学校前でひろうつもりです。そして、いずれ中学校前で誰かにひろってもらうようにしたいなあと思っています。きっとできます。運転手やお客さんの顔も「大丈夫さ」というふうになってきました。五月から部活が始まります。親と子の関係、友達同士の関係に、先輩後輩の関係と彼の交友範囲が広がればいいなあと、もと運動部の父は期待に胸が高鳴ります。

夏休みに入った。野外学習、部活、中間・期末の試験、郡市対抗試合など様々な行事があり、あっという間の一学期でした。不満なことはありましたが、学校側とはいろいろ話し合え、その都度、問題を解決できて、いい一学期だったと思っています。

問題のひとつに試験がありました。中間試験の後、担任の先生が洋介の答案用紙を見せてくれました。紙いっぱいに落書きがしてあり、先生からは「本人なりの努力の跡であり、0点をつけるには忍びない」とのことで、バツ印も0点もつけてありませんでした。学校の意向はわからなくもないが、しかし、当然のことながら何の記載もない中間考査の成績表を見ながら、なんとなく寂しいと同時に、結果的には評価の俎上にも洋介は載っていないのかという思いが込み上げ、「先生、やっぱり0点をつけてやって下さい」とお願いした。「まわりの子がどう思うでしょうか」と担任の先生は唸っておりましたが、期末試験のときは、赤ペンで一問一問にバツ印を入れ「0」とあった。乱暴な落書きの上からていねいな赤色のバツ印、見た瞬間、洋介と先生の思いが共存しあって、なかなか迫力があるなあと思いました。

学期末、懇談会があり、通信簿を渡されました。担任から「まわりの子は0点の答案用紙を見てもなんとも思っていないみたいですワ」。「保健体育の先生が九点くれました」。それと「○」（よくできました）「△」（努力しましょう）の評価のところで、「体を使って陶酔しながら音楽に乗る様はすばらしい→音楽鑑賞○」。「社会科の先生が、どの子にとっても難しく、時には退屈な授業をよくぞ我慢して聞いてくれました、と○をくれました」とのことでした。また、コンピュータを使った例の偏差値、理解度のバランスを表す五角形の図、一～五段階評価、すべて記入してありました。まさに十三歳の少年としての評価です。小学校までの通信簿は何の記載もなく、ただ、「養護学校へ行った方が望ましい」という一文だけでした。満濃中学校に入って、はじめて学校が息子を評価してくれた。先生方が洋介から逃げることなく、まわりの同じ十二、三歳の子と同じように向かい合い、ウーンと唸りながら評価してくれたことを思うと、感謝の気持ちでいっぱいになった。

さて、洋介の「0点」の答案用紙は様々なことを私に問いかける。より高い点を目指し寝食を忘れた幼・少・青年期の我が半生を笑い飛ばしているようで、カルチャーショックを受ける。洋介はいくら頑張っても「0点」しかとれないだろう。「頑張っても」というよりは、学力テストにはなじめないだろう。

二年半後、洋介も高校入試を受ける。一〇〇%近くの子どもが高校に進学するご時世だし、本人も学校が大好きであるので、最寄りの琴平高校に親としては通わせたい。学力テストになじめない知的障害児が入試をいかに突破していくか、皆様のお知恵を拝借したい。（香川県、多田羅洋介の父、多田羅正）

## 高校へ行きたい

私が息子の高校を意識したのはいつの頃からと、はっきり言えるものではありません。小学校、中学校と普通学級で学んできた過程で少しずつそんな気持ちが芽ばえてきたのだと思います。

小学校に入学の当初は、親の考え方がそうならば仕方ないが、本当はいるべきでない子がそこにいる、というようなぎくしゃくとしたものが学校との間に確かにありました。また、担任の先生によっては、私たちは学校へ通うのがつらいときもありました。でもそんなときでもいつも、息子の周りには大勢の子どもたちがいて、とても優しかった。息子との様々な関わり合いを通して子どもたちの素直な心は十分に信じられたし、私はそれに励まされてきたところもあります。そしてもちろん、楽しいことはたくさん、数えきれないほどの楽しい時間を私も息子も過ごすことができたのも、彼らとのすてきな関わり合いがあればこそと、思っております。

あれは三年生のときでしたか、毎年畑で芋掘りをする行事があって、そのときにお汁粉が出ました。息子は箸も満足に持てませんでしたから、おもちをちぎって口に運ぶことなど到底できませんでした。それでも食べたそうにしているのを見て、Sちゃんが、椀の中でおもちを小さくして自分の口にも箸を運びながら、その箸で息子の口にもせっせと箸を運んで食べさせてくれていました。とても自然でほほえましく、私は嬉しかったです。

思い起こせば、息子の周りにはいつも友達がいて、彼らから息子はたくさんのことを学ばせていただきました。お友達に育てていただいたといっても過言ではないほどに、本当に多くのことを学び成長させていただいたと思っております。毎日同じ教室で生活を共にするということ、兎にも角にも一緒に「いる」ということが、息子と友達の距離を近づけ、仲間意識が育ってきた所以だと思います。居続けたことで学校も変わりました。できないことをたくさんかかえた息子の「できない」ということに、子どもたちや教師も含めた周りの人たちがあわてなくなって、そのことでずいぶん私たちは楽になりました。

そんなわけですから、小学校の卒業時にはさらに共に育つことの大切さを心の中に温めておりましたから、中学校も通常の学級へ進むことに、不安はたくさんありましたが、迷いはありませんでした。この時点では中学での生活に気持ちが動いていましたから、「千葉『障害児・者』の高校進学を実現させる会」には時折参加させていただいておりましたが、こと自分の息子のこととなると、高校は夢のような話の気がしていて、まだまだ漠然としておりました。

中学生になって、一学期はやはり環境が大きく変わったこともあって息子は落ち着きませんでしたが、それでも二学期には早くも順応して安心させてくれました。

小学校の六年間を通して息子が学んで身につけた一番大きな力は、みんなの中にあって自分の居場所がつくれること、そして自分なりにその場を楽しむことができるということだと私は思っています。その力が中学生になってとても役立っているように思います。友達をつくるのが上手で、それなりに学校生活を楽しんでいるからです。プールへ行くときや、旅行に行ってお風呂に入るときもそうですが、もう女子更衣室は似合わなくなった息子に、いつも一緒に行ってくれる男友達ができたこと。一緒に遊びにつれ出してくれる女友達もできたこと。絵を描かない息子ですが部活動は美術部です。毎日部活に行って楽しく過ごしています。中学校全体で息子を温かな気持ちで受け止めていて下さる中で、情緒の安定とともに、社会性がとても伸びたように思います。

息子がこのような状態で一年生、二年生と中学生活を楽しく過ごしてきた中で、今の生活の延長として「高校」ということを私は自然に考えるようになってきました。そしてもう一つには、いなければ周りは変わらないだろうし、障害をわかってもらうこともできない。そこに「いる」こと、つまり「分けない」ことの大切さを今まで膚に感じてきましたから、そんな気持ちも手伝って、この生活の流れを、中学校卒業ということで断ち切られたくないという思いからも高校を意識します。

私たちは人のやさしさや温かさにたくさん接してきました。そして良いことばかりではなくて、どんなにつらい経験でも後になってみれば皆為になっていることばかりだと感じています。だからこそ人の中で生きるってすばらしいと信じています。私も息子も人が大好きです。中学卒業後の同年齢の子どもたちがいる所といえばやはり高校です。そこであともう三年生活し、いろいろな経験をすることで、息子はさらに力をつけることもできるでしょう。そしてその先に何らかの形で社会の中に生きていく息子の姿を私は想像しています。

（佐倉市立佐倉東中三年　中邨《なかむら》淳の母、中邨淑子）

## 「やっぱり高校に行きたい」——高校進学へ本格的に取り組んでいきます

義務教育だけで十分。今まで普通学級で何とかうまくやってきたのだから、と言っていた親子が〝やっぱり高校に入れたい〟と相談してくるのは毎年夏休みの前後である。

「障害児の福祉と教育を考える会」から養護学校義務化に反対し、当たり前に校区の学校へと発展的に発足した「札幌・共に育つ教育をすすめる会」（以下、「すすめる会」）も、一五年になる。毎年、教組を巻き込んだ形で市教委、道教委交渉を重ねる「校区の普通学級へ」の運動も、ここ二、三年は、「重度である」、「生命の保障を持てない」などの理由をつけられ、希望者が全員入学できるような状況ではなくなってきている。

「すすめる会」ができたときから、義務教育終了後は？　と話し合いを続けて、可能性を追求できる、地域に開かれた就労や学習の場でもある「生活の家」を開設した。十年前のことである。点数で切り捨てられるのはもうごめんだと、参加する親子、ここへ来るのが楽しいからと通ってくる人びとを交え、約三百名の維持会員で運営されている。借金で購入した一軒屋である。当初、ここは高校でもあり、職場でもあるとの認識が強かったし、今でももちろんその側面をになっていると思う。

しかし、中学三年となると毎日毎日が高校の話を中心に展開され、やっぱりどこかに入れないだろうか、できることなら高校へ、と思って当たり前のようになり、あせり、悩む。

札幌の私立の高校のほとんどは、かつて公立のすべり止めのような形で存在していた、と言っても過言ではないだろう。だからこそ軽度の障害をもつ子にも開かれた場所でもあった。ところが、子どもの少数化時代を迎え、私立の生き残り策として、公立に負けない特色づくりとかが盛んとなり、質の良い子を大学合格率を上げるために、と路線変更しており、ここでも、点数をとれない子は断られる。

一方で、養護学校高等部の増設を、という運動が一部のグループを中心としてある。日本一、高等部の少ない北海道、というスローガンを掲げるこの運動は、コンセンサスを得やすいのか、確実に高等部は増設され、進学者も増えている。

私たちは、月一回の例会で〝高校〟について、いつも話し合いを持ってきた。他地区での取り組みにも関心を持ち、情報も集めてはいる。しかし、会としての結論を持てないのが現実である。足りない点数をハンディと考えて点数の援助をすべき、という意見が出れば、それは「障害者」に対する逆差別にならないのか、能力と怠けの見極め方、点数至上主義はおかしい、希望者全員が入学できて卒業できれば、高校も義務教育に、いろいろな考え方の上に立っての発言は活発である。

現在、定時制高校に通うM君は、家族との時間のずれ、勉強についていくための「補習」と「何回も繰り返される追試」の苦痛を持っている。Hさんは、昼間、働くことによって社会性や礼儀、人間関係を学べると仕事を持つことを勧められている。十五歳の子どもが夕方から夜九時まで学校にいて、その上昼間働くことのできる職場を自分で探し、働くことは、かなり厳しく、またいろいろな問題も生じる。

私たちは毎年、八月九日に「障害児を普通学校へ　北海道の集い」を持ち、全道から集う人びとと学び合い交流をしてきた。今年は、東京の「『障害児・者』の高校進学を実現する連絡協議会」事務局長の村田秀樹さんの話を聞いた。村田さんの話からも学べるものが多かった。高校進学は総体よりも個別の問題だとして、消極的な取り組みだったと反省している。しかし、個別だからこそ総体的に考えていかなければならない。難しいことはたくさんあるけれど、これから本格的に取り組んでいきます、という宣言をして、私たちの報告としたい。

（札幌・共に育つ教育をすすめる会代表、菅原道子）

▼連絡先　札幌・共に育つ教育をすすめる会
E-mail: pao-pao@sea.plala.or.jp

# 愛知の高校進学の取り組み

## 愛知「障害児・者」の高校進学を実現する会

本書が出版されたり、障害児の高校進学を実現する全国交流集会が開かれたりするなか、各地で高校進学を目指す取り組みが新たに起こってきました。なかでも目覚しい愛知の活動を報告します。

（編者より）

### 高校の本を手にした当時の驚き

「障害児の高校進学ガイド」、この本を手にしたのは、一九九七年に息子・裕が小学校三年生の時。初めて参加した全国集会でした。「他県では知的障害のある子が高校に行っている。凄い……」と、雲の上のような世界の出来事でした。

本に出てくるのは「教育委員会や高校と交渉」「泊りがけの抗議」等、それらに参加する人……想像も付かない未知のこと。そして、何回も受検し高校に向かう子どももがいました。「高校に行く」ということは、こういう過程を経て、その中から一人か二人がやっと高校生になれる。入ってからも、留年や生活進級などまだまだ大変なことがある。「高校に向かう」「高校生になる」のは相当な「覚悟」がある人だけのもの……と感じたのが正直な気持ち。その時、裕はまだ小学校に通うことで精一杯の頃でした。当時、愛知や名古屋で身近に「知的障害がある高校生」は聞いたことがありませんでした。

この本に出会い、その後小学校や中学校で「他県では知的障害のある子が普通高校に入っています。裕も高校に行きます」と宣言したら、そこから障害児学級（現特別支援学級）や養護学校（現特別支援学校）を勧められることがなくなりました。「行けるかどうか」ではなく「行く」と言ってしまうことでの「高校」の効果を実感しました。

## 中学三年　受検～浪人・合格

二〇〇三年、裕は中学三年生になり、地元の方の応援を受け県教委との話し合い、千葉の高校の会の方には、要望書の書き方、高校の訪問の仕方などのアドバイスをもらい、志望校を決めて受検準備をしていきました。愛知公立高等学校教職員組合にも応援をお願いしに行きました。

一月に県教委へ受検前の要望書を提出し、話し合いました。要望内容は「①本人推薦の介助者　②『受け入れ校』を検討して欲しい　③定員内で不合格としない　④受検配慮を整えるだけではなく、まず『受け入れる』ことを前提に考えて欲しい」の四点です。

県教委はこの要望に対してその場で「①受検時の見守り介助者を認める　②④は考えていない　③意欲・意思・調査書の総合的判断で高等学校長が決定とする」と回答。この県教委交渉は、地元新聞の取材が入っていて、二日後の日曜日に一面の1／4を使って、「知的障害者の受検　介助者の同席認める愛知県教委、東海で初」と大きな見出しと共に、東京都・神奈川・千葉・大阪で実施されている受検配慮などが掲載されました。「見守り介助者が初」で新聞の一面を飾る……。高校に既に入っている他県からみれば、何十年も前のようなことでした。それでも、これで愛知の「一歩」が動きました。とはいえ、「障害児の高校進学ガイド」の本を読み、普通高校を受検して「合格」……ということは起きません。二〇〇四年度は全日制を三回受検し、全て「定員内」で不合格。その理由を問うも、「校長の総合的判断」。そして浪人となりました。貼り出された合格者番号をみて「お母さん、ない……」と言った裕の不安な表情は今も忘れません。「全日制に行きたい」と言い、浪人となりました。（この二〇〇四年度の定員内不合格者数は二〇一人）

先が見えない浪人生活の中で、山田真さんと岡崎勝さんから「勝手連で応援する」と、高校進学を応援する集会を開いていただきました。そして地元の方の応援も合わせ、翌年に合格することができました。

何もかもが初めてで手探りでしたが「高校へ行きたい」と声に出すことで、多くの方に応援をいただき「高校生」になることができました。（二〇〇五年度の定員内不合格者数は七三人）

## 会としての取り組み

高校合格後は報告集会を開き、知的障害のある子の全日制高校合格を公にして記事にしました。会報の発行・配布と共に、県教委とも話し合いを継続。高校からは、定期テストで点数が取れないことで進級の見込みがないからと進路変更を勧められ、何度も保護者呼び出しや、裕も常に先生に注意をされるという学校生活に、「知的障害があることを認めての合格だから、本人が努力したことを認めるように」

と要望。

そして、愛知県公立高校の「定員内不合格」の人数の情報提供、障害のある受検生への入試配慮はどのような内容があるのか、などを要望書で求めました。一方で、これから高校を目指す方や通っている方の高校相談会を開き、その必要とする配慮を求め、県教委と交渉をしていきました。何らかの障害があって高校に入っても、「学校に合わない」と高校が判断すると容易に進路変更を求め、辞めていく生徒を目にしたからです。これを変えていくには、高校に様々な障害のある生徒が入っていくことでしか変わらないと思いました。

## 入学者選抜実施要項の改正を求めて

入学した二〇〇五年度、県教委と交渉していくなかで「愛知県公立高等学校入学者選抜実施要項」に、「障害のある生徒」のことは全く表記がなく「病気又は事故の場合の特別措置」に障害ある受検生が含まれているという説明に、公平ではないと要望し、「病気又は事故及び障害にかかる特別措置」として明記となりました。これは知的障害のある生徒の入学後の交渉なので、「身体障害」という表記ではなく、「障害」として知的障害等も含まれる形になりました。また、「入学者選抜における特別措置申請」も「受検上の配慮に関する申請書」と変更、障害のある受検生が配慮申請を提出することで、高校側に「障害があることをマイナスとさせない」選抜書類として「自己申告書B」という書類が新たに認められ、これまでの学校生活で頑張ってきたこと、高校に入って何をしたいかなどの意欲を書き、合否選抜時に高校教員間で読み上げなど、共有する選択資料となりました。愛知では以前から長期欠席生徒に同様な趣旨の「自己申告書A」があり、その障害のある生徒版が認められました。

二〇〇六年より、愛知県の全公立高校、全日制・定時制・通信制別に「愛知県公立高校公開質問状」を送付し、高校の施設のバリアフリー化、障害のある受検生の在籍人数、障害のある生徒の学校での配慮の実態や工夫、入試での配慮申請・自己申告書Bの提出数、定員内不合格者数とその不合格にした理由、最後に、毎年質問を変えながら、障害のある生徒が高校に入ることをどのように考えるか、などの記述式の質問を実施、全高校から回答回収。公開質問回答集として、毎月の会報送付同様に高校に送付、県教委や名古屋市教委には手配りで配布（二〇一九年度は第一四回を集計中）。これを基に、県教委と話し合いを行っています。

そして、一浪して高校生になった裕は、山あり谷ありの学校生活のなかで揉まれて逞しくなり、先生方・県教委・会の皆さんの応援で、無事三年間で高校を卒業しました。

## 受検生不在の交渉継続。未来の高校生を育てるための「相談会」

次の受検は、会の子が当時小学校四年生で、高校受検を迎えるまでの五年間、どのように県教委と交渉を続けるのか、高校に当事者が不在で話し合いができるのか、心配でした。そこで、高校進学相談会を実施し、初めて参加した方は、会が受検への助言をし、一緒に交渉して受検配慮を認めさせても合格と同時に会には来なくなる方がほとんどで、「障害のある子の高校進学」や「共に学び共に生きる」ことを広げたくても、受検直前に出会っていては遅いことに気づきました。

途中から「高校進学相談会」と並行して「就学相談会」を開き、これから小学校に入る方の応援をし、当たり前に地域の普通学級に行くということを進め、その子どもが高校進学に希望を持てるようにと取り組みをしました。しかし、途中から就学相談会への参加者が少なくなりました。障害のある子が通っている療育センターでの就学相談と称した特別支援学校や特別支援学級への誘導があり、会の就学相談では遅いことが、原因として考えられました。

二〇一七年度より「就園・就学相談」に力を入れ、保育園入園の交渉をスタート。みんなと一緒の保育を経験しないと、地域の学校・普通学級に行きたいとは思えない。保育園・小学校・中学校をみんなと一緒に過ごしてその先の高校進学へ、子どもとその保護者を育てる長期の取り組みが必要と感じています。

## 愛知で高校全国集会開催——希望者全入を求めて

二〇一八年度、愛知県刈谷市で「第一三回　障害児の高校進学を実現する全国交流集会　inあいち」を開催しました。就学時に出会った会の子どもたちが順に高校受検を迎えていくため、愛知で障害のある子の高校進学が広がること・希望者全入を願っての開催でした。

二〇〇三年の裕の高校の取り組みから、この全国集会開催までの一五年間に、障害のある子の受検上の配慮は、「身体障害」のある受検生には積極的に様々な配慮が認められてきました。県教委は県立高校在籍の障害のある生徒の障害種別・人数の調査を始めて一一年になります。そして学校生活を支える介助者も、県立・名古屋市立において配置の制度ができました。定員内不合格も聞き取りをはじめた二〇〇四年度は二〇一人と三桁の人数でしたが、二〇一八年度入試ではついに一人となりました。しかし、そのたった一人の不合格者は、会の重い障害のある生徒でした。二〇一九年度も交渉を続けていますが、必要とする配慮さえ「他の受検生と比べ公平ではない」と固く拒否をしています。これを突破しないと、これから高校を目指す子どもたちの高校進学は閉ざされてしまいます。

この原稿のお話をいただいて、久しぶりに「障害児の高校進学ガイド」の本を読み直しました。一九九三年発行のこの本の中の、どの地域の取り組みもどの内容も、今私たちが訴えていること、要望していることと同じです。障害児の高校進学を求めての取り組みは、色あせていないこと……それはなかなか変わっていかないことなのだと痛感しました。当時から東京・神奈川・千葉や大阪は高校に入学をしていて、その確実な進展があります。愛知では、知的障害のある生徒の入学は二〇〇四年に一浪で川本裕、二〇一三年度に大津陽君、二〇一九年度に大野友暉君が全日制高校に入学をしました。来春二〇二〇年度には、二浪の能美春紀君を始め、高校を希望する全ての子どもの合格を目指し、取り組んでいきたいと思います。その後ろを医療的ケアのある子や就園・就学相談会で出会った子どもたちが続いています。

（川本道代）

▼連絡先　愛知「障害児・者」の高校進学を実現する会（川本道代）
名古屋市中区千代田四―一一―一七―二〇三
〇八〇―六九四二―七二八八　Mail:harukoi_mk@yahoo.co.jp

# 現在（二〇二〇年）の障害児の高校進学の状況

竹迫和子

本書の初版が発行されたのが一九九三年、それから現在（二〇二〇年）まで二七年の歳月が流れた。バブル崩壊後の景気の悪化に加えてリーマンショックで経済状況はさらに厳しくなっていったが、二〇一一年三月十一日の東日本大震災で甚大な被害を受け、福島原発の爆発事故という重大な事態も起きた。直後は脱原発を掲げたにもかかわらず、政権が交代すると再稼働に転換したり、また国民の強い反対を押し切って安保法を成立させたりなど、国際情勢も緊迫する中で国家体制が大きく変わってきている。

障害者政策について言えば、障害者権利条約の批准に向けて国内法の整備が行われ、障害者基本法や障害者差別解消法などが制定・施行され、「分け隔てられることなく」あるいは「共生社会の実現」といった言葉が明記されたものの、支援のための諸制度により、むしろ障害者は分けられ集められる状況が強まっている。そのようななか、二〇一六年七月に相模原市の津久井やまゆり園で一九人の重度の障害者が殺され職員を含む二十七人が負傷させられる事件も起きている。

障害のある子どもの教育に関しては、特殊教育から特別支援教育に変わり発達障害の広がりも加わって、全体の児童生徒数が減っているにもかかわらず、障害のある児童生徒数は増えている。障害者権利条約の批准に向けて学校教育法施行令も改定され、第二十二条の三に該当する児童生徒は原則特別支援学校ではなくなったが、一貫して、通常学級で一緒に学ぶことを原則にはしていない。高校入学運動が全国的に高まってきた頃は養護学校の児童生徒数が減っていたが、その後は増え続けている。一方、本書の中でも高校改革によって障害のある生徒が高校で学びにくくなることが懸念されていたが、その後、能力主義によって高校の序列化や特色化が進み、統廃合などの再編が行われている。

## 東京・大阪で定員内不合格はなくなったが

東京では「『障害児・者』の高校進学を実現する連絡協議会」に毎年数人の受検の相談があり、都教委と話し合いを行っている。特別措置を駆使して定員内であれば全員合格できている。しかし、統廃合により定員が減らされつつある。

大阪でも定員内不合格はなくなり、医療的ケアを必要とする生徒も受け入れるようになった。新居優太郎さんはまばたきで意思表示をして受検・卒業した。一方、大阪には共生推進教室や自立支援コースといった障害者枠の制度もある。

## 沖縄で初めて知的障害者の受検

仲村伊織さんは地元の小中学校で学び、運動会で一緒に競技している様子が地方紙に掲載されたりしている。二〇一八年の受検では、わずかに一名だけの定員オーバーで不合格となった。両親は「障がいのある人もない人も共に暮らしやすい社会づくり条例」に基づき、入試制度の改善について県の調整委員会に訴え、「入試の際の合理的配慮の提供が不十分であった」という趣旨の知事名の提言が出された。それを受けて前年以上の配慮が認められた（本人指定の介助者二名による意思疎通支援、代読、代筆、選択肢カードを使っての解答、面接ではタブレットの写真や動画を本人が示して介助者が代弁するなど）。しかし県は「一定の点数が取れる子を選抜するという姿勢」は変えておらず、大きく定員割れするなかで不合格とされた。伊織さんはふだん使ったことのない「どうして？」という言葉を初めて使い、何度も繰り返していたという。両親は、この言葉を伝えて定員内不合格をなくすよう訴えている。また、県教委の「学力＝点数」を崩さない姿勢が高校に進学できない問題を生み、そのことが子どもの貧困の根底にもあり、子どもの貧困問題など他の運動とも連携しながら取り組んでいく考えだ。

## 子どもの貧困と高校受検

障害のある子どもたちだけではない、貧困や非行などで「教育から疎外されている子どもたち」という視点からも高校進学について考えていこうということで、二〇一八年愛知の「『障害児』の高校進学を実現する全国交流集会」では、「『障害児だけではない』高校に行けない子どもたち」という分科会が設けられた。また、障害のある子どもの家庭の経済状況も厳しくなって運動に関わることができない人や高校をあきらめて特別支援学校高等部に行く人も増えている。

## しばらく受検のなかった神戸で新たに受験

権田祐也さんは胃ろうにより医療的ケアを必要としているが、地元の小中学校で看護師も配置されて一緒に学んできた。二〇一八年の受検で、これまで障害のある人や不登校生、高齢者、外国人など多様な人びとを受けとめてきた神戸市立楠高校を希望したが、定員内にもかかわらず一人だけ不合格とされた。高校長との話し合いで「劇的に成長すれば」といった差別発言をされたり、市教委が話し合いに応じなくなったりなど高校と市の対応のひどさに、「障害者問題を考える兵庫県連絡会議」を中心とする障害者たちや市民、マスコミなど応援が広がっていった。

ところが二年目も不合格とされ、発表の日に警察を導入しビデオ撮影もするという高校入学運動では前代未聞の事態まで起きている。教育的配慮というものが全くない行為であり、いったい何を守ろうとしているのか。近年「安心・安全」を理由に学校と警察との連携も強まっていて気になるところである。権田さんは二次募集で兵庫県立湊川高校に変えて受検し合格した。看護師の配置も行われるようになり、周囲の生徒との関わりも深めつつある。

## いまだに続く定員内不合格

根気強い闘いのなかで定員内不合格は解消しつつあるようだが、特に知的障害や医療的ケアを必要とする生徒は、たとえ受験時の配慮が認められても不合格とされている。

千葉の渡邊純さんは七浪もさせられている。すでに成人して「成人の特別選抜」(面接と作文)で受検し、カードの使用などの配慮も認められ、看護師配置の目途もついているにもかかわらず「定員内入学拒否」されている。「千葉『障害児・者』の高校進学を実現させる会」の統計によれば二〇一九年度の二次募集の結果で二七名の定員内不合格者が出されているという。

愛知では能美春紀さんが県内でたった一人だけ定員内で不合格とされた。作文で写真集の利用を申し出たが認められず文字カードを使用するよう指定された。本人にとって必要な配慮ではないため断ったという。特別支援学校から普通学級に移り小中学校で友だちと一緒に学んだ、その延長を高校でも、と受験を続けている。

熊本では住谷栞音（しのん）さんが本人と意思疎通のできる介助者が付くことを求めたが「公正公平」を理由に認められなかった。住谷さんは気管切開していて発語ができないので普段から接している人でなければ意思を読み取るのは難しい。障害者差別解消法が施行されて合理的配慮を行わなければならないとなったにもかかわらず、こと入試においては「公正公平」を理由に必要な配慮が認められない。

地方ではさらにひどい定員内不合格状況であるが、受検が続いている。香川の石川桃子さんは一五年も受検し続けているが、毎年受検している高校は定員割れで合格者よりも不合格者の方が多いという。一体誰のために高校はあるのか。山形の面川ありあさんは三浪している。孤立した状況でおかあさんが落ち込んでも、本人は逆にお母さんを励まし、あきらめない。富山でも定員内不合格が出されているという。

## 合格しても定員合不合格をあいまいにしない闘い

北海道の青野洸夢（ひろむ）さんは札幌市内の高校を受検して定員内不合格を出され続け、二年目に三次募集で恵庭南高校定時制に受け入れられたが、五度も定員内不合格を出し合格校の受験時にも不当な介入（本人が希望していない面接シミュレーションの実施を執拗に迫った）をしたことに対し、北海道教委を訴えて裁判も行い、結果は「請求棄却」となったものの道教委の不当性が明るみに出された。

## 高校に入り込む特別支援教育

神奈川では河野紹さんが九年目の受検で合格したことで、定員オーバーでも全日制に入学できる状況ができていった。その実績にもかかわらず、中高一貫校での障害者枠ができ、Ｂ２程度の生徒しか高校では学べないという考えが定着していくことが懸念される。

埼玉では毎年数回の県教委との話し合いを続けている。発達障害や不登校の生徒の受験はあるが、統廃合により高校の門は狭められ障害の重い生徒の受検がほとんどなくなっている。その一方で特別支援学校の児童生徒が増え続け、高校の敷地内に高等部を開設するという動きまで出ている。また、高校での通級も始まっている。

## 選抜制度そのものの差別性を問う

一九六三年に文部省から出された要項には「心身に異常があり就学に堪えないと認められる者。その他高等学校の教育課程を履修できる見込みのない者も入学させることは適当でない。」と書かれていた。その言葉は削除されたものの、「能力・適性を判定して行う」という形で適格者主義が残り続けながら、障害のある生徒を拒んでいる。それと併行して特別支援学校高等部は肥大化している。

本書の中で北村小夜さんが述べているように「一人一人の障害児についてハンディを補う措置を少しずつ拡大していくことだけでは、すべての希望する障害児の高校進学の実現にはつながらない。」得点による選抜制度そのものが問われている。

あらためて本書を読み返してみると、今以上に適格者主義が顕著で厳しい状況にありながら、高校でも学んでいいんだ、一緒に学ぼう、と門をこじ開けていく生き生きとした姿がある。もちろん、不合格とされ親子で孤立し苦しんでいる様子に心が痛むこともあるが、そこから周囲の手を借りながら新たな一歩を少しずつ踏み出していく力強さを感じる。そこには、小中学校で一緒に学んだ子ども同士の豊かな関わりが必然的に「高校も一緒に」につながっていったことがある。また、社会全体で運動間の連携もあった。二七年を経た現在の厳しさも思わずにはいられないが、高校入学運動の原点として参考にしながら、元気を出して取り組んで行けたらと思う。何故なら、高校に行きたいという子どもの声は絶えないからである。

千葉の渡邊純さんはあきらめることなく受検し続けてきたが、その希望が実現しないまま、二〇一九年十一月十七日に亡くなった。その遺志を継いでいかなければならない。

# あとがき

こうして一四都道府県の取り組みを並べてみると、あらためて障害があっても、点数がとれなくても、同世代の子どもたちと一緒に普通高校に行きたいという声と、それを保障しようという運動が飛躍的に進んでいることを感じる。実現例も増えた。その実現例の一つひとつをみると、いずれも大変な闘いを経ているが、要約すれば〝受験に当たって障害による不利益を補う〟〝定員内不合格をさせない〟の二点によって実現している。ということは制度を超えたわけではなく、現行制度を障害児にもまっとうに実施したに過ぎない。

ところが、巻末の「障害児を普通学校へ・全国連絡会」が行った各県教委に対する聞き取り調査によると、受験に対する配慮は前例がない、希望者がいないという県がかなりある。図々しくも「要望があれば検討する」などという県もある。希望者がいないということは決して希望する子がいないわけではない。希望さえ言い出し得ない状況に置かれていることであり、中学や高校現場の常識や親や世間の常識で封じられているからである。

この本は各地で運動を進めている人たちの連帯を深めるとともに、そのような地域の人々に向かって、高校進学が決して無謀な要求ではない、という呼びかけでもある。進学希望者が増える中、制度への挑戦も迫られ、入学してからの問題も山積している。いずれも現行教育制度全体の根幹にふれる問題である。

編集責任者・北村小夜

**責任編集者・北村小夜**（きたむら・さよ）

一九二五年福岡県生まれ。一九五〇年から八六年まで、都内の小・中学校で教員（うち、二一年間特殊学級担任）。

障害児を普通学級へ・全国連絡会世話人。

著書に『一緒がいいならなぜ分けた』『能力主義と教育基本法「改正」』『再び住んでみた中国』『地域の学校で共に学ぶ』（編著、以上現代書館）、『画家たちの戦争責任』（梨の木舎）『日の丸・君が代が人を殺す！』（共著、日本評論社）『子どもの脳がねらわれている』（共著、アドバンテージサーバー）『慈愛による差別』（軌跡社）などがある。

〔増補改訂版《ぞうほかいていばん》〕障害児《しょうがいじ》の高校進学《こうこうしんがく》・ガイド
――「うちらも行くんよ！」14都道府県の取り組み

二〇二〇年一月三十日　第一版第一刷発行

編　者　北村小夜
発行者　菊地泰博
発行所　株式会社 現代書館
東京都千代田区飯田橋三―二―五
郵便番号　102-0072
電　話　03(3221)1321
F A X　03(3262)5906
振　替　00120-3-83725

組　版　具羅夢
印刷所　平河工業社（本文）
東光印刷所（カバー）
製本所　積信堂
装　幀　大森裕二

制作協力・岩田純子、岩倉　泉
 ISBN978-4-7684-3576-2

http://www.gendaishokan.co.jp/